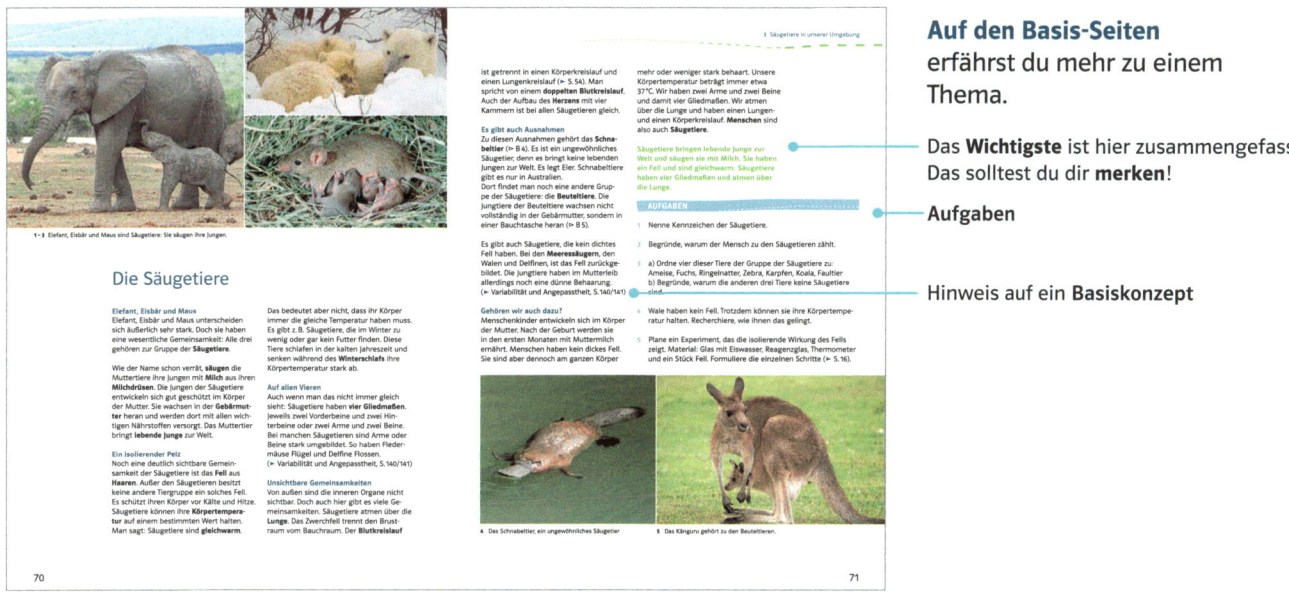

1–3 Elefant, Eisbär und Maus sind Säugetiere. Sie säugen ihre Jungen.

Die Säugetiere

Elefant, Eisbär und Maus
Elefant, Eisbär und Maus unterscheiden sich äußerlich sehr stark. Doch sie haben eine wesentliche Gemeinsamkeit: Alle drei gehören zur Gruppe der **Säugetiere.**

Wie der Name schon verrät, **säugen** die Muttertiere ihre Jungen mit **Milch** aus ihren **Milchdrüsen.** Die Jungen der Säugetiere entwickeln sich gut geschützt im Körper der Mutter. Sie wachsen in der **Gebärmutter** heran und werden dort mit allen wichtigen Nährstoffen versorgt. Das Muttertier bringt **lebende Junge** zur Welt.

Ein isolierender Pelz
Noch eine deutlich sichtbare Gemeinsamkeit der Säugetiere ist das **Fell** aus **Haaren.** Außer den Säugetieren besitzt keine andere Tiergruppe ein solches Fell. Es schützt ihren Körper vor Kälte und Hitze. Säugetiere können ihre **Körpertemperatur** auf einem bestimmten Wert halten. Man sagt: Säugetiere sind **gleichwarm.**

Das bedeutet aber nicht, dass ihr Körper immer die gleiche Temperatur haben muss. Es gibt z. B. Säugetiere, die im Winter zu wenig oder gar kein Futter finden. Diese Tiere schlafen in der kalten Jahreszeit und senken während des **Winterschlafs** ihre Körpertemperatur stark ab.

Auf allen Vieren
Auch wenn man das nicht immer gleich sieht: Säugetiere haben **vier Gliedmaßen.** Jeweils zwei Vorderbeine und zwei Hinterbeine oder zwei Arme und zwei Beine. Bei manchen Säugetieren sind Arme oder Beine stark umgebildet. So haben Fledermäuse Flügel und Delfine Flossen. (▷ Variabilität und Angepasstheit, S. 140/141)

Unsichtbare Gemeinsamkeiten
Von außen sind die inneren Organe nicht sichtbar. Doch auch hier gibt es viele Gemeinsamkeiten. Säugetiere atmen über die **Lunge.** Das Zwerchfell trennt den Brustraum vom Bauchraum. Der **Blutkreislauf**
ist getrennt in einen Körperkreislauf und einen Lungenkreislauf (▷ S. 54). Man spricht von einem **doppelten Blutkreislauf.** Auch der Aufbau des **Herzens** mit vier Kammern ist bei allen Säugetieren gleich.

Es gibt auch Ausnahmen
Zu diesen Ausnahmen gehört das **Schnabeltier** (▷ B 4). Es ist ein ungewöhnliches Säugetier, denn es bringt keine lebenden Jungen zur Welt. Es legt Eier. Schnabeltiere gibt es nur in Australien.
Dort findet man noch eine andere Gruppe der Säugetiere: die **Beuteltiere.** Die Jungtiere der Beuteltiere wachsen nicht vollständig in der Gebärmutter, sondern in einer Bauchtasche heran (▷ B 5).

Es gibt auch Säugetiere, die kein dichtes Fell haben. Bei den **Meeressäugern,** den Walen und Delfinen, ist das Fell zurückgebildet. Die Jungtiere haben im Mutterleib allerdings noch eine dünne Behaarung. (▷ Variabilität und Angepasstheit, S. 140/141)

Gehören wir auch dazu?
Menschenkinder entwickeln sich im Körper der Mutter. Nach der Geburt werden sie in den ersten Monaten mit Muttermilch ernährt. Menschen haben kein dickes Fell. Sie sind aber dennoch am ganzen Körper
mehr oder weniger stark behaart. Unsere Körpertemperatur beträgt immer etwa 37°C. Wir haben zwei Arme und zwei Beine und damit vier Gliedmaßen. Wir atmen über die Lunge und haben einen Lungen- und einen Körperkreislauf. **Menschen** sind also auch **Säugetiere.**

> Säugetiere bringen lebende Junge zur Welt und säugen sie mit Milch. Sie haben ein Fell und sind gleichwarm. Säugetiere haben vier Gliedmaßen und atmen über die Lunge.

AUFGABEN

1 Nenne Kennzeichen der Säugetiere.

2 Begründe, warum der Mensch zu den Säugetieren zählt.

3 a) Ordne vier dieser Tiere der Gruppe der Säugetiere zu: Ameise, Fuchs, Ringelnatter, Zebra, Karpfen, Koala, Faultier
b) Begründe, warum die anderen drei Tiere keine Säugetiere sind.

4 Wale haben kein Fell. Trotzdem können sie ihre Körpertemperatur halten. Recherchiere, wie ihnen das gelingt.

5 Plane ein Experiment, das die isolierende Wirkung des Fells zeigt. Material: Glas mit Eiswasser, Reagenzglas, Thermometer und ein Stück Fell. Formuliere die einzelnen Schritte (▷ S. 16).

4 Das Schnabeltier, ein ungewöhnliches Säugetier

5 Das Känguru gehört zu den Beuteltieren.

Auf den Basis-Seiten
erfährst du mehr zu einem Thema.

Das **Wichtigste** ist hier zusammengefasst. Das solltest du dir **merken**!

Aufgaben

Hinweis auf ein **Basiskonzept**

Symbole im Buch

1 Schülerversuch: Auch die Schülerversuche darfst du nur auf Anweisung der Lehrkraft durchführen. Die allgemeinen Hinweise zur Vermeidung von Unfällen beim Experimentieren müssen bekannt sein.

👍 Super!

❔ Wenn du noch Fragen hast, dann schau auf dieser Seite nach.

▷ B 2 Bildverweis

► Verweis auf ein Basiskonzept oder eine andere Seite

PRISMA Biologie 5

Bayern

Thorsten Fraterman
Dietmar Kalusche
Anne-Kathrin Klaus
Alexander Röhrer
Holger Schmidt
Jasmin Schöntag
Marianne Walcher

Ernst Klett Verlag
Stuttgart · Leipzig

Inhalt

Jede Aufgabe enthält einen klaren Arbeitsauftrag an dich, du musst ihn nur richtig erkennen. Je nach Formulierung erwartet deine Lehrerin oder dein Lehrer ganz unterschiedliche Antworten von dir. Diese Liste hilft dir, Arbeitsaufträge richtig zu verstehen und zu bearbeiten.

abschätzen
das Ergebnis ungefähr angeben und es begründen

analysieren
bestimmte Merkmale herausarbeiten und nach verschiedenen Kriterien untersuchen

angeben/aufschreiben/aufzählen/nennen
Begriffe, Informationen oder Aussagen zusammentragen

auswerten
Ergebnisse und Schlüsse zum Beispiel aus einem Text oder Diagramm ziehen

begründen
Ursachen, Gesetze oder Beweise für etwas anführen

benennen/beschriften
Begriffe zuordnen

berichten
zu einem bestimmten Thema etwas erzählen

beschreiben
eine Sache durch Fachbegriffe und in eigenen Worten wiedergeben

bestimmen
Merkmale von Tieren und Pflanzen erkennen und zuordnen

beurteilen
erkennen, ob eine Aussage zutrifft, und das Ergebnis begründen

bewerten/Stellung nehmen
dir eine eigene Meinung bilden, begründen und äußern, wie du zu dem Sachverhalt stehst (gut oder schlecht)

darstellen/wiedergeben
ein Ergebnis umfassend präsentieren

deuten/interpretieren
eine Information, die in einem Sachverhalt steckt, herausarbeiten

diskutieren
Meinungen austauschen, einander gegenüberstellen und abwägen

dokumentieren/protokollieren
alles Wichtige zu einem Thema oder Versuch aufschreiben und aufzeichnen

eine Vermutung anstellen/formulieren
überlegen, was das Ergebnis sein könnte

einen Versuch planen
überlegen, wie ein Versuch aufgebaut, durchgeführt und ausgewertet werden könnte

entwickeln
zu einem Thema oder Sachverhalt eigene Gedanken äußern und sie begründen

erklären
eine Sache mit Regeln, Gesetzmäßigkeiten oder Ursachen darstellen

erläutern
eine Sache nachvollziehbar und verständlich darstellen

erörtern
Vor- und Nachteile zu einem Thema
anführen und diese beweisen

ordnen/zuordnen
verschiedene Sachen wie Gegenstände,
Geschehnisse usw. in eine richtige Reihen-
folge bringen

präsentieren
ein Referat, ein Plakat oder das Ergebnis
einer Gruppenarbeit vorstellen

recherchieren
zu einem bestimmten Thema Informationen aus verschiedenen Quellen sammeln

skizzieren
eine Zeichnung erstellen, die nur das Wichtigste enthält

(über)prüfen
kontrollieren, ob Regeln, Inhalte oder Aussagen zutreffen

untersuchen
mit Fragen oder Versuchen herausfinden,
ob bestimmte Merkmale und Fakten vorhanden sind

vergleichen
Dinge in Beziehung setzen und erkennen,
was gleich, ähnlich oder unterschiedlich ist

zeichnen
eine anschauliche und möglichst genaue
grafische Darstellung zu einem bestimmten Inhalt anfertigen

zusammenfassen
das Wichtigste herausschreiben oder
wiedergeben

1 Biologie, die Wissenschaft von den Lebewesen

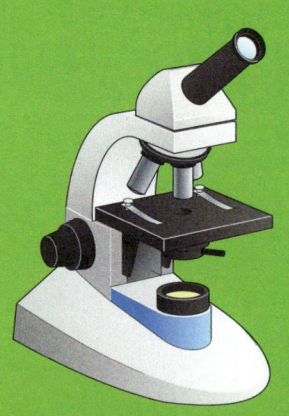

– Woran erkenne ich, ob etwas lebt oder nicht?

– Können sich Pflanzen bewegen?

– Was muss ich tun, damit sich mein Haustier wohl fühlt?

– Wie funktioniert ein Mikroskop und wie arbeitet man damit?

– Was machen eigentlich Biologen?

1 Ein „Roboter"-Kaninchen

2 Kaninchen in Bewegung

Tiere sind Lebewesen

Felix großer Wunsch hat sich erfüllt: Er hat ein junges Zwergkaninchen geschenkt bekommen. Heute will Felix Freundin Anna den kleinen Bolle kennenlernen. Anna bringt ihr elektrisches Roboter-Stoffkaninchen Fluffy mit. Auf der Verpackung steht, dass Fluffy genau wie ein echtes Haustier sei. Auf den ersten Blick könnte man Fluffy wirklich für ein echtes Kaninchen halten. Aber es gibt natürlich Unterschiede. Felix und Anna fragen sich, woran man echte Lebewesen eindeutig erkennen kann.

Forschen wie ein Biologe

Um diese Frage zu klären, wollen sie Bolle und Fluffy genauer untersuchen (► S.16/17). Hierfür müssen Felix und Anna wie echte Biologen arbeiten. Sie müssen beide Kaninchen genau **beobachten**, miteinander **vergleichen** und auch das eine oder andere **Experiment** durchführen.

Sich bewegen

Bei der ersten **Beobachtung** fällt auf, dass sich sowohl Bolle als auch Fluffy bewegen. Wenn Bolle schlafen möchte, läuft er in ein Versteck. Hat er Hunger, hoppelt er zum Futter. Felix und Anna beobachten, dass sich auch Fluffy bewegt. Dies macht er aber nur dann, wenn sie es ihm mit der Fernbedienung „befehlen". Fluffy macht also nur die Bewegungen, die bei ihm einprogrammiert sind. Im Gegensatz zu Bolle kann sich das Roboter-Kaninchen nicht selbstständig bewegen. Ein Merkmal, an dem man Lebewesen erkennt, ist selbstständige **Bewegung** (▷ B 2).

Auf die Umwelt reagieren

Felix und Anna wollen mit Bolle und Fluffy ein kleines Experiment durchführen. Bevor sie damit starten können, muss Bolle zuerst gefangen werden. Anna läuft los, um Bolle zu holen. Doch kaum kommt sie auf ihn zu, springt Bolle weg. Um das Zwergkaninchen anzulocken, nimmt Anna ein wenig Futter aus dem Käfig und setzt sich ruhig hin. Siehe da: Bolle kommt. Funktioniert das auch mit Fluffy? Anna setzt sich mit ein wenig Futter vor Fluffy: Nichts passiert. Das Roboter-Kaninchen reagiert nicht auf Anna.

Im Gegensatz zu Fluffy **reagiert** Bolle auf seine Umwelt. Mit seinen Sinnesorganen, den Augen, Ohren oder der Nase, nimmt er **Reize** aus der Umwelt auf. Das Geräusch von Annas Schritten ist z. B. ein Reiz – und Bolle reagiert darauf, indem er wegläuft. **Reizbarkeit** ist ebenfalls ein Merkmal von Lebewesen.

Stoffwechsel

Jetzt können Anna und Felix endlich ihr geplantes Experiment durchführen: In der Bedienungsanleitung von Fluffy haben sie gelesen, dass man Fluffy wie ein echtes Kaninchen füttern kann. Sie geben ihren beiden Kaninchen etwas Wasser und beobachten. Kurz nachdem sie Fluffy etwas Wasser in den Mund gegossen haben, fließt es am Hinterteil wieder hinaus: Das Wasser ist in einem Schlauch einfach durch das Roboter-Kaninchen geflossen – mehr ist nicht passiert.

Nachdem Bolle getrunken hat, können Anna und Felix zunächst nichts Besonderes beobachten. Nach einer Weile verschwindet Bolle aber in seinen Käfig und setzt sich in eine Ecke. Dort scheidet er eine milchig-gelbe Flüssigkeit aus. Im Gegensatz zu Fluffy „verändert" Bolle das Wasser in seinem Körper. Auch die feste Nahrung, die Bolle zu sich nimmt, verändert sich: Sie wird verdaut und die Reste werden wieder ausgeschieden. Diese Vorgänge sind Beispiele für den Stoffwechsel eines Lebewesens. **Stoffwechsel** ist somit ein weiteres Merkmal von Lebewesen.

Wachstum

Felix und Anna wollen wissen, wozu Bolle die Nahrung aufnimmt. Sie vermuten, dass er sie zum Wachsen braucht. Dies wollen sie mit einer **Langzeitbeobachtung** (► S.16/17) überprüfen. Drei Wochen lang messen sie Fluffy und Bolle jeden Tag und notieren deren Größen. Bald stellen sie fest, dass Bolle im Gegensatz zu Fluffy wächst. Auch am **Wachstum** kann man Lebewesen erkennen.

Fortpflanzung

Felix weiß, dass Bolle sich allein nicht wohl fühlt. Deswegen möchte Felix ein zweites Kaninchen. Am liebsten hätte

3   Fortpflanzung: Kaninchen mit Neugeborenen

er ein Weibchen, denn dann können die beiden Nachwuchs bekommen. Mit Fluffy und einem zweiten Spielzeugkaninchen würde das nicht funktionieren. Um weitere Roboter-Kaninchen zu bekommen, müsste man sie in einer Fabrik nachbauen. Ein weiteres Merkmal von Lebewesen ist also die **Fortpflanzung** (▷ B 3).

Bewegung, Reizbarkeit, Stoffwechsel, Wachstum und Fortpflanzung sind Kennzeichen von Lebewesen.

AUFGABEN

1   Nenne die Frage, die Felix und Anna beantworten wollen.

2   Benenne fünf Kennzeichen, an denen man Lebewesen erkennen kann.

3   Anna und Felix untersuchen Bolle und Fluffy.
a) Nenne die drei Untersuchungsmethoden, die sie dabei anwenden.
b) Ordne jeder Untersuchungsmethode ein Kennzeichen von Lebewesen zu, das Anna und Felix entdecken konnten.

4   Begründe, warum Fluffy kein Lebewesen ist.

5   Nimm Stellung zu der Aussage: „Bei einem Tier müssen immer alle Kennzeichen von Lebewesen erfüllt sein, damit man es als Lebewesen bezeichnen kann."

Aufgaben lesen und verstehen

Im Unterricht, bei Hausaufgaben und auch in deinem Biologie-Buch bekommst du immer wieder Aufgaben gestellt. Diese Aufgaben helfen dir, Neues zu erarbeiten und zu überprüfen, ob du das Gelernte verstanden hast. Jede dieser Aufgaben enthält einen klaren Arbeitsauftrag. Daran kannst du erkennen, wie du die Aufgabe bearbeiten musst. Wenn du den Arbeitsauftrag richtig verstehst, weißt du zum Beispiel, ob du eine mündliche oder schriftliche Antwort geben sollst oder ob du eine praktische Arbeit durchführen musst. Damit dir immer alles klar ist, findest du auf den Kärtchen die wichtigsten Arbeitsaufträge. Dabei stehen jeweils eine Beispielaufgabe und eine mögliche Antwort. Die vollständige Liste der Arbeitsaufträge findest du im Buch auf den Seiten 4 und 5.

... nenne ...

Hier zählst du nur Begriffe oder Informationen auf. Weitere Erklärungen kommen nicht dazu. Die Antwort kann mündlich oder schriftlich erfolgen.

Beispielaufgabe: Nenne die Kennzeichen von Lebewesen.

Beispielantwort: Die Kennzeichen von Lebewesen sind: Bewegung, Stoffwechsel, Reizbarkeit, Wachstum und Fortpflanzung.

... beschreibe ...

Hier gibst du Sachverhalte oder Zusammenhänge mit eigenen Worten wieder. Dabei musst du die Fachsprache richtig anwenden.

Beispielaufgabe: Beschreibe neugeborene Zwergkaninchen.

Beispielantwort: Neugeborene Zwergkaninchen haben geschlossene Augen, hören nichts und sind nackt. Sie sind Nesthocker.

... erkläre ...

In deiner Antwort sollst du Zusammenhänge deutlich machen und verständlich darstellen.

Beispielaufgabe: Erkläre, was man unter „Reizbarkeit" versteht.

Beispielantwort: Lebewesen können viele unterschiedliche Reize aus der Umwelt, z. B. Geräusche, Farben oder Gerüche, aufnehmen und darauf reagieren. Reizbarkeit ist ein Kennzeichen von Lebewesen.

... erläutere ...

„Erläutere" ähnelt dem Arbeitsauftrag „erkläre". Beim Erläutern brauchst du aber zusätzliche Informationen, um deine Antwort noch deutlicher und genauer zu formulieren.

Beispielaufgabe: Erläutere, weshalb man ein Zwergkaninchen nicht allein halten sollte.

Beispielantwort: Zwergkaninchen sind Gruppentiere. Das heißt, sie fühlen sich allein nicht wohl und können krank werden. Sie brauchen mindestens einen Partner, mit dem sie gemeinsam fressen, schlafen, spielen und sich gegenseitig putzen können.

... begründe ...

Um eine solche Aufgabe beantworten zu können, musst du die Ursachen und Regeln einer Sache erkannt haben. Diese musst du richtig wiedergeben und dabei die Fachsprache benutzen.

Beispielaufgabe: Begründe, weshalb ein Spielzeugtier kein Lebewesen ist, obwohl es sich bewegen kann.

Beispielantwort: Ein Lebewesen ist nur dann ein Lebewesen, wenn es alle Kennzeichen von Lebewesen zeigt. Spielzeugtiere sind keine Lebewesen, weil sie keinen Stoffwechsel haben, nicht wachsen und sich nicht fortpflanzen können.

Nenne – stelle dar – gib an

Bei diesen Aufgaben musst du aus einem Buch-Text Begriffe oder kurze Informationen heraussuchen und wiedergeben. Die Antworten auf „nenne" oder „gib an" können auch mündlich erfolgen.
Weitere Formulierungen, die zu dieser Aufgaben-Art gehören, sind: zähle auf, beschrifte, ordne …

Beschreibe – erkläre – begründe

Diese Aufgaben sind etwas schwieriger. Du musst sie umfangreicher bearbeiten. Bei der Bearbeitung sollst du dein Wissen ausführlich darstellen und deine Antwort auch begründen.
Weitere Formulierungen, die dazugehören, sind: erläutere, dokumentiere, …

Bewerte – beurteile

Bei diesen Aufgaben ist deine eigene Meinung gefragt. Nachdem du dich gut informiert hast, sollst du mithilfe deiner Sachkenntnisse zu einem Urteil kommen und es begründen können.
Weitere Formulierungen, die dazugehören, sind: werte aus, nimm Stellung, diskutiere, …

… beurteile …

Hier sollst du erkennen, ob eine Aussage zutrifft oder nicht und eine Begründung für deine Ansicht abgeben.

Beispielaufgabe: Beurteile, ob die folgende Aussage stimmt: „Lebewesen brauchen Nahrung und Wasser nur zum Wachsen."

Beispielantwort: Die Aussage stimmt nicht. Lebewesen brauchen Nahrung und Wasser, um leben zu können. Erwachsene Lebewesen wachsen zum Beispiel nicht mehr. Würden sie aber nichts mehr essen und trinken, würden sie sterben.

… bewerte …

Auch hier sind Sachkenntnisse gefragt und verschiedene Ansichten einander gegenüberzustellen. Du sollst deine eigene Meinung äußern und zu einer Entscheidung kommen.

Beispielaufgabe: Bewerte, ob jemand, der nur wenig Zeit hat, ein Kaninchen halten sollte.

Beispielantwort: Jemand, der nur wenig Zeit hat, sollte kein Kaninchen halten, denn um ein Tier muss man sich gut kümmern. Dazu genügt es nicht, es täglich zu füttern und den Käfig sauber zu machen. Man muss sich auch mit ihm beschäftigen, damit es sich wohl fühlt.

… vergleiche …

Vergleichen kannst du Lebewesen oder auch Dinge. Auf jeden Fall musst du Gemeinsamkeiten, Ähnlichkeiten und Unterschiede nennen oder z. B. in einer Tabelle auflisten.

Beispielaufgabe: Vergleiche ein lebendiges Kaninchen mit einem elektrischen Spielzeugkaninchen.

Beispielantwort: Das lebendige Kaninchen und das elektrische Kaninchen können sich beide bewegen. Aber nur das lebendige Kaninchen reagiert selbstständig auf seine Umwelt. Anders als das echte Kaninchen hat das elektrische Spielzeugkaninchen keinen Stoffwechsel. Es wächst auch nicht und kann sich nicht fortpflanzen wie das lebendige Kaninchen.

Unsere Haustiere sind Lebewesen

1 Zwergkaninchen im Gehege

Menschen halten sich die unterschiedlichsten Haustiere. Aber egal, ob das Katzen, Hunde, Vögel oder Fische sind: Alle Haustiere sind **Lebewesen** und haben dieselben **Bedürfnisse** wie ihre Verwandten in der Natur. Wenn du dir ein Haustier wünschst, solltest du die Bedürfnisse seiner „wilden Verwandten" kennen.

Einzelgänger oder Gruppentier
Du solltest z. B. wissen, ob dein Haustier ein Einzelgänger ist oder in der Natur mit Artgenossen zusammenlebt. Kaninchen sind z. B. **Gruppentiere**. Man sollte sie deshalb nie allein halten. Am besten vertragen sich ein Männchen und ein Weibchen. Will man keine Nachkommen haben, muss das Männchen **kastriert** werden.

Freigehege oder Käfig
Zwergkaninchen bewegen sich sehr gerne. Am wohlsten fühlen sie sich also, wenn sie draußen in einem großen **Gehege** herumhoppeln können (▷ B1). Werden sie in der Wohnung gehalten, muss der **Käfig** groß genug sein. Für zwei Kaninchen muss er mindestens 200 cm x 150 cm groß und etwa

70 cm hoch sein. Jedes Tier braucht einen Ruheplatz mit Stroh, Futternapf, Heuraufe, Trinkflasche mit frischem Wasser, ein eigenes Schlafhäuschen und eine „Toilettenecke", die täglich geputzt werden muss.

Das richtige Futter
Damit dein Haustier gesund bleibt, ist die Ernährung wichtig. Kaninchen brauchen Heu, frisches Grünfutter und etwas Obst. Die Zähne der Kaninchen wachsen ständig nach. Um sie abzunutzen, müssen die Tiere an harten Gegenständen, z. B. Zweigen, nagen. Werden die Zähne trotzdem zu lang, muss sie der Tierarzt kürzen.

Haltung und Pflege
Wildkaninchen laufen viel herum, graben Tunnel und beschäftigen sich mit ihren Artgenossen. Kaninchen im Käfig brauchen deswegen täglich Auslauf und eine Möglichkeit zum Graben, z. B. eine mit Sand gefüllte Schale. Beim Auslauf in der Wohnung muss man darauf achten, dass sich die Tiere nicht verletzen können.

Wer ein Haustier hat, ist dafür verantwortlich und muss genau wissen, was es braucht.

AUFGABEN

1 Erstelle eine beschriftete Skizze eines geeigneten Kaninchen-Käfigs mit „Einrichtung".

2 Wer sich ein Tier anschaffen will, sollte vorher einen „Haustier-Test" machen.
a) Erstelle einen Fragebogen „Kenne ich mein Haustier? Was ich über mein Haustier wissen sollte."
b) Beantworte die Fragen für ein Haustier, das du gerne haben würdest.

3 Erläutere die Vor- und Nachteile der Haustierhaltung.

Wir erstellen einen Steckbrief

Bei einem Besuch im Zoo sind dir bestimmt schon einmal die Informationsschilder am Gehege aufgefallen. Dabei handelt es sich um **Steckbriefe**. Darin sind die wichtigsten Merkmale der Lebewesen genau beschrieben und übersichtlich dargestellt (▷ B1). So können sich Besucher gezielt über die Tiere und Pflanzen informieren. Hier bekommst du einige Tipps, wie du selbst einen Steckbrief erstellen kannst:

Die Gliederung ist wichtig!

Zuerst musst du dich entscheiden, zu welcher Pflanze oder zu welchem Tier du den Steckbrief erstellen willst. Überlege dir dann, worüber du im Steckbrief Angaben machen möchtest. Gestalte den Steckbrief übersichtlich.

Genaue Kenntnisse sind nötig!

Wichtig für den Steckbrief sind Informationen über:
- Aussehen
- Verhalten
- Lebensraum
- Ernährung
- Lebenserwartung und
- typische Merkmale des Lebewesens.

Die Informationen findest du z. B. in einem Lexikon, in Fachbüchern, Zeitschriften oder im Internet. Je mehr Informationen du hast, desto besser wird der Steckbrief.

Kurz und treffend beschreiben

Ein Steckbrief beinhaltet nur die wichtigsten Informationen, an denen das Tier oder die Pflanze eindeutig zu erkennen ist.

Ein gutes Bild gehört dazu!

Ein gutes, wenn möglich farbiges und ausreichend großes Bild macht deinen Steckbrief anschaulich. Achte darauf, dass das Foto oder die Zeichnung die wesentlichen Merkmale des Tieres oder der Pflanze zeigt (▷ B1).

AUFGABEN

1 Fasse zusammen, worauf du beim Erstellen eines Steckbriefes achten musst.

2 Erstelle einen Steckbrief für ein Tier/eine Pflanze deiner Wahl.

Zwergkaninchen

Aussehen:	kurze Ohren, Nagezähne, unterschiedliche Fellfarben, Länge 20 cm – 30 cm, Gewicht 1200 g – 2000 g
Bewegung, Verhalten:	hoppelt viel herum, benötigt Ruheecken, nagt alles an
Nahrung:	Heu, Gemüse, Obst, Kräuter, Trockenfutter
Heimat:	Stammform (Wildkaninchen): westliches Mittelmeergebiet
Ansprüche an die Unterkunft:	Käfigmaße: 200 cm x 150 cm x 70 cm, Futternapf, Tränke, heller und ruhiger Platz, keine pralle Sonne und Zugluft, Schlafhaus
Vermehrung:	fünf, manchmal auch mehr Würfe im Jahr mit 4 bis 10 Jungen
Lebenserwartung:	6 – 10 Jahre

1 Steckbrief: Das Zwergkaninchen

Sind Pflanzen auch Lebewesen?

1 Kresse

Zeigen Pflanzen dieselben Kennzeichen von Lebewesen wie die Tiere: Wachstum, Reizbarkeit, Bewegung, Stoffwechsel und Fortpflanzung? Mit den folgenden Versuchen kannst du überprüfen, ob die Kennzeichen von Lebewesen auch für Pflanzen zutreffen.
Diese Versuche führst du mit Samen durch. Sie entstehen bei der Fortpflanzung.

1 Die Keimung von Samen
Material
1 Petrischale, Watte, Sprühflasche mit Wasser, Kresse-Samen

Versuchsanleitung
a) Lege die Petrischale mit Watte aus.
b) Befeuchte die Watte. Achtung: Die Watte soll nicht nass sein.
c) Verteile auf der feuchten Watte etwa 10 Kresse-Samen (▷ B 2).

d) Stelle die Petrischale vier Tage lang an einen hellen und warmen Ort.
e) Achte darauf, dass die Watte nicht austrocknet.

Aufgabe
1. Notiere deine Beobachtungen.

2 Wachstum?
Material
1 Blumentopf, Gartenerde, Sprühflasche mit Wasser, Kresse-Samen, Lineal

Versuchsanleitung
a) Fülle den Blumentopf mit Gartenerde.
b) Befeuchte die Erde gut.
c) Verteile gleichmäßig einige Kresse-Samen auf der Erde.
d) Drücke die Kresse-Samen vorsichtig fest.
e) Stelle den Blumentopf an einen hellen und warmen Ort. Besprühe regelmäßig die Erde und die Samen im Blumentopf.

Aufgaben
1. Miss eine Woche lang täglich, wie hoch die Kresse-Pflänzchen gewachsen sind. Verwende hierzu das Lineal (▷ B 3).
2. Notiere deine Ergebnisse mit dem jeweiligen Datum.
3. Formuliere deine Ergebnisse in einem Satz.

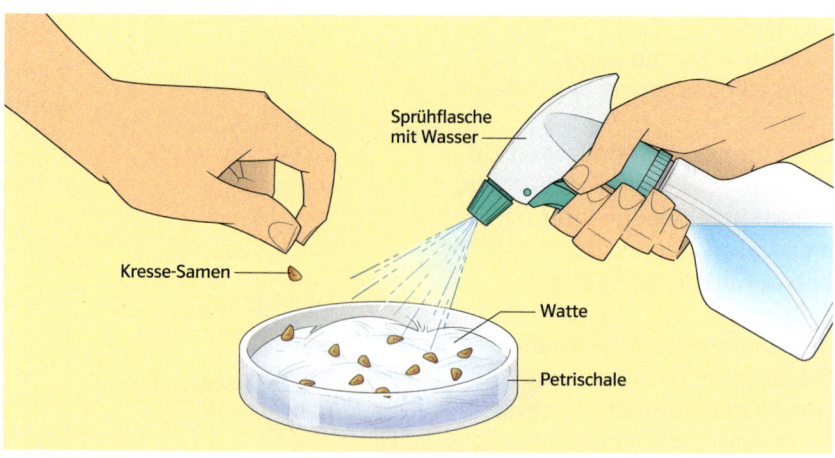

2 Zu Versuch 1

3 Messen der Wuchshöhe

3 Reizbarkeit?
Material
1 Blumentopf, Gartenerde, Sprühflasche mit Wasser, Kresse-Samen,
2 Pappkartons mit Deckel, Schere

4 Lichteinfall von der Seite

Versuchsanleitung
Ziehe in drei Blumentöpfen Kresse
heran. Nutze dazu die Anleitung
aus Versuch 2 a) bis e).
Führe folgenden Versuch durch,
wenn die Kresse-Pflänzchen etwa
1 cm hoch sind:

a) Schneide in die Seitenwand ei-
nes Kartons ein Loch von ungefähr
5 cm Durchmesser (▷ B 4).
Schneide bei dem anderen Kar-
ton ein gleich großes Loch in den
Deckel (▷ B 5).
b) Stelle in jeden Karton einen
Blumentopf.
Stelle die Kartons und den dritten
Blumentopf nebeneinander ans
Fenster.

5 Lichteinfall von oben

Aufgaben
1. Skizziere nach einer Woche je ein
Kresse-Pflänzchen aus jedem der
drei Blumentöpfe (► S. 26).
2. Beschreibe die Unterschiede.
3. Begründe mit dem Versuch die
Aussage: „Pflanzen sind reizbar."

4 Bewegung?
Material
2 Blumentöpfe, Gartenerde, Sprühflasche mit Wasser, Kresse-Samen,
1 Untersetzer, Knete

Versuchsanleitung
Ziehe in zwei Blumentöpfen Kresse
heran. Nutze dazu die Anleitung
aus Versuch 2 a) bis e).

a) Wenn die Kresse-Pflänzchen
etwa 1 cm hoch sind, stelle einen
der beiden Blumentöpfe auf den
Untersetzer und an einen hellen
Ort (▷ B 6). Halte die Erde feucht.

6 Kontrollversuch

b) Lege den zweiten Blumentopf
daneben. Achtung: Der Topf muss
auf der Seite liegen. Verhindere
z. B. mit Knete, dass er wegrollt
(▷ B 7). Besprühe die Pflänzchen.

7 Bewegen sich die Pflanzen?

Aufgabe
1. Beschreibe, inwiefern du bei
den Kresse-Pflänzchen Bewegung
beobachten kannst.

AUFGABEN

1 Begründe mithilfe aller Versuchsergebnisse, ob Pflanzen
Lebewesen sind.

Von der Frage zum Ergebnis

Schritte beim Experimentieren

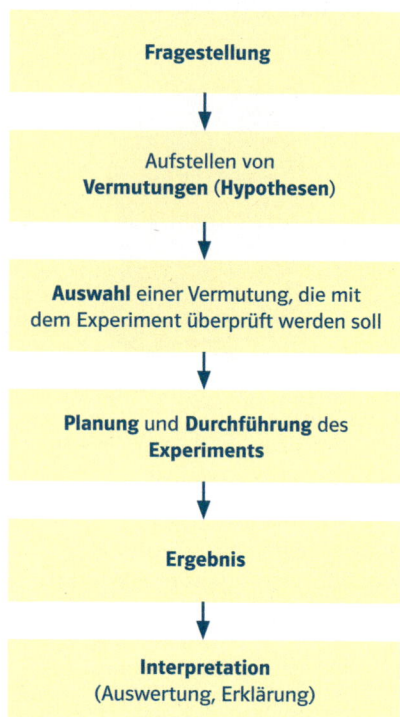

1 Schritte beim Experimentieren

Das **Experiment** ist eine der wichtigsten Forschungsmethoden in den Naturwissenschaften. Auf den Seiten 14 und 15 hast du schon Teilschritte eines Experiments durchgeführt. Den gesamten Aufbau und die einzelnen Schritte eines Experiments kannst du direkt auf der Seite 17 nachvollziehen.

Schritt für Schritt zum Ziel
Der Ausganspunkt für jedes Experiment ist eine genaue **Fragestellung**. Vielleicht hast du ja selbst schon eine Idee, wie die Antwort auf deine Frage lauten könnte. In der Wissenschaft nennt man diese Idee **Vermutung** oder **Hypothese**.

Die Vermutung hilft dir bei der gezielten **Planung**. Nach der Planung führst du das Experiment durch.

Ergebnisse festhalten und deuten
Bereits bei der Planung solltest du dir einige Gedanken machen, wie du deine Ergebnisse aufschreiben willst: **Kurzzeitexperimente** liefern sofort nach der Durchführung ein Ergebnis, das du direkt beobachten und notieren kannst.
Bei **Langzeitexperimenten** ist das tägliche **Protokollieren** sinnvoll (► S.17). In jedem Fall ist es aber wichtig, dass du genau beobachtest und nur das notierst, was du beobachtet hast. Deine Vermutung darf dabei keinen Einfluss auf das Ergebnis haben.

Erst am Schluss deines Experiments kannst du das Ergebnis deuten oder interpretieren.
Unter **Interpretation** versteht man die Erklärung der Beobachtungen, die man zuvor gemacht hat.
Hier ein Beispiel:
Aus dem Versuchs-Protokoll auf Seite 17 kannst du eigentlich nur folgende Ergebnisse herauslesen:
1. Die Pflanze im Dunkeln hat eine gelbliche Farbe und einen langen Stängel;
2. Die Pflanze wächst liegend.
Die Aussage „Sie versucht, sehr schnell irgendwohin zu wachsen, wo sie Licht bekommt" ist die Interpretation deiner Beobachtungen.

Merkmale eines Experiments
Damit du mithilfe deines Experiments **Ergebnisse** bekommst, die wirklich **aussagekräftig** sind, musst du zwei wesentliche Punkte beachten:
– Jedes Experiment besteht mindestens aus zwei Ansätzen. Einer davon ist der **Kontrollansatz** oder **Kontrollversuch**.
Im Beispiel auf Seite 17 ist der Kontrollansatz der Blumentopf mit dem Etikett (H), der im Hellen steht. An ihm kannst du zeigen, dass die Bohnen unter den vorhandenen Bedingungen „normal" gedeihen.
– Die Versuchsansätze dürfen sich immer nur in einem Merkmal unterscheiden. Denn wenn du z. B. den Bohnen in den H- und D-Ansätzen auch noch unterschiedlich viel Wasser gibst, kannst du nicht genau feststellen, woher die Unterschiede im Aussehen kommen.

Was tun, wenn die Vermutung nicht stimmt?
Das ist nicht schlimm, denn du hast auf jeden Fall ein Ergebnis: Du kannst zumindest eine Ursache für etwas ausschließen. In der Wissenschaft passiert das oft, denn nur ganz selten stimmt die erste Vermutung. Du solltest also nicht aufgeben, sondern mit einem neuen Experiment eine andere Vermutung überprüfen und die einzelnen Schritte erneut durchführen.

Dokumentation der Durchführung
Für Wissenschaftler ist ein Experiment nur dann aussagekräftig, wenn es wiederholt werden kann. Damit dies möglich ist, musst du die **Durchführung** genau beschreiben (► S.17).

Versuchs-Protokoll

Datum: _____   Name: _____

Frage: Brauchen Bohnen-Pflanzen Licht zum Leben?

Hypothese: Ja, Bohnen-Pflanzen brauchen Licht, um sich gut entwickeln zu können.

Versuchsplanung

Material:

2 Samen von Busch-Bohnen, Gartenerde, 2 Blumentöpfe, Klebeetiketten, wasserfester Filzstift, lichtundurchlässiger Behälter (z. B. Schrank), Wasser

Versuchsdurchführung

Die Bohnen-Samen legt man zum Quellen über Nacht in Wasser. Am nächsten Tag füllt man die Blumentöpfe mit Gartenerde. In die Erde steckt man je einen Bohnen-Samen. Jeder Blumentopf bekommt ein Etikett. Ein Etikett beschriftet man mit H (hell), das andere mit D (dunkel). Den Blumentopf „H" stellt man an einen hellen Ort, den Blumentopf „D" in einen lichtundurchlässigen Behälter. Beide Versuchsansätze gießt man regelmäßig. Sobald Bohnen-Keimlinge sichtbar sind, misst und beschreibt man diese jeden dritten Tag.

Ergebnisse

Datum	Versuchsansatz	Beschreibung
16.03.16	H, D	Versuchsbeginn
23.03.16 (Tag 8)	H	Die Pflanze ist kräftig grün. Der Stängel ist ca. 2 cm lang.
	D	Die Pflanze ist heller als die bei H. Der Stängel ist ca. 3 cm hoch.
26.03.16 (Tag 11)	H	Die Pflanze ist kräftig grün, der Stängel wächst aufrecht. Der Stängel ist ca. 6 cm hoch.
	D	Der Stängel ist weiß, die Blätter sind gelblich-grün. Der Stängel ist dünner, als bei H. Er ist ca. 18 cm lang.
29.03.16 (Tag 14)	H	Die Pflanze ist kräftig grün, der Stängel wächst aufrecht. Er ist ca. 11 cm hoch.
	D	Der Stängel ist weiß; er ist 38 cm lang. Die Blätter sind gelb. Die Pflanze ist umgekippt.
01.04.16 (Tag 18)	H	Die Pflanze ist kräftig grün und wächst aufrecht. Der Stängel ist ca. 30 cm hoch.
	D	Die Pflanze wächst liegend weiter. Der Stängel ist ca. 67 cm lang und weiß. Die Blätter sind hellgelb.

Interpretation

Die Bohnen-Pflanze im Dunkeln versucht, sehr schnell irgendwohin zu wachsen, wo sie Licht bekommt. Daher wird der Stängel immer länger. Die Pflanze kann sich nicht mehr aufrecht halten und kippt um. Die Pflanze verändert im Dunkeln ihre Farbe. Der Stängel ist weiß, die Blätter sind gelblich. Am Ende des Versuchs sieht die Bohnen-Pflanze im Dunkeln so aus, als ob sie in den nächsten Tagen eingehen wird.

Der Versuch zeigt: Bohnen-Pflanzen brauchen Licht zum Leben!

Rekordverdächtig

Die Kennzeichen von Lebewesen lassen sich bei allen Tieren und Pflanzen beobachten. Manche Lebewesen erreichen dabei sogar rekordverdächtige Werte.

Winzling mit großem Stoffwechsel

Die Etruskerspitzmaus (▷ B 1) wiegt nur etwa zwei Gramm und wird höchstens fünf Zentimeter lang. Damit ist sie eines der leichtesten und kleinsten Säugetiere der Welt. Fast 22 Stunden am Tag ist der Winzling in Bewegung und auf der Suche nach Nahrung. Wie alle Spitzmäuse, frisst die Etruskerspitzmaus fast ausschließlich Insekten, Würmer und Spinnen. Und davon braucht sie eine gewaltige Menge: Täglich vertilgt die Spitzmaus etwa das Dreifache ihres Körpergewichts.

Grenzenloses Wachstum?

Echte Riesen unter den Lebewesen sind die Küstenmammutbäume (▷ B 2). Sie wachsen im Redwood-Nationalpark in Kalifornien, USA. Diese höchsten Bäume der Erde erreichen eine Höhe von über 115 Meter. Sie sind damit so hoch wie ein 25-stöckiges Hochhaus und überragen sogar die Türme der Frauenkirche in München um 16 Meter. Etwa 1,50 Meter über dem Boden haben sie einen Stammdurchmesser von bis zu 7 Metern. Um so erstaunlicher ist es, dass sich jeder dieser Riesen aus einem kleinen Samen entwickelt hat: 1000 trockene Samen der Bäume wiegen nur ca. 4 Gramm.

Aber auch Küstenmammutbäume können nicht grenzenlos wachsen. Der Grund dafür ist, dass Bäume das Wasser aus dem Boden nur bis zu einer bestimmten Höhe leiten können.

Blitzschnelle Bewegung

Ein Weltklassesprinter ist der Gepard (▷ B 3). Die afrikanische Raubkatze erreicht Spitzengeschwindigkeiten von 110 km/h – und ist damit das schnellste Landsäugetier

1 Etruskerspitzmaus: hungriger Winzling

2 Küstenmammutbaum: hoch hinaus

3 Gepard: schneller Sprinter

4 Venusfliegenfalle: leicht reizbar

der Erde. Die Höchstgeschwindigkeit kann der Gepard allerdings nicht lange halten, denn für so schnelle Bewegungen braucht er viel Energie. Wenn er seine Beute nicht nach einigen hundert Metern erreicht, muss er aufgeben. Bleibt er bei der Jagd zu oft erfolglos, droht ihm der Hungertod. Deshalb jagen Geparden vor allem junge und schwache Antilopen und Gazellen.

Reizbare Pflanzen

Die Venusfliegenfalle wächst auf Böden, die nur wenige Mineralstoffe enthalten. Mit ihren Wurzeln kann sie also nicht genügend Mineralstoffe aufnehmen. Stattdessen fängt sie Insekten: die Venusfliegenfalle ist eine Fleisch fressende Pflanze (▷ B 4). Ihre Blätter geben Geruchsstoffe ab, mit denen Beutetiere, z. B. Fliegen, angelockt werden. Auf der Blattfläche stehen einzelne, sehr empfindliche Borsten. Berührt eine Fliege eine oder mehrere Borsten innerhalb von 20 Sekunden zweimal, klappen die Fangblätter schlagartig zusammen. Das dauert weniger als eine Sekunde und ist eine der schnellsten Bewegungen bei Pflanzen. Die Beute wird auf dem Blatt verdaut und die Venusfliegenfalle nimmt die dabei gelösten Mineralstoffe auf.

Rekordverdächtige Fortpflanzung

Die Königin im Honigbienen-Volk hat nur eine einzige Aufgabe: Sie sorgt für Nachkommen. Dazu legt sie von Anfang Mai bis Ende September täglich bis zu 2 000 Eier – und das ihr ganzes Leben lang. Damit gehört sie zu den Tieren mit der höchsten Zahl an Nachkommen.

AUFGABEN

1 Erläutere, weshalb die Etruskerspitzmaus so viel Nahrung benötigt.

2 Ein Küstenmammutbaum wird in den ersten 100 Jahren schon 90 m hoch. Berechne, wie viele Zentimeter er in dieser Zeit pro Jahr wächst.

3 Eine Bienenkönigin kann vier Jahre alt werden. Berechne, wie viele Eier sie a) in einem Jahr, b) während ihres gesamten Lebens legt.

4 Wer ist der schnellste, der größte oder der kleinste Mensch? Wer ist der schwerste und wer zurzeit der älteste Mensch? Recherchiere im Internet nach „menschlichen Rekordhaltern" und finde vergleichbare Beispiele bei Tieren und Pflanzen.

5 Stelle eine Vermutung auf, weshalb Tiere, die einzeln jagen, schnell sein müssen.

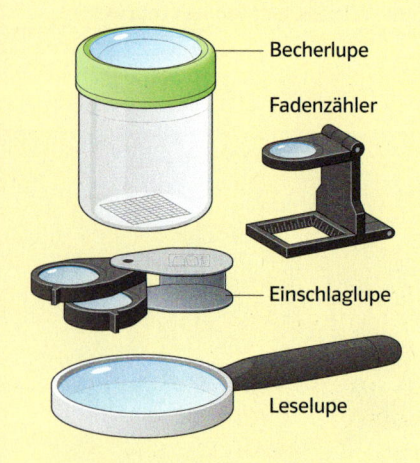

1 Eine Auswahl an Handlupen

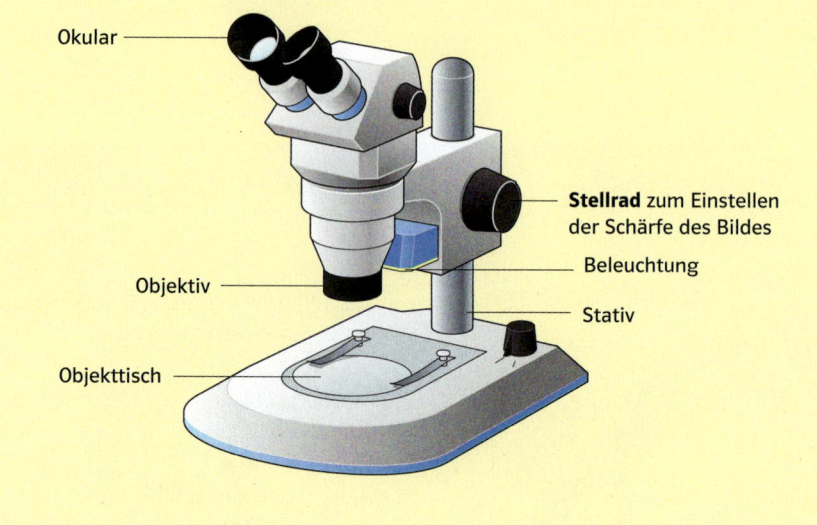

Okular

Stellrad zum Einstellen der Schärfe des Bildes

Beleuchtung

Objektiv

Stativ

Objekttisch

2 Stereolupe

Unter die Lupe nehmen

Kleine Dinge sichtbar machen

Es gibt viele Dinge, die so klein sind, dass du sie mit bloßem Auge gerade noch erkennen kannst. Wenn du sie genauer untersuchen willst, brauchst du geeignete **Vergrößerungsgeräte**. Das sind z. B. **Handlupe** (▷ B 1) oder **Stereolupe** (▷ B 2). Der Umgang damit ist anfangs nicht ganz leicht, aber mit etwas Übung gelingt es dir bestimmt.

Die passende Lupe finden

Handlupen gibt es in verschiedenen Ausführungen, die unterschiedlich stark vergrößern (▷ B 1). Du musst also zunächst die passende Lupe auswählen.
Einschlaglupen gibt es mit einer oder mit zwei Linsen. Einschlaglupen mit einer Linse vergrößern ungefähr 10- bis 12-fach.
Fadenzähler sind Lupen, die in ein kleines, U-förmiges Gestell eingebaut sind. Dieses kann man ein- und aufklappen und auf flache Gegenstände stellen. Die Schärfe ist dann automatisch eingestellt.
Becherlupen eignen sich zum Betrachten von kleinen Tieren. Allerdings erkennst du die Krabbeltiere nur dann gut, wenn sie auf dem Boden des Plastikbechers sitzen.

Die Stereolupe

Eine Stereolupe sieht aus wie ein Mikroskop. Sie vergrößert 20- bis 80-fach und du bekommst damit noch genauere Einblicke in die „Welt der kleinen Dinge". Da du mit zwei Augen durch die beiden **Okulare** (▷ B 2) blickst, siehst du die Objekte räumlich. Die Schärfe des Bildes regelst du über einen Drehknopf, das **Stellrad**.

Handlupen und Stereolupen sind Hilfsmittel, um sehr kleine Dinge vergrößert betrachten zu können.

AUFGABEN

1 Nenne den Vergrößerungsfaktor einer Einschlaglupe und den Vergrößerungsfaktor einer Stereolupe.

2 Erkläre, wann du eine Becherlupe, eine Einschlaglupe oder eine Stereolupe verwenden solltest.

3 Der Objekttisch einer Stereolupe hat oft eine schwarze und eine weiße Seite. Erkläre anhand eines selbstgewählten Beispiels, welchen Vorteil das hat.

Arbeiten mit Lupe und Stereolupe

1 Kleine Dinge größer sehen

1 Lupen vergrößern nicht gleich
Material
1 Blatt Millimeterpapier, Filzstift, verschiedene Lupen (z. B. Einschlaglupe, Fadenzähler), Stereolupe, Kochsalz, Objektträger

Versuchsanleitung
a) Zeichne mit dem Filzstift einen Punkt in ein Kästchen des Millimeterpapiers.
b) Betrachte den Punkt auf dem Millimeterpapier mithilfe der verschiedenen Lupen (▷ B 3).
c) Betrachte den Punkt nun mit der Stereolupe (▷ B 4).

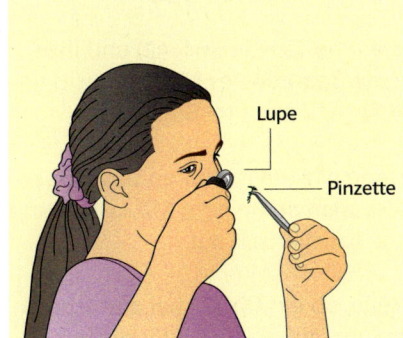

2 So hältst du eine Einschlaglupe.

d) Gib ein wenig Kochsalz auf einen Objektträger (► S. 23, Bild 2).
e) Betrachte das Kochsalz mithilfe der Lupen und der Stereolupe.

Aufgabe
1. Beschreibe Unterschiede, die dir beim Betrachten mit den Lupen und der Stereolupe auffallen.

> 1. Bringe das Untersuchungsobjekt in eine günstige Position.
> 2. Führe die Lupe ganz nah an ein Auge, halte das andere Auge offen.
> 3. Führe das Objekt mit der anderen Hand dann an die Lupe heran, bis das Bild scharf ist.

3 Tipps für die Arbeit mit der Handlupe

2 Kleine Tiere unter der Lupe
Material
kleine Tiere (z. B. Asseln, Käfer oder Spinnen), Becherlupe

Versuchsanleitung
a) Suche z. B. unter Steinen oder im Laub nach kleinen Tieren.
b) Fange ein Tier vorsichtig und setze es in die Becherlupe. Achte darauf, dass du das Tier beim Fangen nicht verletzt.
c) Betrachte das Tier mithilfe der Becherlupe.
d) Beschreibe den Körperbau des Tieres genau. Achte z. B. auf die Anzahl der Beine, wo diese am Körper ansetzen und auf die Farbe des Körpers.
e) Fertige eine Zeichnung von dem Tier an.
f) Setze das Tier vorsichtig an der Stelle aus, an der du es gefangen hast.

g) Wiederhole die Versuchsschritte a) bis f) mit anderen kleinen Tieren.

3 Körner und Samen betrachten
Material
Petrischale, Wasser, Mais- und Weizenkörner, Bohnen- und Erbsensamen, Watte, Stereolupe

> 1. Lege das Objekt auf den Objekttisch.
> 2. Schalte die Beleuchtung ein.
> 3. Stelle die beiden Okulare für deinen Augenabstand ein.
> 4. Schau durch die Stereolupe und drehe so lange am Stellrad, bis das Bild scharf eingestellt ist.

4 Tipps für die Arbeit mit der Stereolupe

Versuchsanleitung
a) Befülle die Petrischale mit Wasser. Lege die Mais- und Weizenkörner sowie die Bohnen- und Erbsensamen einen Tag lang hinein.
b) Nimm die Körner und Samen aus der Petrischale. Gieße das Wasser ab.
c) Lege die Petrischale mit angefeuchteter Watte aus. Lege die Körner und Samen darauf. Halte die Watte stets feucht.
d) Betrachte die Körner und Samen an mehreren aufeinanderfolgenden Tagen unter der Stereolupe.

Aufgabe
1. Erstelle jeweils Zeichnungen von den Körnern und Samen.

AUFGABEN

1 Fasse schriftlich zusammen, worauf du beim Arbeiten mit Lupe und Stereolupe achten solltest.

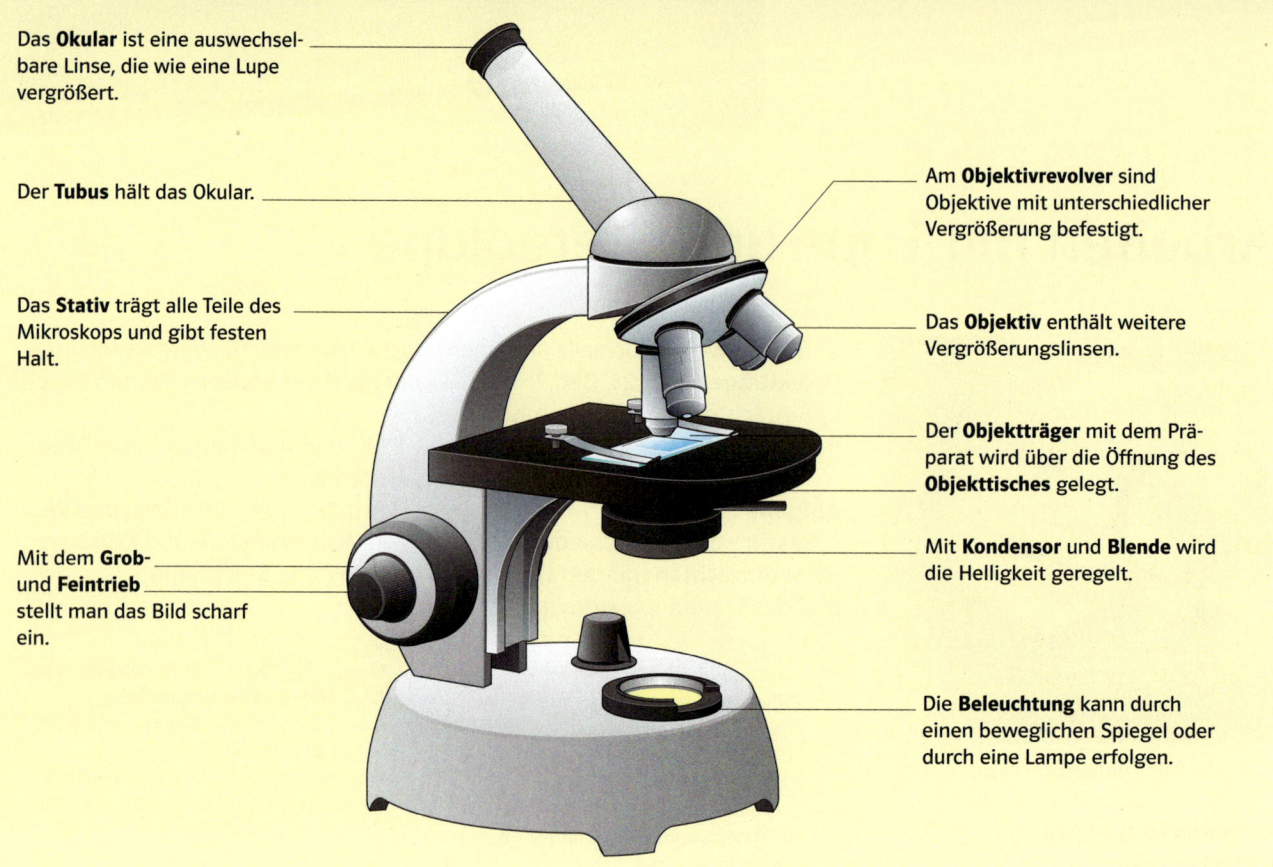

Das **Okular** ist eine auswechselbare Linse, die wie eine Lupe vergrößert.

Der **Tubus** hält das Okular.

Das **Stativ** trägt alle Teile des Mikroskops und gibt festen Halt.

Mit dem **Grob-** und **Feintrieb** stellt man das Bild scharf ein.

Am **Objektivrevolver** sind Objektive mit unterschiedlicher Vergrößerung befestigt.

Das **Objektiv** enthält weitere Vergrößerungslinsen.

Der **Objektträger** mit dem Präparat wird über die Öffnung des **Objekttisches** gelegt.

Mit **Kondensor** und **Blende** wird die Helligkeit geregelt.

Die **Beleuchtung** kann durch einen beweglichen Spiegel oder durch eine Lampe erfolgen.

1 Aufbau eines Mikroskops

Bau und Funktion des Mikroskops

Eine Lupe reicht manchmal nicht

Willst du winzige Einzelheiten an einem Objekt erkennen, brauchst du ein **Mikroskop** (▷ B1). Das **Objektiv** enthält mehrere **Vergrößerungslinsen**. Sie erzeugen ein vergrößertes Bild vom Objekt. Dieses Bild wird durch das **Okular** wie durch eine Lupe noch weiter vergrößert. Das Objekt muss sehr dünn sein, damit das Licht von unten durchscheinen kann und du etwas erkennen kannst.

Die Vergrößerung berechnen

Zur Berechnung des **Vergrößerungsfaktors** musst du die Objektiv- mit der Okular-Vergrößerung multiplizieren. Die Angaben stehen auf dem Objektiv und dem Okular. Steht auf dem Okular z. B. 10 x und auf dem Objektiv 40 x, rechnest du 10 x 40 = 400. Der Vergrößerungsfaktor beträgt demnach 400: Du siehst ein 400-fach vergrößertes Bild.

Mikroskope haben mehrere Linsen und erreichen hohe Vergrößerungsfaktoren.

AUFGABEN

1   Erstelle eine Tabelle (▶ S. 42) und liste darin die Bauteile des Mikroskops und deren Funktion auf (▷ B1).

2   Berechne alle einstellbaren Gesamtvergrößerungen an deinem Mikroskop und liste sie tabellarisch auf.

3   Beurteile, ob ein Objekt bei der Scharfeinstellung auf das Objektiv zubewegt oder davon wegbewegt werden sollte.

Wir mikroskopieren

1 Umgang mit dem Mikroskop

Material
1 Folienbuchstabe, Pinzette, Objektträger, Deckgläschen, Präpariernadel, Mikroskop

Versuchsanleitung
a) Schalte das Licht an deinem Mikroskop ein.
b) Prüfe, ob die kleinste Objektiv-Vergrößerung eingestellt ist.
c) Fahre den Objekttisch nach unten.
d) Lege den Folienbuchstaben mit der Pinzette auf den Objektträger.
e) Setze das Deckgläschen mit einer Kante schräg auf den Objektträger. Senke es mithilfe der Präpariernadel ab (▷ B1).
f) Lege den Objektträger auf den Objekttisch und fixiere ihn mit der Halterung.
g) Fahre den Objekttisch möglichst nah an das Objektiv heran. Kontrolliere, dass sich Objektträger und Objektiv nicht berühren.
h) Schaue jetzt durch das Okular und bewege den Objekttisch langsam nach unten, bis das Objekt scharf erscheint.

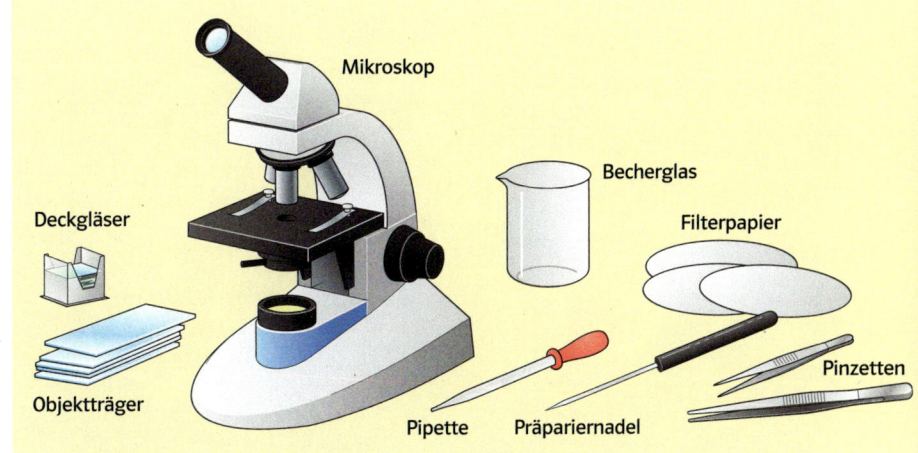

2 Grundausstattung zum Mikroskopieren

i) Stelle nun mit dem Feintrieb die optimale Schärfe ein.
j) Verschaffe dir einen Überblick über dein Objekt. Ziehe den Bereich, den du noch stärker vergrößern möchtest, in die Mitte des Objekttisches.
k) Wechsle anschließend zur nächsthöheren Objektiv-Vergrößerung.
l) Stelle das Objekt wiederum mithilfe des Feintriebes scharf ein.
m) Reguliere die Helligkeit des Objektes.
n) Stelle nach Abschluss deiner Arbeiten die kleinste Objektiv-Vergrößerung ein.
o) Fahre den Objekttisch mit dem Grobtrieb ganz nach unten.
p) Räume deinen Arbeitsplatz ordnungsgemäß auf.

2 Ein Haar mikroskopieren

Material
Objektträger, Haar, durchsichtige Klebestreifen, Millimeterpapier, Schere, Mikroskop

Versuchsanleitung
a) Lege ein Haar der Länge nach auf einen Objektträger.
b) Klebe das Haar an den Enden mit Klebestreifen auf dem Objektträger fest.
c) Schneide einen kleinen, geraden Streifen aus dem Millimeterpapier zu.
d) Mikroskopiere das Haar nach den Anleitungsschritten a) bis m) aus Versuch 1.

Aufgabe
1. Lege den Millimeterpapier-Streifen neben das Haar unter das Mikroskop. Finde nun heraus, wie breit das Haar ist. Notiere dein Ergebnis.

AUFGABE

1 Erkläre, warum man beim Mikroskopieren immer mit der kleinsten Vergrößerung beginnt.

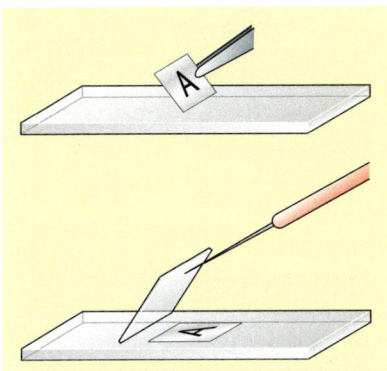

1 Den Folienbuchstaben auflegen

Wir erstellen Präparate

1 Wasserpest

Für alle der folgenden Versuche benötigst du die Grundausstattung zum Mikroskopieren (► S. 23, B 2).

1 Präparat: Wasserpest

Die Wasserpest kommt häufig in klaren Seen vor (▷ B 1). In Aquarien und Gartenteichen lässt sich die Pflanze aber auch gut halten. Die Blätter der Wasserpest sind sehr dünn – unter dem Mikroskop kann man deshalb sehr viele Einzelheiten in ihnen erkennen.

Material

Grundausstattung zum Mikroskopieren, Wasserpest

Versuchsanleitung

a) Gib mit der Pipette einen Tropfen Wasser in die Mitte eines Objektträgers (▷ B 5).
b) Zupfe mit der Pinzette ein Blatt von der Wasserpest ab.
c) Lege das Blatt mithilfe der Pinzette in den Wassertropfen auf dem Objektträger (▷ B 6).

d) Setze das Deckgläschen leicht schräg am Wassertropfen an. Senke es nun mithilfe der Präpariernadel langsam ab (▷ B 7).
e) Sauge überschüssiges Wasser vorsichtig mit Filterpapier ab (▷ B 8).
f) Betrachte das Präparat zunächst mit der schwächsten Vergrößerung. Mikroskopiere es dann mit der mittleren sowie der stärksten Vergrößerung.

Aufgabe

1. Erstelle eine Zeichnung von deinem Wasserpest-Präparat (► S. 26).

2 Präparat: Zwiebelhaut

Material

Schutzbrille, Mikroskopier-Grundausstattung, Küchenzwiebel, Messer, Schneidebrett, Rasierklinge, Methylenblau

Versuchsanleitung

a) Schneide die Küchenzwiebel durch (▷ B 2) und schäle sie.

2 Zwiebel schneiden

b) Löse eine Zwiebelschuppe heraus (▷ B 3).

3 Zwiebelschuppe herauslösen

c) Ritze vorsichtig mit der Rasierklinge ein kleines Rechteck in die Innenhaut der Zwiebelschuppe (▷ B 4).

4 Zwiebelschuppe einritzen

d) Gib mit der Pipette einen Tropfen Wasser in die Mitte des Objektträgers (▷ B 5).

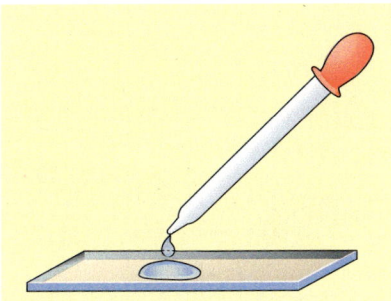

5 Wasser auftropfen

e) Löse das oberste Häutchen des eingeritzten Rechtecks mit der Pinzette heraus. Lege das Häutchen möglichst glatt in den Wassertropfen (▷ B 6).

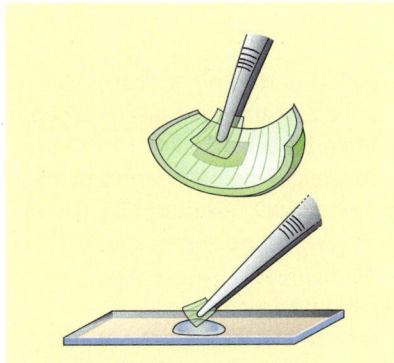

6 Zwiebelhaut lösen und auflegen

f) Setze das Deckgläschen leicht schräg am Wassertropfen an und senke es langsam mithilfe der Präpariernadel ab (▷ B 7).

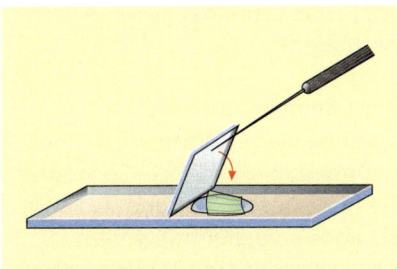

7 Deckgläschen vorsichtig absenken

g) Sauge überschüssiges Wasser vorsichtig mit Filterpapier ab (▷ B 8).

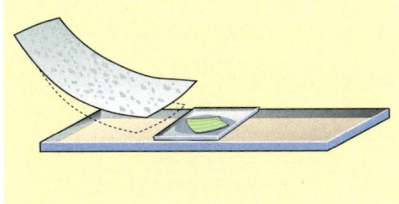

8 Überschüssiges Wasser absaugen

h) Mikroskopiere das Präparat.
i) Nimm den Objektträger vom Mikroskop.
j) Gib mit der Pipette einen Tropfen Methylenblau seitlich neben das Deckgläschen.
k) Sauge mit Filterpapier das Methylenblau von der gegenüberliegenden Seite unter das Deckgläschen (▷ B 9).

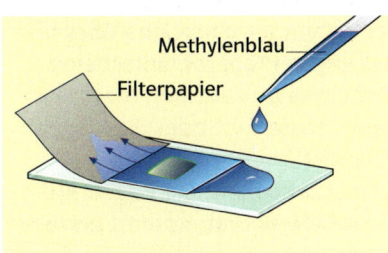
Methylenblau
Filterpapier

9 Anfärben mit Methylenblau

l) Mikroskopiere das Präparat erneut.

Aufgabe
1. Erstelle eine Zeichnung deines Zwiebelhaut-Präparates (► S. 26).

3 Präparat: Mundschleimhaut ⚠
Material
Schutzbrille, Grundausstattung zum Mikroskopieren, Teelöffel oder Holzspatel, Methylenblau

Versuchsanleitung
a) Schabe mit dem Löffel mehrmals an der Innenseite deiner Wange entlang.
b) Gib diesen Abstrich dann in die Mitte eines Objektträgers.
c) Setze das Deckgläschen am Präparat leicht schräg an und senke es langsam ab (▷ B 7).
d) Mikroskopiere das Präparat.
e) Nimm den Objektträger vom Mikroskop.
f) Gib mit der Pipette einen Tropfen Methylenblau seitlich neben das Deckgläschen.
g) Sauge das Methylenblau unter das Deckgläschen (▷ B 9).
h) Mikroskopiere das Präparat erneut.

Aufgabe
1. Erstelle eine Zeichnung (► S. 26) des Mundschleimhaut-Präparates. Vergleiche deine Zeichnung mit Bild 10. Nenne Unterschiede und Gemeinsamkeiten.

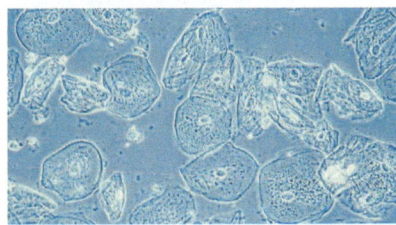

10 Mundschleimhaut

AUFGABEN

1 Benenne Gemeinsamkeiten und Unterschiede zwischen den mikroskopierten Präparaten.

2 Du hast nun tierische und pflanzliche Präparate hergestellt. Erläutere, welche Gemeinsamkeit für den Aufbau von Pflanzen und Tieren gilt.

Zeichnen wie ein Wissenschaftler

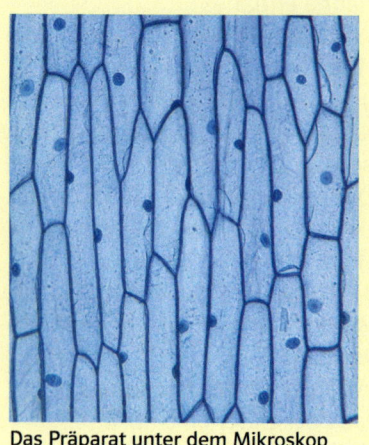

Das Präparat unter dem Mikroskop

Name: Maxi Muster
Datum: 22.04.2017
Objekt: Küchenzwiebel
(Allium cepa)
Vergrößerung: 100x
Präparation: Längsschnitt
der Zwiebelhaut

Wichtige Informationen
über die Zeichnung
stehen oben

Deine fertig beschriftete
Zeichnung des Präparates

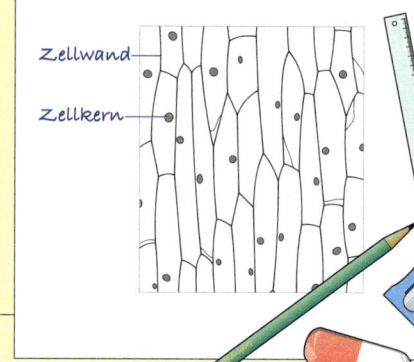

Zellwand
Zellkern

1 Vom Präparat zur wissenschaftlichen Zeichnung

Wenn Wissenschaftler ein Präparat mikroskopieren, halten sie ihre Beobachtungen oft mithilfe einer Zeichnung fest. Das ist z. B. wichtig, wenn man unterschiedliche Objekte miteinander vergleichen will. Wenn du die folgenden Hinweise genau beachtest, kannst auch du eine solche **wissenschaftliche Zeichnung** anfertigen.

Notwendige Materialien

Für die Zeichnung benutzt du weißes, unliniertes DIN-A4-Papier. Du brauchst außerdem: einen Bleistift, einen Radiergummi, einen Anspitzer, ein Lineal (▷ B 1). Damit die Zeichnung ganz genau wird, muss dein Bleistift immer gut gespitzt sein.

Wichtige Daten notieren

Auf das DIN-A4-Blatt schreibst du deinen Namen, das Datum, den Namen des Objekts, den Vergrößerungsfaktor und die Art des Präparates (▷ B 1).

Vor dem Zeichnen ...

Bevor du mit dem Zeichnen beginnst, schaust du dein Präparat genau unter dem Mikroskop an. Verschaffe dir einen Überblick über das ganze Präparat. Entscheide dann, was du zeichnen möchtest: Einen Ausschnitt oder das ganze Präparat.
Grundsätzlich gilt die Regel: Auf jedes DIN-A4-Blatt kommt nur eine Zeichnung – und diese so groß wie möglich.

Während des Zeichnens ...

Beachte außerdem:
– zeichne nur das, was du eindeutig erkennen kannst,
– zeichne nur die wesentlichen Dinge, nicht jede Einzelheit,
– benutze nur den Bleistift, keine Buntstifte,
– drücke den Bleistift nur leicht auf,
– zeichne nur mit Linien,
– zeichne die Linien nicht mit dem Lineal,

– Linien dürfen nicht gestrichelt oder dick nachgezogen werden,
– male Zwischenräume nicht aus,
– vergleiche deine Zeichnung immer wieder mit dem Bild, das du im Mikroskop sehen kannst.

Nach dem Zeichnen ...

Wenn du mit dem Zeichnen fertig bist, musst du deine Zeichnung noch mit Fachbegriffen **beschriften**. Schreibe diese aber nicht in die Zeichnung. Ziehe mit dem Lineal gerade Linien von den gezeichneten Strukturen an die Seite des Blattes (▷ B 1, rechts). Die Linien dürfen sich nicht überkreuzen. An jede Linie schreibst du dann den Fachbegriff.

Zeichnungen aufbewahren

Sammle deine Zeichnungen in einer geeigneten Mappe. So werden sie nicht beschädigt und du kannst sie immer wieder betrachten oder auch anderen zur Verfügung stellen.

Ergebnisse präsentieren

Tipps für eine gute Präsentation

Mit einer Präsentation stellst du deine Arbeitsergebnisse anschaulich und informativ einem Publikum vor. Eine Präsentation ist gut, wenn diese

- klar und nachvollziehbar gegliedert ist,
- verständlich vorgetragen wird,
- inhaltlich richtig ist.

Der Vortrag

Zu jeder Präsentation gehört ein **Vortrag**. Mit Zeichnungen und Fotos oder einem Tafelbild wird dein Vortrag noch anschaulicher. Entscheide, ob du dafür eine Dokumenten-Kamera, einen Overhead-Projektor, einen Beamer, die Tafel oder ein Plakat nutzen möchtest.

Tipps für einen guten Vortrag

Für einen guten Vortrag solltest du folgende 6 Punkte beachten:

1. Bereite dich inhaltlich gut auf deinen Vortrag vor. Nutze zur Vorbereitung verschiedene Informationsquellen.
2. Trage deinen Vortrag möglichst frei vor. Als Gedankenstütze kannst du Stichwortzettel mit wichtigen Begriffen vorbereiten.
3. Trage nur das vor, was du auch wirklich verstanden hast. Du solltest auf Fragen aus dem Publikum richtig antworten können.
4. Sprich laut, deutlich und nicht zu schnell. Schaue das Publikum beim Sprechen an.
5. Verwende Fachbegriffe und Fremdwörter sorgsam und erkläre sie dem Publikum.
6. Präsentiere beim Vortrag Bilder, Zeichnungen oder Tabellen, zum Beispiel auf einem **Plakat** (▷ B 1). Damit gestaltest du deinen Vortrag anschaulich und interessant.

Tipps für ein gutes Plakat

- Schreibe groß und deutlich.
- Hebe Überschriften hervor, z. B. mit farbigen, großen Buchstaben.
- Füge informative, große Bilder sowie Zeichnungen ein.
- Gliedere Text und Bilder zu sinnvollen thematischen Blöcken.
- Nutze den gesamten Platz auf dem Plakat, aber überfrachte es nicht mit zu viel Informationen: Weniger ist mehr!

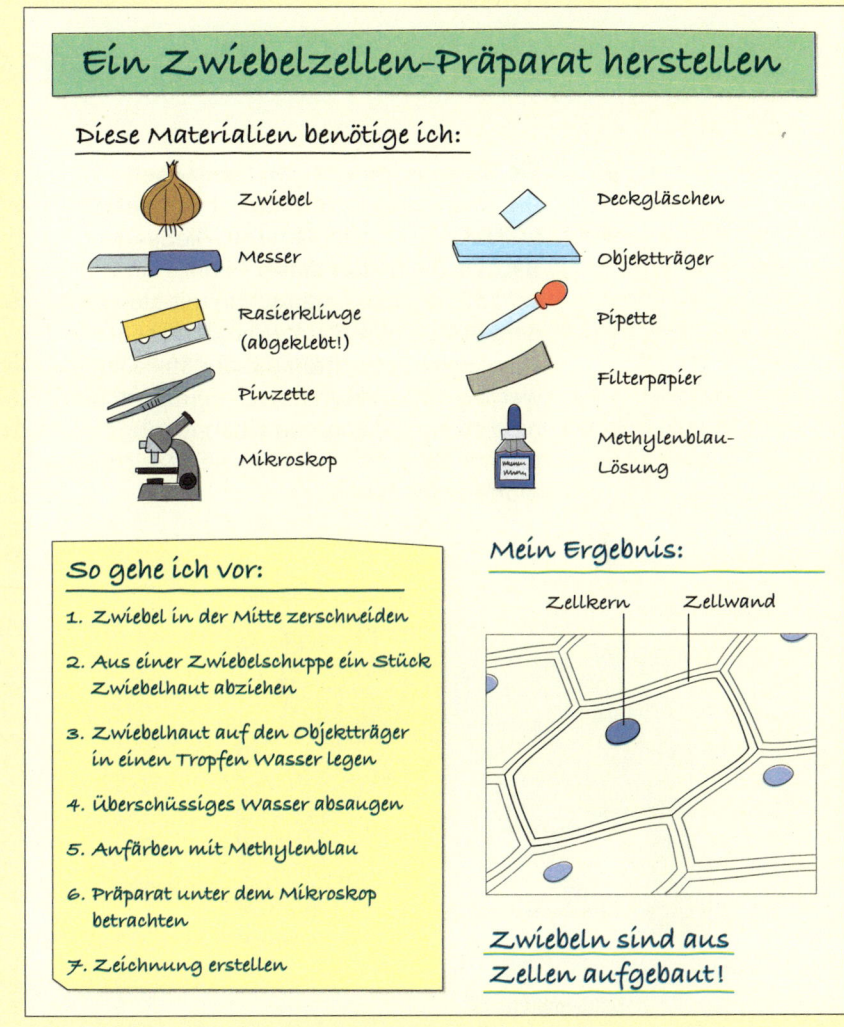

1 Ein gutes Plakat ergänzt deinen Vortrag.

1 Wasserpest unter der Lupe   **2** ... unter der Stereolupe   **3** ... unter dem Lichtmikroskop

Zellen, die Bausteine der Lebewesen

Ein Blick ins „Innere" von Lebewesen
Die Wasserpest (▷ B 1) findest du häufig in sauberen Seen oder langsam fließenden Bächen. Die Blätter dieser Pflanze sind sehr dünn, sodass man schon mit bloßem Auge einige Strukturen darin sehen kann. Beim Betrachten mit der Stereolupe werden die Strukturen noch deutlicher und man erkennt kleine, von einander abgegrenzte Bereiche (▷ B 2). Diese bezeichnen Biologen als **Zellen**.

Lebewesen bestehen aus Zellen
Alle Lebewesen, egal ob Pflanze, Tier oder Mensch, sind aus Zellen aufgebaut. Zellen sind somit die **Grundbausteine der Lebewesen**. Die Zellen liegen mehr oder weniger dicht nebeneinander und übereinander. Sie bilden einen **Zellverband** (▷ B 2). Die Anzahl der Zellen und die Art, wie sie zu einem Zellverband verbunden sind, bestimmen das Aussehen und die Größe des Lebewesens. Alle Zellen zusammen bilden also ein eigenständiges Lebewesen, den **Organismus**. (► System, S. 136/137)

Alle Lebewesen sind aus Zellen aufgebaut. Zellen sind die Grundbausteine und damit ein Kennzeichen aller Lebewesen.

AUFGABEN

1 Erläutere, warum man Zellen als Grundbausteine der Lebewesen bezeichnet.

2 Stelle eine Vermutung auf, was beim Wachsen eines Lebewesens geschieht.

3 Fertige aus Papier oder Pappe ein räumliches Modell (► S. 48) einer Pflanzenzelle an (▷ B 4 und ► S. 136).

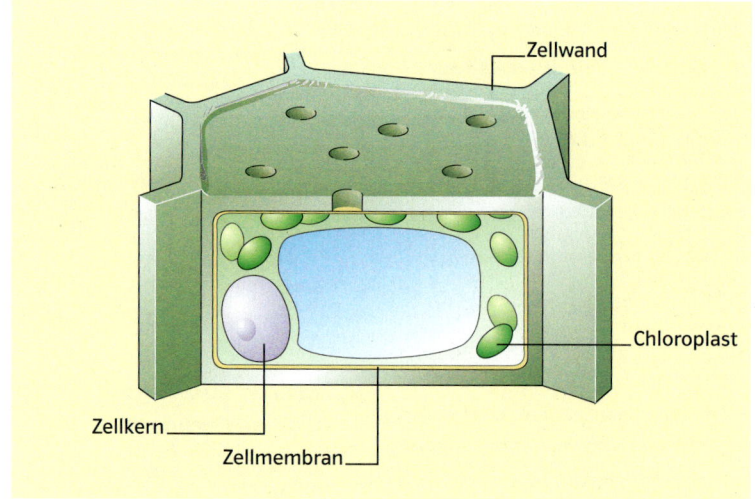

Zellwand · Chloroplast · Zellkern · Zellmembran

4 Modell einer Pflanzenzelle

Die Entdeckung der Zelle

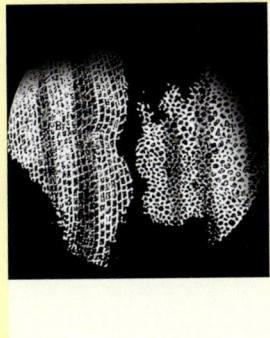
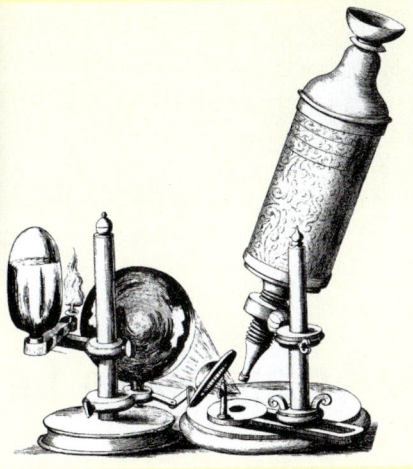

1 Flaschenkork-Zellen und das Mikroskop von ROBERT HOOKE

2 MATTHIAS JACOB SCHLEIDEN und THEODOR SCHWANN

Die Anfänge

Bis zum 17. Jahrhundert wussten die Menschen nicht viel über den Feinbau von Pflanzen und Tieren. Erst mit der Erfindung von Mikroskopen war es möglich, kleinste Strukturen stark vergrößert darzustellen und sie damit sichtbar zu machen. Im Jahr 1608 stellten die Niederländer HANS JANSEN und sein Sohn ZACHARIAS das erste Mikroskop vor, das zwei hintereinander liegende Glaslinsen hatte.

Der Entdecker

Der Engländer ROBERT HOOKE (1635–1703) war der Erste, der den inneren Aufbau der Pflanzen beschrieb. Beim Mikroskopieren von dünnen Flaschenkork-Scheiben entdeckte er, dass Flaschenkork aus winzigen Kammern besteht (▷ B1). HOOKE nannte sie „Cellulae" („Kämmerchen") – und führte damit den Namen „Zelle" in die Biologie ein.

Die weitere Entwicklung

Schon früh war der Niederländer ANTONIE VAN LEEUWENHOEK (1632–1723) begeistert von der Mikroskopie. In seine Mikroskope baute er selbst geschliffene Linsen ein, mit denen Vergrößerungen um das 270-Fache möglich waren. Damit konnte VAN LEEUWENHOEK sogar Lebewesen beobachten, die nur aus einer Zelle bestehen.

Die Begründer der Zellenlehre

Dass Zellen die Grundbausteine aller Lebewesen sind, wurde aber erst im 19. Jahrhundert bewiesen. Die deutschen Forscher MATTHIAS JACOB SCHLEIDEN (1804–1881) und THEODOR SCHWANN (1810–1882) konnten nachweisen, dass alle Pflanzen und Tiere ausschließlich aus Zellen bestehen. Sie begründeten die Zellenlehre mit dem bis heute gültigen Satz: „Alle Lebewesen sind aus Zellen aufgebaut!"

AUFGABEN

1 Recherchiere zu den Biologen SCHWANN und SCHLEIDEN und erstelle einen Steckbrief von den beiden Forschern.

2 „Neue Entdeckungen in der Biologie sind auch abhängig vom technischen Fortschritt." Erläutere diese Aussage an einem Beispiel.

1 Neugierig sein und entdecken

2 Arbeiten wie ein Biologe

Biologie – die Lehre vom Leben

Denken und arbeiten wie ein Biologe

Einen Käfer beobachten oder in der Erde nach Würmern buddeln – viele Kinder sind neugierig und fragen ihre Eltern sprichwörtlich „Löcher in den Bauch". Auch im Biologieunterricht ist es wichtig, neugierig zu sein und Fragen zu stellen. Auf Fragen wie „Was frisst ein Kaninchen?" oder „Sind Pflanzen Lebewesen?" kannst du bereits eine Antwort geben.

Zur Klärung deiner Fragen hast du schon zahlreiche **wissenschaftliche Methoden** angewandt. Du hast Tiere beobachtet und gelernt, wie man ein Mikroskop oder eine Lupe einsetzt und wie man ein Experiment plant und durchführt. Diese **Arbeitsweisen** sind typisch für „echte" Biologen und helfen ihnen, zu Erkenntnissen zu gelangen. Während der Biologiestunden standen vor allem Lebewesen im Mittelpunkt, denn die Biologie untersucht den „belebten" Teil der Natur – oder anders ausgedrückt: **Biologie ist die Lehre von den Lebewesen**.

Wissenschaften, die die Natur erforschen

Die Biologie ist das erste Fach an der Realschule, das sich mit der Erforschung der Natur beschäftigt: Die Biologie ist eine **Naturwissenschaft**. In den nächsten Jahren wirst du noch andere Naturwissenschaften kennenlernen. Im Fach **Chemie** wirst du den Bau und die Eigenschaften von Stoffen untersuchen. Und im Fach **Physik** bekommst du Antworten auf Fragen wie „Warum fallen Gegenstände immer nach unten?" Oft überschneiden sich die Forschungsgebiete der einzelnen Naturwissenschaften und die Wissenschaftler arbeiten oft auch mit den gleichen Methoden. Sie alle suchen nach Antworten, die die Vorgänge in der Natur, die **Naturphänomene**, erklären.

Spezialisierung ist notwendig

Heute haben die Naturwissenschaftler bereits auf viele Fragen eine Antwort. Die Menge des Wissens ist dadurch so groß geworden, dass sich die Forscher auf bestimmte Gebiete **spezialisieren** müssen. Diese Spezialisierung kannst du mit der Einteilung in verschiedene Unterrichtsfächer vergleichen: Deine Mathelehrerin weiß vielleicht nicht so viel über die Biologie und dein Biologielehrer nicht so viel über die Mathematik. In seinem Fach ist aber jeder von beiden ein Spezialist. Natürlich kann kein Biologe jedes Lebewesen und jede Lebensform kennen oder

3 – 5 Weitere Arbeitsgebiete in der Biologie

erforschen. Deshalb spezialisieren sich Biologen auf bestimmte **Teilgebiete** innerhalb der Biologie. Mit den Bereichen Tierkunde, Pflanzenkunde und Zellenlehre hast du dich schon beschäftigt. Weitere Bereiche siehst du in den Bildern oben (▷ B 3 – B 5).

Basiskonzepte helfen ordnen

Biologen beobachten, beschreiben und vergleichen Lebewesen unter ganz bestimmten Fragestellungen. Haben Lebewesen z. B. Ähnlichkeiten im Bau oder Gemeinsamkeiten in der Lebensweise? Auf diese Weise haben Biologen Eigenschaften gefunden, die für alle Lebewesen in ähnlicher Form gelten. Diese Grundeigenschaften des Lebens nennen Biologen auch **Basiskonzepte**.
Basiskonzepte helfen dabei, Zusammenhänge zu erkennen und neue Erkenntnisse einzuordnen. Auch dir können Basiskonzepte helfen, dich in der Vielzahl der Themen zurechtzufinden und sie besser zu verstehen. Auf vielen Seiten im Buch findest du Hinweise auf die einzelnen Basiskonzepte, die ab der Seite 136 als „Wissensnetze" zusammengefasst sind.

Biologie ist die Lehre von den Lebewesen. Wie die Chemie und die Physik, gehört die Biologie zu den Naturwissenschaften. Basiskonzepte helfen, die Vielfalt der biologischen Inhalte zu verstehen und einzuordnen.

AUFGABEN

1 Erkläre den Begriff „Biologie".

2 Beschreibe die Arbeitsgebiete der Biologen oben (▷ B 3 – B 5).

3 Zähle die Untersuchungsmethoden auf, die du bisher im Biologieunterricht kennengelernt hast.

4 a) Erstellt in Partnerarbeit eine Liste der Basiskonzepte, die im Buch vorkommen. Jeder sucht sich drei Basiskonzepte aus und formuliert zu jedem eine Frage zum Thema „Kaninchen".
b) Tauscht eure Fragen und beantwortet sie schriftlich.

5 Suche auf den Seiten im Buch nach drei Hinweisen auf ein Basiskonzept. Erkläre jeweils, weshalb der Inhalt der Seite zu diesem Basiskonzept passt.

6 Informiere dich, was man unter dem Wissenschaftsbereich „Bionik" versteht. Erstelle ein Plakat zu diesem Thema.

Zusammenfassung

Kennzeichen von Lebewesen

Ob Pflanzen, Tiere oder der Mensch: Alle weisen die Kennzeichen von Lebewesen auf. Lebewesen bestehen aus Zellen, sie betreiben Stoffwechsel, sie wachsen, sie pflanzen sich fort, sie reagieren auf Reize und sie können sich bewegen. Anhand dieser Kennzeichen kann man Lebewesen von nicht lebenden Dingen unterscheiden.

Menschen halten Tiere

Wenn wir Tiere halten, übernehmen wir eine große Verantwortung. Wir müssen wissen, was das Tier braucht, und müssen Rücksicht auf seine Bedürfnisse nehmen. Nur bei artgerechter Haltung geht es dem Tier gut und es fühlt sich wohl.

Lupe und Stereolupe

Lupen sind Vergrößerungsgeräte, die aus einer oder mehreren Linsen bestehen. Damit kann man Gegenstände oder Lebewesen betrachten, die mit bloßem Auge nur schwer zu erkennen sind. Bei den Handlupen unterscheidet man Einschlaglupen von Leselupen, Fadenzählern und Becherlupen. Eine Stereolupe ermöglicht wesentlich stärkere Vergrößerungen als Lupen. Bei der Stereolupe blickt man mit beiden Augen durch die Okulare und sieht dann ein räumliches Bild.

Bau und Funktion des Mikroskops

Ein Mikroskop enthält mehrere verschiedene Linsen zur Vergrößerung. Durch sie kann man Strukturen erkennen, die mit dem bloßem Auge oder einer Lupe nicht sichtbar sind, z. B. Zellen.

Zellen – Grundbausteine der Lebewesen

Alle Lebewesen sind aus Zellen aufgebaut. Zellen sind damit die Grundbausteine aller Lebewesen. Gleichartige Zellen sind zu einem Zellverband verbunden. Alle Zellen zusammen bilden den Organismus.

Die Biologie

Die Biologie gehört wie die Chemie und die Physik zu den Naturwissenschaften. Wörtlich übersetzt bedeutet Biologie: „Die Lehre vom Leben". In der Biologie erforschen Biologen mit naturwissenschaftlichen Methoden Lebewesen und das Zusammenspiel vieler Lebewesen untereinander. Sie führen Beobachtungen, Messungen und Experimente durch. Auf diese Weise erhalten sie neue Erkenntnisse über Lebewesen und Vorgänge in der Natur.

1 Mikroskopieren

2 Die Natur erforschen

AUFGABEN

1 Nenne fünf Gründe, warum ein Zwergkaninchen ein Lebewesen ist.

👍 Super!   ❓ ► S. 8/9

2 Schreibe auf, was ein Zwergkaninchen braucht, damit es sich bei dir zu Hause wohl fühlt.

👍 Super!   ❓ ► S. 12

3 Zähle drei Hilfsmittel auf, mit denen man kleine Dinge vergrößert betrachten kann.

👍 Super!   ❓ ► S. 20, 22

4 Nenne die Bauteile eines Mikroskops und ihre Funktionen.

👍 Super!   ❓ ► S. 22

5 Du möchtest Ameisen mit einer Lupe betrachten. Erläutere, welche Art von Lupe du dafür wählen solltest.

👍 Super!   ❓ ► S. 20

6 Roboter können sich bewegen, sprechen und schneller rechnen als ein Mensch. Erläutere, warum ein Roboter dennoch kein Lebewesen ist.

👍 Super!   ❓ ► S. 8/9

7 Für manche Menschen ist es besser, wenn sie kein Haustier halten. Erstelle einen Ratgeber mit dem Titel: „Du sollst kein Haustier halten, wenn …"

👍 Super!   ❓ ► S. 12

8 Berechne alle möglichen Gesamtvergrößerungen an einem Mikroskop mit

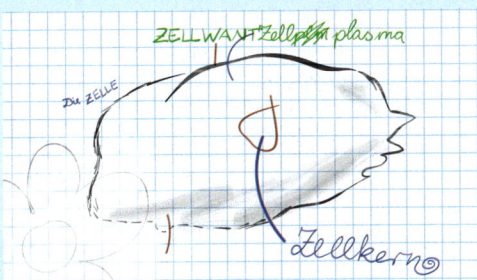

3 Eine Schülerzeichnung

zwei Okularen: 10- und 12-fach,
drei Objektiven: 5-fach, 10-fach, 40-fach.

👍 Super!   ❓ ► S. 22

9 „Können Pflanzen ohne Wasser leben?"
a) Überlege dir ein Experiment, mit dem du diese Frage beantworten könntest.
b) Beschreibe die einzelnen Schritte deines Experiments bis zum Ergebnis.

👍 Super!   ❓ ► S. 16/17

10 Nele sagt: „Ich kann im Versuchsprotokoll die Notizen zu meinen Beobachtungen nicht mehr lesen. Dann denke ich mir halt neue aus." Was wird ein Biologe zu Nele sagen? Formuliere eine Antwort.

👍 Super!   ❓ ► S. 16/17

11 Bild 3 zeigt eine misslungene wissenschaftliche Zeichnung einer Zelle.
a) Notiere die Fehler, die beim Zeichnen gemacht wurden.
b) Erstelle eine Liste mit 5 Regeln, die man beim Anfertigen einer wissenschaftlichen Zeichnung beachten muss.

👍 Super!   ❓ ► S. 26

► Musterlösungen auf den Seiten 148 – 149   **33**

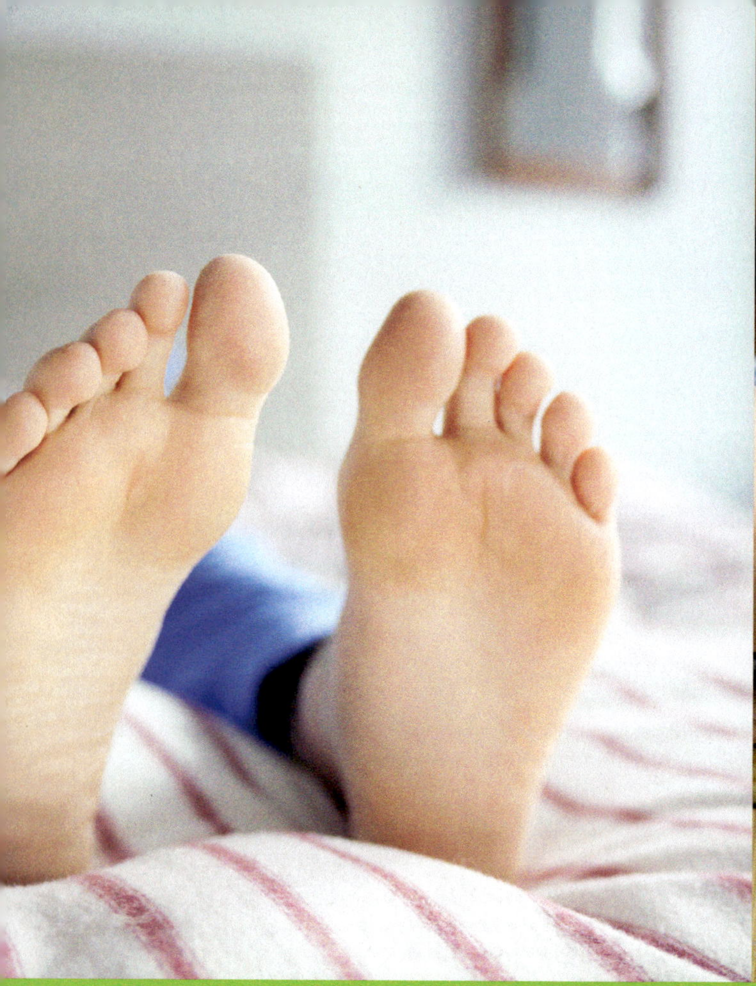

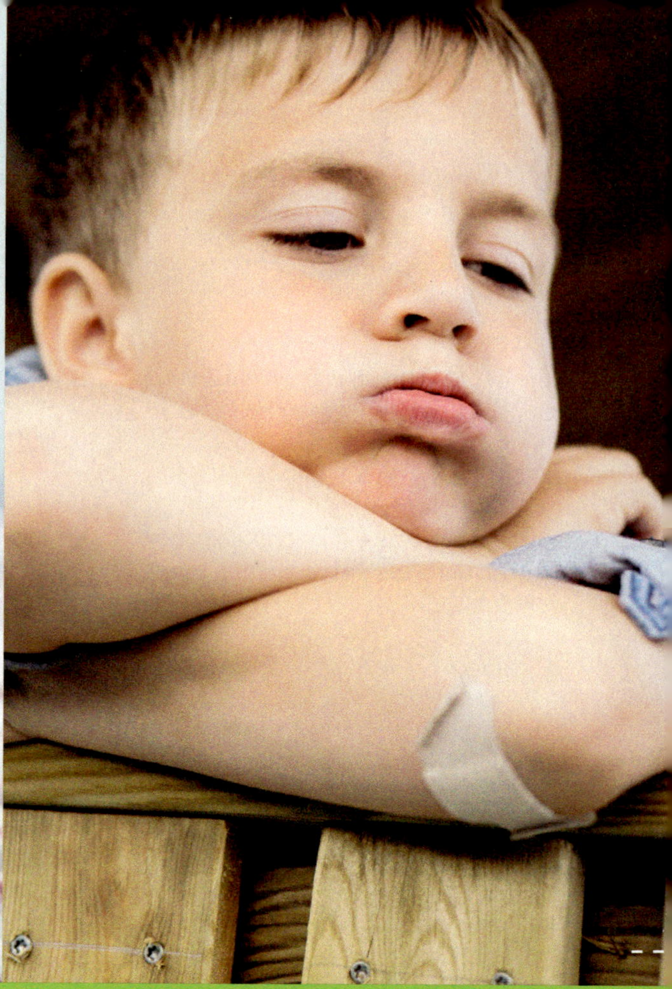

2 Mein Körper – gesund und fit

- Was ist ein „Senkfuß" und woran erkenne ich den?

- Warum atme ich schneller, wenn ich gerannt bin?

- Warum soll ich meine Schultasche immer auf dem Rücken tragen?

- „Dauernd vor dem Computer sitzen, macht krank!"
  Stimmt das?

- Muss ich jeden Tag Sport machen, damit ich fit bleibe?

Organsysteme im Überblick

Zusammenarbeit im Team
Im menschlichen Körper gibt es eine große Anzahl verschiedener **Organe**. Jedes Organ besteht aus Zellen, die auf eine bestimmte Aufgabe spezialisiert sind.

Bestimmte Organe arbeiten zusammen, man bezeichnet sie als **Organsystem**. Die verschiedenen Organsysteme bilden wiederum gemeinsam den **Organismus**. (► System, S. 136/137)

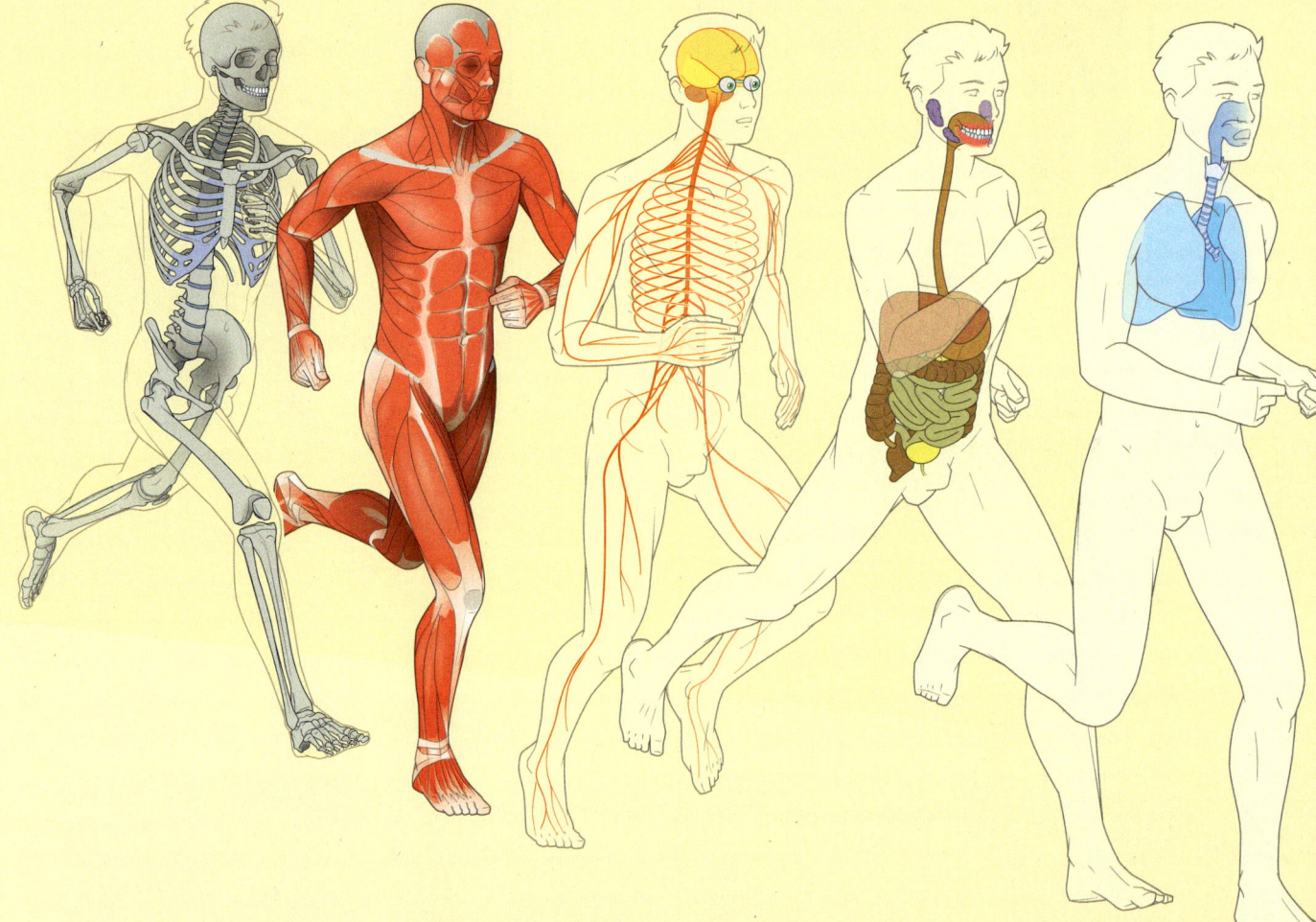

Sitzen, liegen, stehen, kriechen, rennen, schwimmen oder klettern – für den menschlichen Körper kein Problem! Dafür sorgen etwa 206 Knochen und ungefähr 650 Muskeln: Sie bilden im Zusammenspiel mit den Gelenken unseren **Bewegungsapparat**.

Milliarden von Nervenzellen sind über das **Nervensystem** miteinander verbunden. Das Rückenmark und das Gehirn sind die Steuerzentralen.

Damit Muskeln und Organe funktionieren, benötigen sie Energie. Diese steckt in den Nährstoffen, die wir über die Nahrung aufnehmen. Auch ausreichend Flüssigkeit ist notwendig. Im **Verdauungssystem** werden die benötigten Stoffe nutzbar gemacht und Abfallstoffe ausgeschieden.

28 800 Atemzüge – so oft atmest du im Durchschnitt täglich. Über das **Atmungssystem** gelangt Sauerstoff in unseren Körper und Kohlenstoffdioxid wird ausgeatmet.

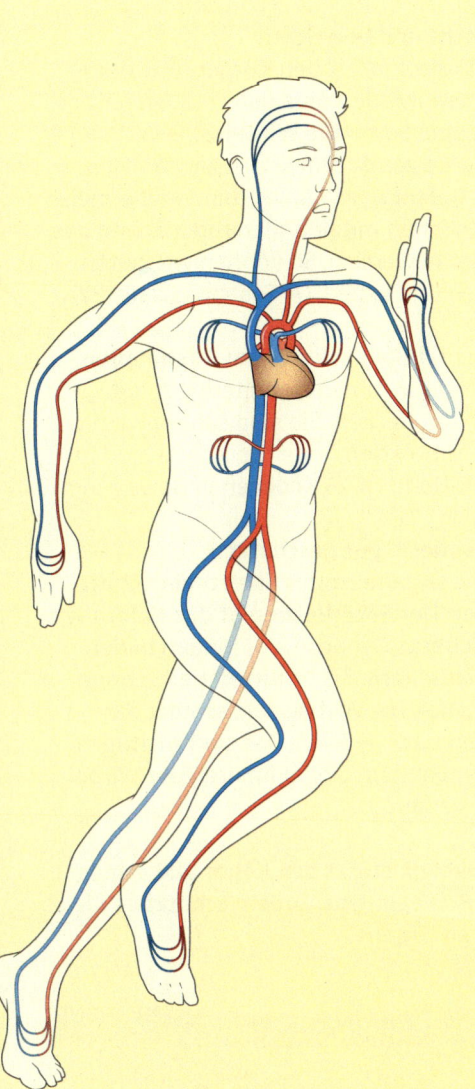

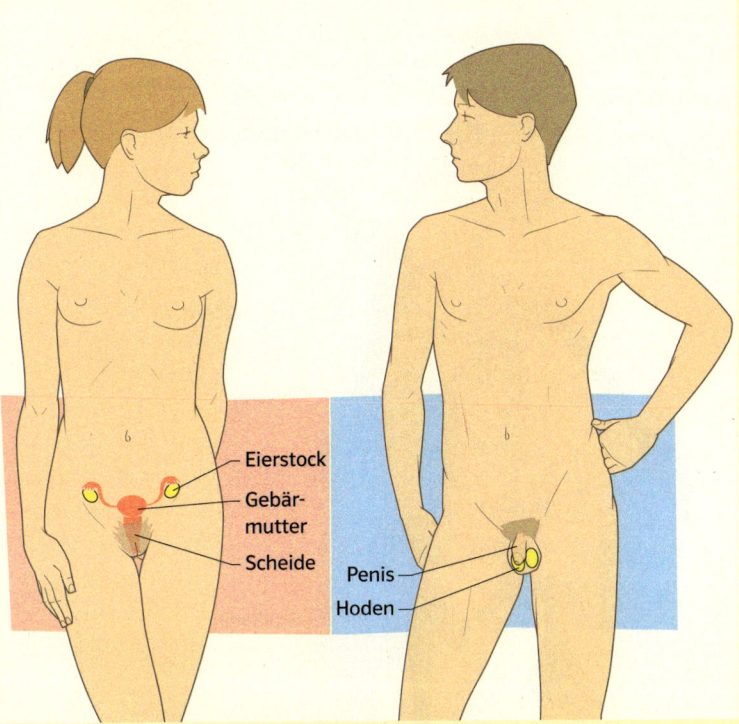

Eierstock

Gebär-
mutter

Scheide

Penis

Hoden

Die Geschlechtsorgane der Frauen und die der Männer
werden jeweils zum **Fortpflanzungssystem** zusammengefasst. Durch die Verschmelzung eines Spermiums des
Mannes mit einer Eizelle der Frau entsteht neues Leben.

Im **Blutkreislauf-System** eines Erwachsenen
befinden sich ca. 4 bis 6 Liter Blut. Mithilfe
des Herzens wird das Blut über Blutgefäße im
ganzen Körper verteilt. So werden lebensnotwendige Stoffe zu den Organen hin- und
Abfallstoffe abtransportiert.

AUFGABEN

1 Nenne mithilfe der Abbildungen die verschiedenen Organsysteme des menschlichen Körpers.

2 Erstelle eine Tabelle (► S. 42), in der du den jeweiligen Organsystemen ihre Funktion zuordnest.

3 Ordne jedem Organsystem ein passendes Kennzeichen der
Lebewesen zu.

4 Beschreibe das Zusammenwirken von Atmungs- und Blutkreislaufsystem.

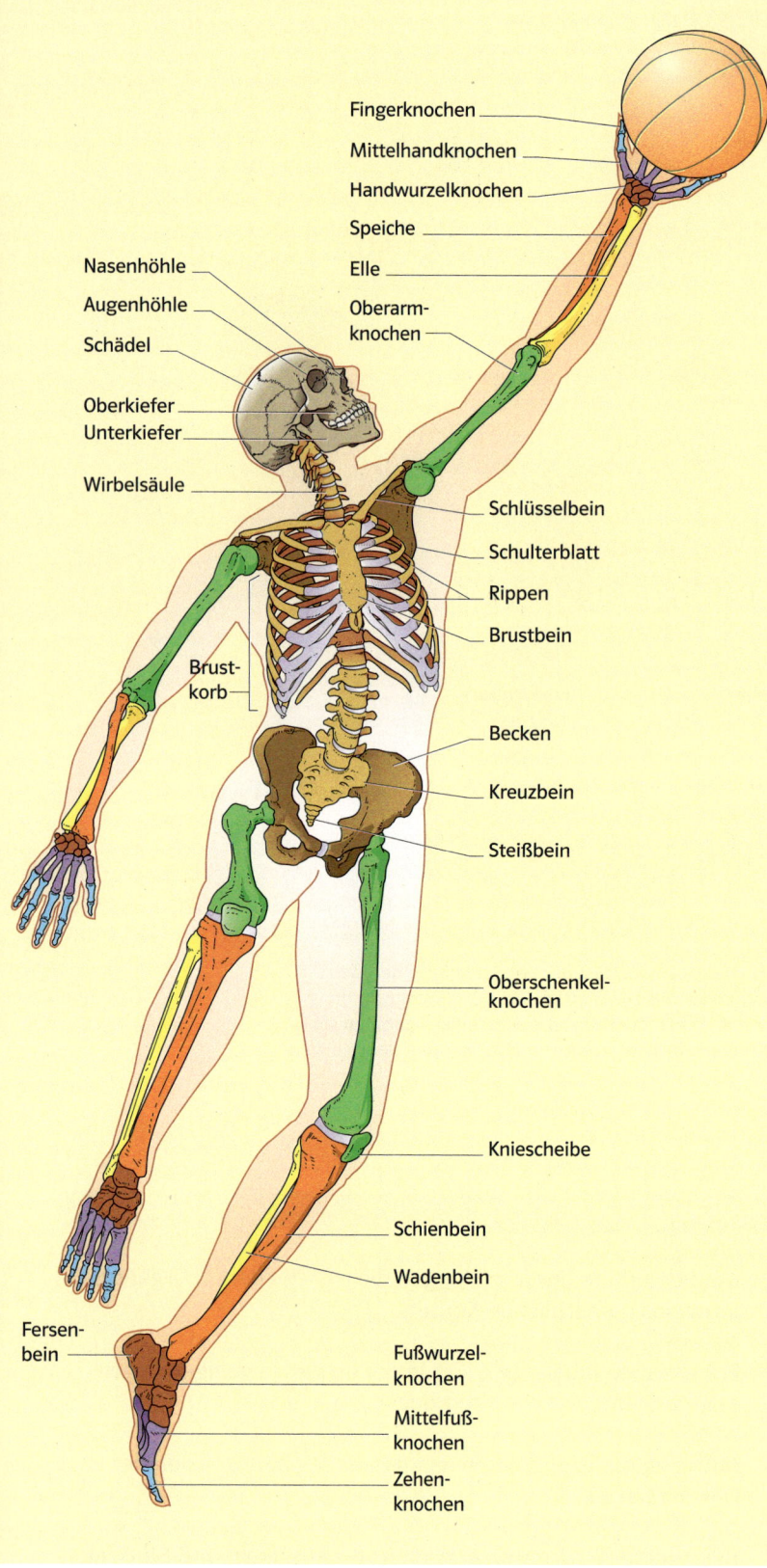

Fingerknochen

Mittelhandknochen

Handwurzelknochen

Speiche

Elle

Nasenhöhle

Augenhöhle

Oberarm-
knochen

Schädel

Oberkiefer

Unterkiefer

Wirbelsäule

Schlüsselbein

Schulterblatt

Rippen

Brustbein

Brust-
korb

Becken

Kreuzbein

Steißbein

Oberschenkel-
knochen

Kniescheibe

Schienbein

Wadenbein

Fersen-
bein

Fußwurzel-
knochen

Mittelfuß-
knochen

Zehen-
knochen

1 Skelett des Menschen

Unser Skelett

Viele Knochen – ein Skelett
Bei der Geburt haben wir über 350 **Knochen**. Viele wachsen im Laufe der Zeit zusammen, sodass ein erwachsener Mensch nur noch ungefähr 206 Knochen besitzt.

Aufrecht und beweglich
Das **Skelett** stützt den Körper (▷ B 1). Zusammen mit den **Muskeln** (▶ S. 44) gibt es ihm seine Form. Die **Wirbelsäule** (▶ S. 40) ist die tragende Stütze des ganzen Skeletts. **Gelenke** (▶ S. 50) verbinden die meisten Knochen miteinander und machen das Skelett beweglich. So können wir laufen, greifen und kauen. (▶ System, S. 136/137)

Arme und Beine sind deine **Gliedmaßen**. Die Arme sitzen am Schulterblatt, die Beine am Becken. Sie sind sehr beweglich. Beim Umblättern einer Buchseite sind in deiner Hand ca. 25 Knochen in Bewegung.

Wertvolles – gut geschützt
Für die Organe ist das Skelett ein Schutzpanzer: Der **Schädel** umgibt das Gehirn wie ein sicheres Gehäuse. Die Rippen bilden den **Brustkorb**. Sie schützen Herz, Lunge und Leber. Die Wirbelsäule schützt das Rückenmark (▶ S. 40). Das sind wichtige Nervenbahnen, die im Inneren der Wirbelsäule verlaufen.

Das Skelett stützt den Köper und ermöglicht Bewegungen. Zudem schützt es die inneren Organe.

AUFGABEN

1 Nenne die Aufgaben des Skeletts.

2 a) Zeichne den Umriss deines Körpers auf ein Blatt Papier.
b) Ertaste an dir die Lage von 10 Knochen und zeichne sie in den Umriss ein.
c) Beschrifte deine Zeichnung.

Reise ins Innere des Knochens

Wie sind Knochen aufgebaut?

„Knochenhart" sagt man, wenn etwas sehr stabil und fest ist. In Wirklichkeit sind die Knochen hart und elastisch zugleich. Sie sind von der **Knochenhaut** umgeben. Die Knochenhaut enthält Nerven und Blutgefäße. Das spürst du, wenn du z. B. einen Schlag ans Schienbein bekommst. Lange Knochen an den Armen und Beinen sind röhrenförmig. Auf der Außenseite sind sie hart. Das Röhreninnere wird von weichem **Knochenmark** ausgefüllt, das ständig neue Blutzellen bildet. Die Knochenenden enthalten **Knochenbälkchen**. Diese machen die Knochen leicht und sehr stabil (▷ B 2). (► Struktur und Funktion, S. 138/139)

Deine Knochen leben!

Knochen wachsen als biegsame **Knorpel** heran. Erst im Laufe der Jahre werden sie hart. In ihnen lagert der wichtige Stoff **Calcium**. Calcium gibt dem Knochen seine Festigkeit. Besonders im Wachstum solltest du daher viel davon mit der Nahrung aufnehmen. Calcium steckt z. B. in Milchprodukten und Hülsenfrüchten.
Deine Knochen werden ständig erneuert, auch wenn du nicht mehr wächst. Knochen müssen auch ernährt werden. Die Nährstoffe (► S. 56) gelangen über Blutgefäße in die Knochen hinein.

Die Knochen sind hart und elastisch zugleich. Sie erneuern sich ständig.

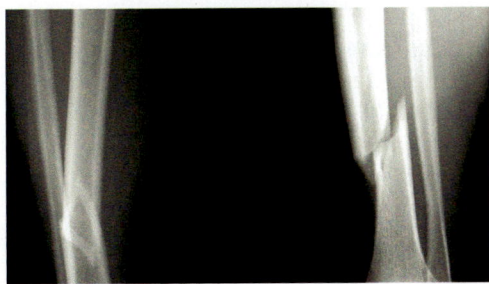

1 Ein Knochenbruch kann verheilen, wenn man die Knochenenden wieder aneinanderlegt.

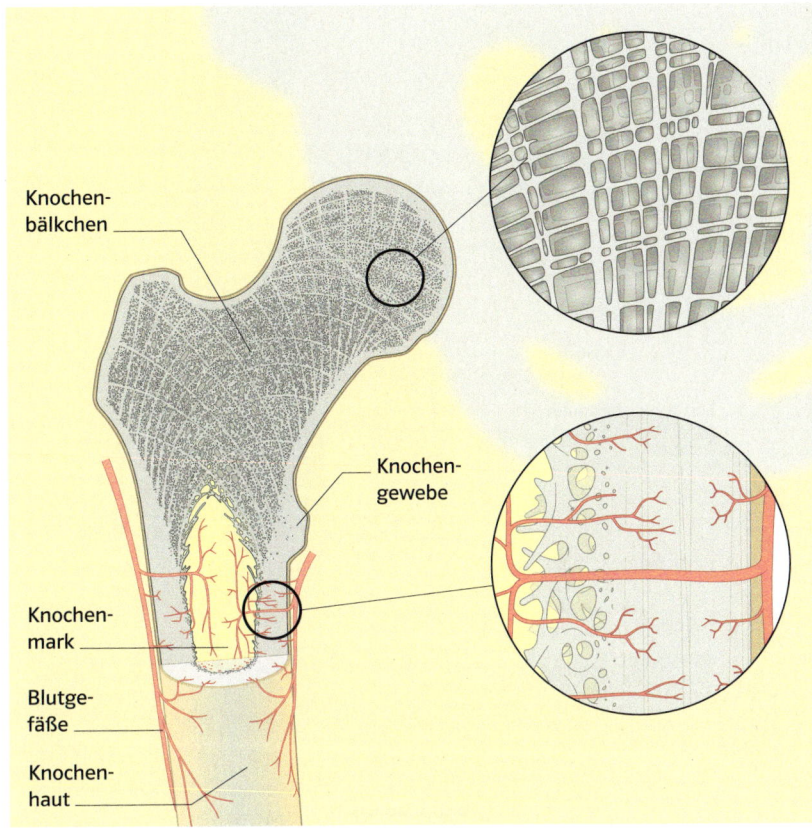

Knochen-bälkchen

Knochen-gewebe

Knochen-mark

Blutge-fäße

Knochen-haut

2 Aufbau eines Oberschenkelknochens

AUFGABEN

1 Beschreibe den Aufbau eines Oberschenkelknochens mithilfe von Bild 2. Verwende dabei die Fachbegriffe aus der Abbildung.

2 Betrachte Bild 1. Stelle eine Vermutung an, welcher Knochen in der Abbildung gebrochen ist, und begründe deine Entscheidung.

3 Der berühmte Eiffelturm in Paris hat mit dem Bau eines Oberschenkelknochens einige Gemeinsamkeiten. Beschreibe diese Gemeinsamkeiten und finde Erklärungen.

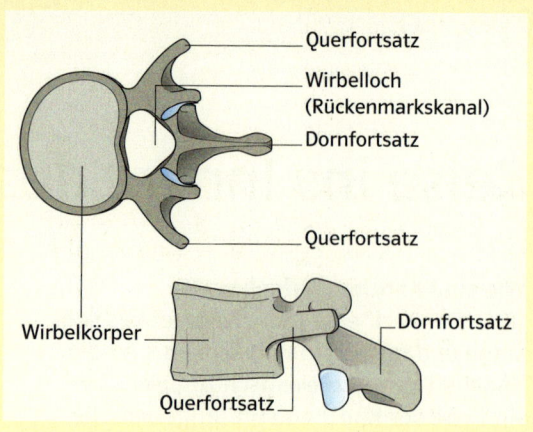

Querfortsatz
Wirbelloch (Rückenmarkskanal)
Dornfortsatz
Querfortsatz
Wirbelkörper
Dornfortsatz
Querfortsatz

2 Wirbel von oben (oben) und von der Seite (unten)

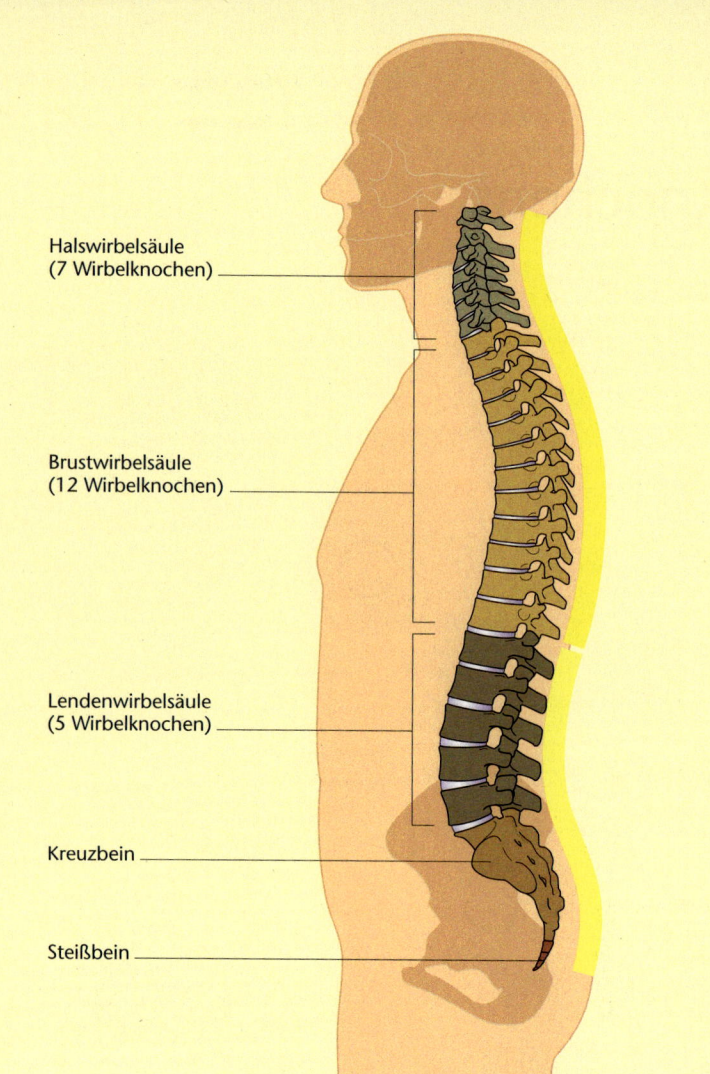

Halswirbelsäule (7 Wirbelknochen)

Brustwirbelsäule (12 Wirbelknochen)

Lendenwirbelsäule (5 Wirbelknochen)

Kreuzbein

Steißbein

1 Die Wirbelsäule des Menschen

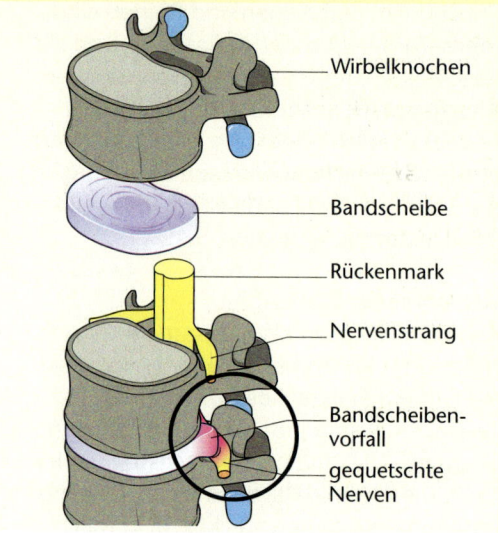

Wirbelknochen

Bandscheibe

Rückenmark

Nervenstrang

Bandscheibenvorfall

gequetschte Nerven

3 Bandscheiben (oben) und Bandscheibenvorfall (unten)

Die Wirbelsäule

Die Wirbelsäule – eine bewegliche Stütze

Die Wirbelsäule verläuft auf der Rückseite des Körpers und verbindet Schädel und Becken (▷ B 1). Sie ist nicht gerade, sondern sieht so aus, als würdest du zwei lang gezogene „S" untereinander schreiben. Diese **Doppel-S-Form** ermöglicht uns Menschen den aufrechten Gang. Die Wirbelsäule besteht aus vielen Knochen, den **Wirbeln**. Im Wirbelloch verläuft – gut geschützt – das **Rückenmark** (▷ B 2 – B 3).
Die Wirbel des **Kreuzbeins** und **Steißbeins** sind fest miteinander verwachsen (▷ B 1).

An den Wirbeln setzen die Rückenmuskeln an (▶ S. 44).

Bandscheiben – Stoßdämpfer des Körpers

Zwischen den Wirbeln liegen die **Bandscheiben** (▷ B 3). Sie bestehen aus einer gelartigen Masse und wirken wie die Stoßdämpfer in einem Auto. Sie puffern Stöße und Erschütterungen ab. Deshalb werden sie tagsüber „platt" gedrückt und verlieren etwas Wasser. Während du schläfst, wird die Wirbelsäule entlastet. Die Bandscheiben nehmen wieder etwas Flüssigkeit auf.

Bei einem **Bandscheibenvorfall** reißt eine Bandscheibe ein und es tritt etwas von der Gelmasse aus. Dadurch werden die von der Wirbelsäule abgehenden Nervenstränge gequetscht (▷ B 3). Schmerzen, die sogar bis in die Gliedmaßen laufen, sowie Taubheitsgefühle und auch Lähmungen können die Folgen sein.

Manches nimmt der Rücken krumm

Stundenlanges Sitzen, einseitige Belastungen oder Übergewicht nimmt auch der stärkste Rücken übel. Oft sind Rückenschmerzen die Folge. Haltungsschäden entstehen durch falsches Tragen, Heben und Sitzen (▷ B 4 – B 6).
Rückengymnastik entlastet die Wirbelsäule, kräftigt die Rückenmuskulatur und hält beweglich (► S. 47).

Die Wirbelsäule des Menschen besteht aus einzelnen Wirbeln. Eine Wirbelsäule ist wie ein doppeltes „S" gebogen. Sie hält den Körper aufrecht und federt Stöße ab.

AUFGABEN

1 Nenne die Aufgaben der Wirbelsäule und der Wirbel.

2 a) Taste deine Wirbelsäule entlang und mache für jeden Wirbel einen Punkt auf einem Blatt Papier.
b) Ordne die Punkte den Bereichen der Wirbelsäule zu, zähle die einzelnen Wirbel und gib an, welchen Teil der Wirbel du jeweils ertastet hast.

3 Erläutere in kurzen Texten zu ▷ B 4 – B 6, was der Junge jeweils falsch macht und welche Folgen das haben kann.

4 a) Miss deine Körpergröße eine Woche lang morgens und abends. Trage die Werte in eine Tabelle ein (► S. 42).
b) Erstelle ein Säulendiagramm, das die Werte an den einzelnen Wochentagen zeigt (► S. 43). Begründe den Verlauf.

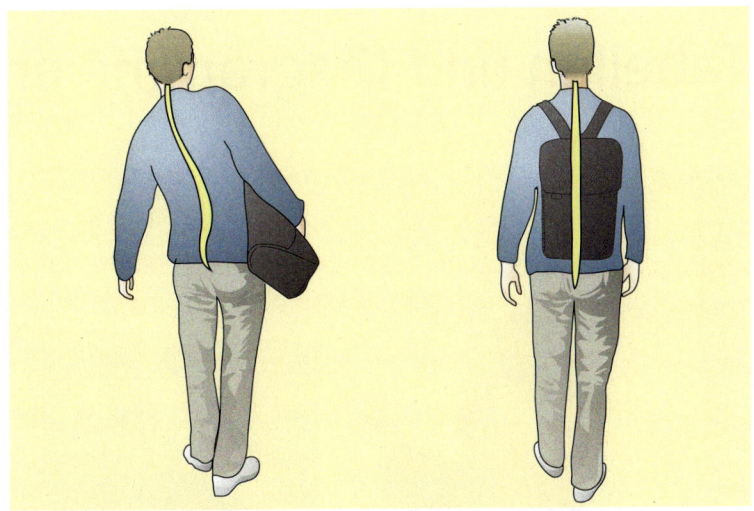

4 Falsches und richtiges Tragen

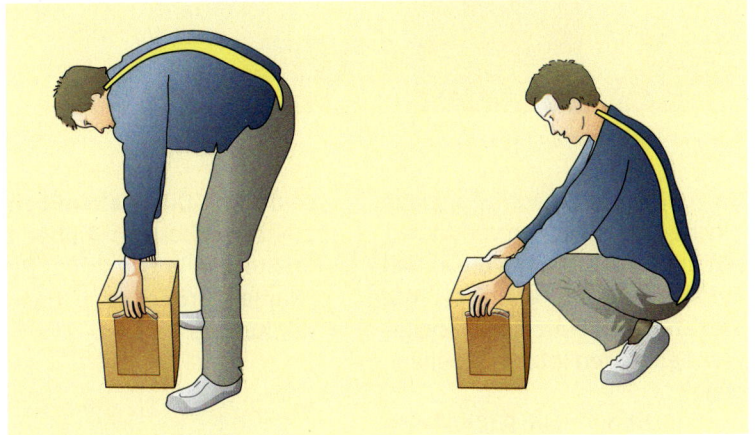

5 Falsches und richtiges Heben

6 Falsches und richtiges Sitzen

Tabellen und Diagramme erstellen

1 Wer wird Tabellenführer?

Ob Fußball- oder Musik-Fan: Jede Woche sind Millionen von Menschen gespannt, wenn die aktuellen **Tabellen** veröffentlicht werden. Wer steht auf Platz 1 der Tabelle? Wer belegt den letzten Tabellenplatz?
Doch nicht nur beim Fußball oder den Musik-Charts — Tabellen spielen in unserem Alltag eine große Rolle. Sie enthalten, übersichtlich geordnet, Informationen zu verschiedensten Themen.

Warum eine Tabelle?
Tabellen stellen Zahlen oder Texte geordnet dar. Der Leser kann so sehr schnell und zielgerichtet genau die Informationen ablesen, die er gerade benötigt.

Wie sind Tabellen aufgebaut?
Tabellen bestehen aus **Spalten** und **Zeilen** (▷ B 2). Die Zeilen sind waagerecht angeordnet, die Spalten senkrecht. Die **Spaltenüberschrift** steht als Überbegriff über jeder Spalte, wie in Bild 2 zum Beispiel „Name", „Größe" oder „Haarfarbe" der Kinder.

So weiß man, welche Informationen direkt darunter eingetragen werden. In den Zeilen finden sich dann die entsprechenden Informationen zur jeweiligen Spaltenüberschrift, z. B. die Größe von Anna. Die Zeilen und Spalten werden durch **gerade Linien** voneinander abgetrennt. Wie viele Zeilen und Spalten eine Tabelle hat, hängt von der Anzahl der Informationen ab, die man in der Tabelle darstellen will.

So gestaltest du eine Tabelle
1. Überlege dir, welche Informationen in deine Tabelle müssen.
2. Jede Tabelle braucht eine aussagekräftige Überschrift.
3. Finde geeignete Spaltenüberschriften. So erhältst du die nötige Anzahl an Spalten.
4. Verwende für das Zeichnen immer ein Lineal und einen Bleistift.

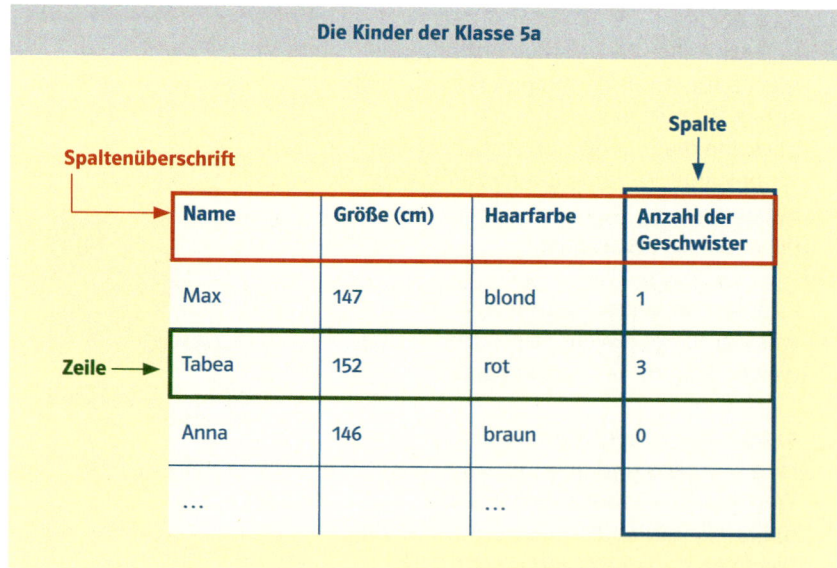

2 Tabelle „Kinder der Klasse 5a"

5. Lege die Tabelle möglichst groß an. Achte dabei immer auf eine sinnvolle Größe.

6. Zeichne die Tabelle mit der entsprechenden Anzahl an Spalten und Zeilen und fülle sie dann mit Informationen.

So liest du eine Tabelle

Tabellen werden, genau wie der Text in einem Buch, von links nach rechts gelesen. Lies zunächst die Überschrift der Tabelle und die Spaltenüberschriften, um einen Überblick über den Inhalt zu erhalten. Erst jetzt kümmerst du dich um die einzelnen Zeilen.

Diagramme

Um Informationen noch übersichtlicher darzustellen, können Tabellen in **Diagramme** umgewandelt werden. Sehr häufig verwendet man dabei **Säulendiagramme** (▷ B 3).

Wie sind Diagramme aufgebaut?

Jedes Diagramm besteht aus zwei **Achsen**, die wie in der Mathematik benannt sind (▷ B 3). Auf den Achsen werden verschiedene Daten aufgetragen. Auf der **waagerechten Achse**, der **x-Achse**, ist das in Bild 3 die Größe der Kinder der 5a. Die **senkrechte Achse** nennt man **y-Achse**. In Bild 3 zeigt sie die Anzahl der Kinder. So kann man leicht ablesen, wie viele Kinder zum Beispiel 155 cm groß sind.

So gestaltest du ein Säulendiagramm

1. Zum Zeichnen von Diagrammen verwendest du immer ein kariertes Papier, Bleistift und Lineal.

2. In einem Diagramm kannst du, anders als in einer Tabelle, nur eine Information darstellen, zum Beispiel die Größe der Kinder in der Klasse 5a.

Um zu zeigen, wie viele Kinder der Klase 5a blond oder rothaarig sind, musst du ein weiteres Diagramm anfertigen.

3. Überlege dir zunächst, welche Informationen in deinem Diagramm abgebildet werden sollen.

4. Denke daran, dass du das Diagramm möglichst groß zeichnest; nur so wird es übersichtlich und du kannst alle Informationen korrekt ablesen.

5. Bei der Einteilung der Achsen musst du darauf achten, dass die Abstände immer gleich groß sind, z. B. immer 1 cm für 10 cm Körpergröße.

6. Die Achsen müssen beschriftet sein. Die Einheit, in der die Information dargestellt ist, schreibt man in **eckige Klammern** neben die Information, z. B. Größe [cm].

7. Finde nun eine aussagekräftige Überschrift.

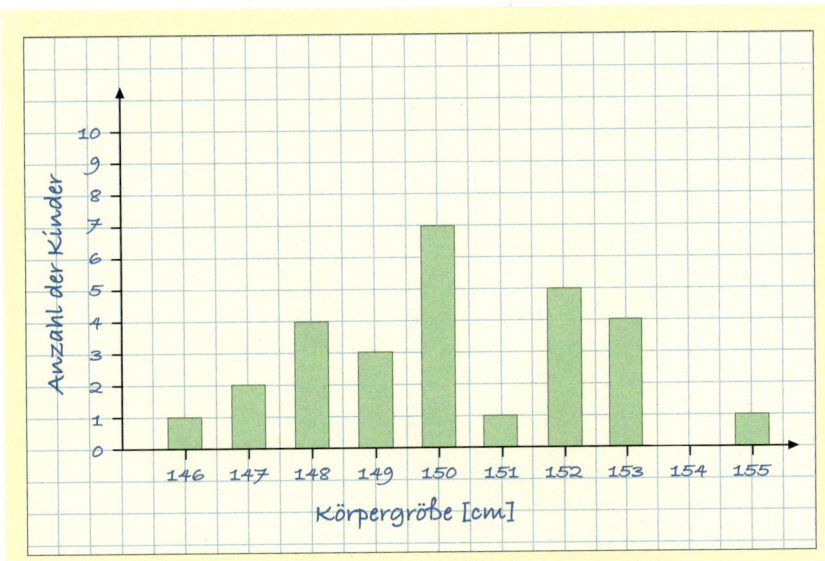

3 Säulendiagramm „Größen der Kinder in der Klasse 5a"

AUFGABEN

1 Arbeite mit Bild 3:
a) Wie viele Kinder sind 147 cm groß, wie viele Kinder sind 160 cm groß? Wie viele Kinder sind kleiner als 150 cm?
b) Rechne aus, wie viele Kinder insgesamt in der 5a sind.

2 Erstelle eine Tabelle nach Bild 2 mit fünf Kindern aus deiner Klasse. Füge noch drei weitere Spalten hinzu, z. B. Schuhgröße oder Wohnort.

3 Erstelle eine Tabelle zu einem Inhalt deiner Wahl. Die Tabelle muss mindestens drei Spalten und vier Zeilen enthalten.

4 Wandle eine Spalte der Tabelle von Bild 2 in ein Säulendiagramm um.

5 Erstelle ein Säulendiagramm zu einem Inhalt deiner Wahl.

Ganz schön stark – die Muskulatur

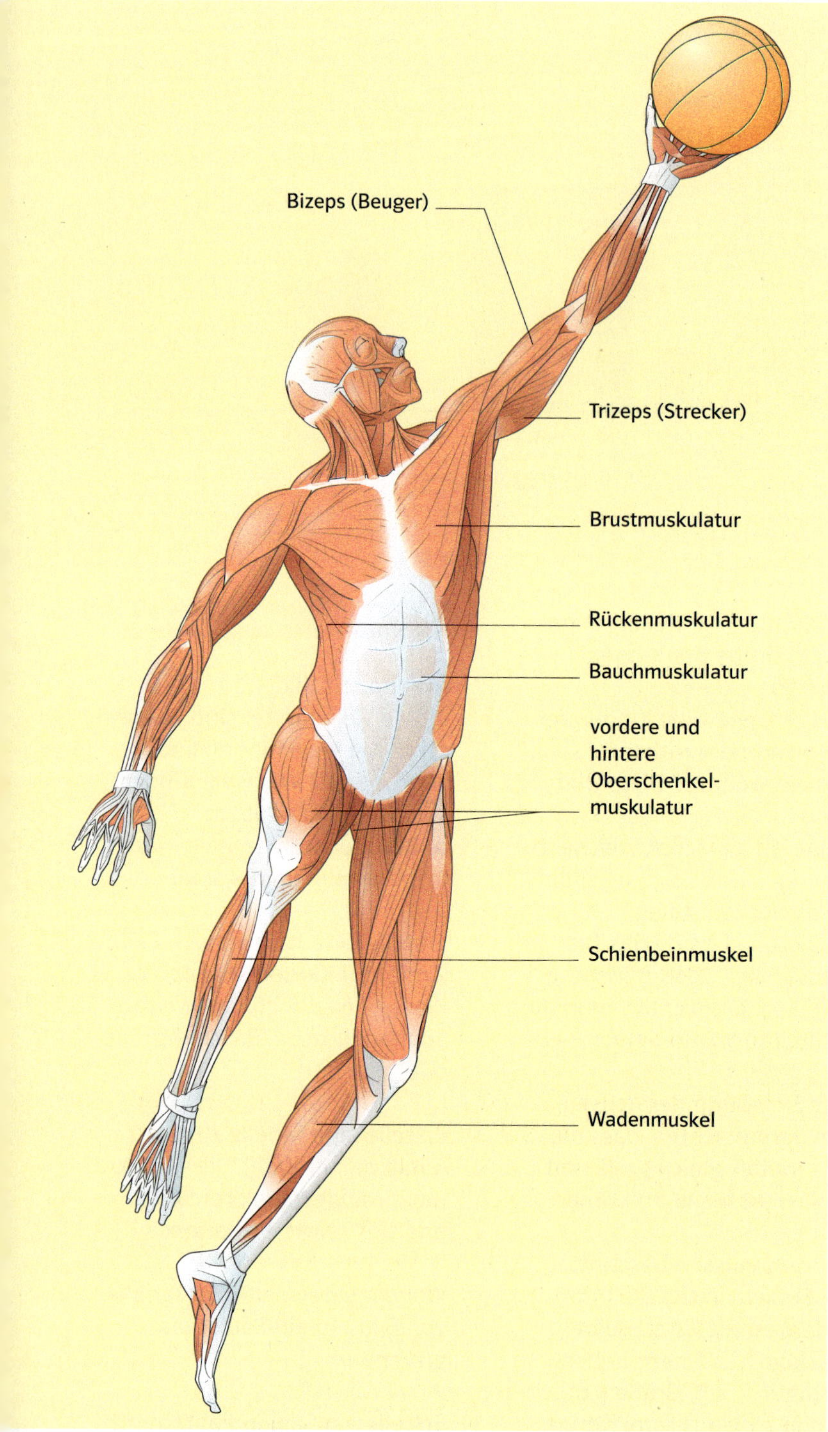

Bizeps (Beuger)

Trizeps (Strecker)

Brustmuskulatur

Rückenmuskulatur

Bauchmuskulatur

vordere und hintere Oberschenkelmuskulatur

Schienbeinmuskel

Wadenmuskel

1 Muskulatur des Menschen

Ohne Muskeln geht gar nichts

Ob wir blinzeln, lachen oder laufen: Für jede Bewegung brauchen wir **Muskeln**. Muskeln arbeiten aber auch, wenn wir uns nicht oder nur wenig bewegen (▷ B 1). Es gibt drei Arten von Muskeln: Skelettmuskeln, die Muskulatur des Herzens und Muskeln, die innere Organe bewegen. Skelettmuskeln kannst du mit dem Willen steuern. Die anderen arbeiten automatisch.

Aufbau eines Skelettmuskels

Skelettmuskeln bestehen aus vielen winzigen **Muskelfasern**, die zu **Muskelfaserbündeln** zusammengefasst sind. Außen umgibt sie eine **Muskelhaut**. Zwischen den Muskelfaserbündeln liegen Blutgefäße. Sie versorgen die Muskelfasern mit Sauerstoff und Nährstoffen. Straffe und zähe **Sehnen** befestigen den Skelettmuskel an den Knochen, die bewegt werden sollen (▷ B 2).

So arbeitet ein Muskel

Muskeln können sich zusammenziehen, wenn man sie anspannt. Dabei werden sie kürzer, dicker und fester. Beim Entspannen werden sie wieder länger und dünner. Je mehr man einen Muskel trainiert, desto leistungsfähiger kann er werden.

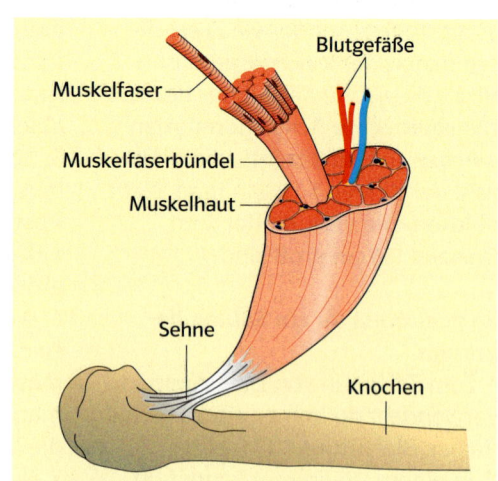

Blutgefäße

Muskelfaser

Muskelfaserbündel

Muskelhaut

Sehne

Knochen

2 Aufbau eines Muskels

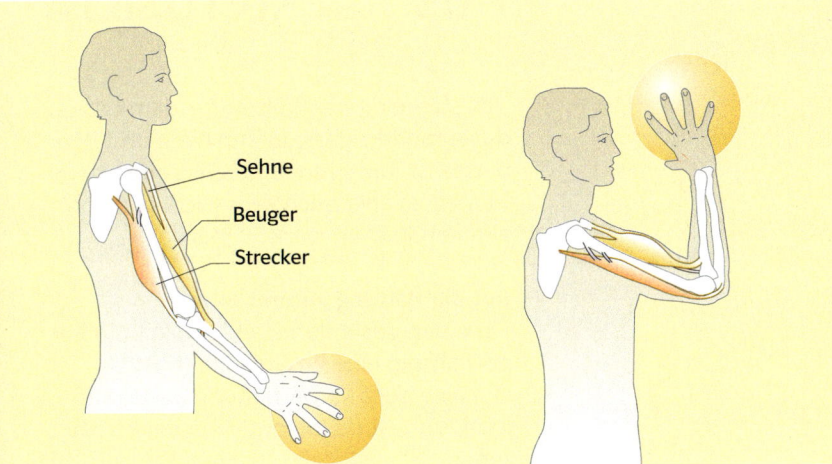

3 Muskeln arbeiten im Team.

4 Beugen und strecken

Muskeln sind Teamarbeiter

Viele Skelettmuskeln arbeiten paarweise. Beugst du deinen Arm, wird der Unterarm an den Oberarm herangezogen. Der Muskel, der sich dabei verkürzt, ist der **Beugemuskel**, auch bekannt als **Bizeps**. Um den Arm zu strecken, verkürzt sich an der Rückseite des Oberarms der **Streckmuskel**, der **Trizeps**. Dadurch wird der Bizeps gedehnt. Er streckt den Arm im Ellenbogengelenk (▷ B 4).

Muskeln können sich zusammenziehen, aber nicht alleine strecken. Deshalb gehören zu jedem Gelenk mindestens zwei Muskeln: Einer, der das Gelenk beugt – und ein anderer, der das Gelenk wieder streckt. Man nennt sie **Gegenspieler**.

(► Struktur und Funktion, S.138/139)

Der Skelettmuskel besteht aus Muskelfaserbündeln, die von der Muskelhaut umhüllt sind. Sehnen befestigen die Skelettmuskeln an den Knochen.

Skelettmuskeln lassen sich willentlich steuern. Die anderen Muskelarten arbeiten automatisch.

Viele Muskeln arbeiten mit einem Gegenmuskel zusammen. Man nennt sie Gegenspieler.

Der kleinste Muskel

Unser kleinster Muskel ist der Steigbügelmuskel. Er ist etwas länger als 1 mm und sitzt im Ohr. Er sorgt dafür, dass es uns nicht zu laut wird.

Der „größte" Muskel

Der Muskel mit dem größten Volumen ist der Gesäßmuskel im Po.

Die stärksten Muskeln

Unsere stärksten Muskeln haben wir nicht etwa im Oberschenkel oder im Oberarm, sondern im Kiefer: Bis zu 80 kg können wir mit ihnen beißen.

5 Hättest du das gewusst?

AUFGABEN

1. Nenne die Aufgaben von Muskeln.

2. Erstelle eine Tabelle (► S.42). Liste darin drei Muskeln auf, die du aktiv bewegen kannst, und mindestens zwei Muskeln, die du nicht willentlich steuern kannst.

3. Drücke mit einer Handfläche erst von unten, dann von oben gegen eine Tischplatte. Befühle dabei mit der anderen Hand die Vorder- und die Rückseite deines Oberarms.
   a) Nenne die Muskeln, die an der einen oder anderen Aktion beteiligt sind.
   b) Beschreibe die Veränderungen der beteiligten Muskeln.
   c) Formuliere eine Erklärung für dein Ergebnis. Verwende dabei den Fachbegriff „Gegenspieler".

4. In einem Chat-Forum für Bodybuilder ist die folgende Frage zu lesen: „Wie kann ich mehr Muskeln bekommen? Bitte helft mir." Formuliere eine Antwort auf diese Frage.

Aus Rück(en)sicht

„Ich stärke dir den Rücken!" – damit sagst du jemanden, dass du ihm hilfst und ihm beistehst. Um gesund durchs Leben zu gehen, ist es aber auch sehr wichtig, deinen eigenen **Rücken** stark zu machen.

Auf die Haltung kommt es an
Für einen gesunden Rücken spielt die **Körperhaltung** eine große Rolle (▷ B 2).
Um eine gute Körperhaltung zu bekommen, solltest du folgende Regeln beachten:
Beim Stehen sollten Rücken und Nacken stets aufgerichtet sein und die Füße eine Handbreit weit auseinander stehen. Bleibe dabei aber immer locker in den Knien.
Beim Sitzen solltest du beide Füße fest auf den Boden stellen können, Hüfte und Knie bilden dabei einen 90°-Winkel. Außerdem solltest du darauf achten, dass dein Schreibtischstuhl zu deiner Größe passt. Der ideale Schreibtischstuhl ermöglicht außerdem ein „bewegtes" Sitzen: Mit ihm kannst du also leicht deine Sitzpositionen ändern (▷ B 1).

Bewegung ist das A und O
Am Klettergerüst hangeln oder beim Ballspielen so richtig toben – all das stärkt auch die Muskulatur des Oberkörpers und ist das Wichtigste für einen gesunden Rücken. Die Faustregel lautet: Zwei Stunden Bewegung am Tag. Das heißt „Weg vom PC, komm in Bewegung!" Doch auch die Entspannung darf nicht zu kurz kommen. Plane deshalb auch dafür genügend Zeit ein.

Richtig tragen
Schultaschen trägt man am besten auf beiden Schultern. So werden die Muskeln beider Körperseiten und die Bandscheiben gleichmäßig belastet. Stelle die gepolsterten Träger so ein, dass der Ranzen in Schulterhöhe abschließt. Achte auch auf das Gewicht des Ranzens: Nimm immer nur das in die Schule mit, das du auch für den jeweiligen Tag benötigst.

Eine aufrechte Körperhaltung und ausreichende Bewegung sind die Grundvoraussetzung für einen gesunden Rücken.

1 „Bewegtes" Sitzen

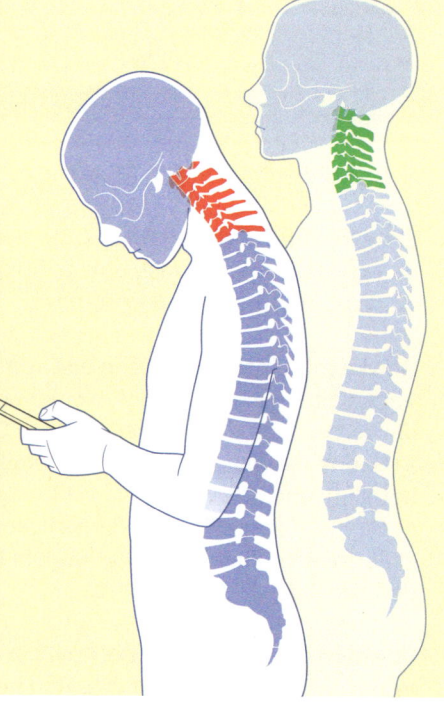

2 „Smartphone-Nacken" und ideale Körperhaltung

AUFGABEN

1 Nenne fünf Maßnahmen für einen gesunden Rücken.

2 Beschreibe mithilfe von Bild 2 die Erkrankung „Smartphone-Nacken".

3 Stelle die Trageriemen deiner Schultasche einmal so lang und einmal so kurz wie möglich ein. Lasse dich beide Male von der Seite fotografieren und bewerte deine jeweilige Körperhaltung.

Kleine Rückenschule

1 Wie schwer darf die Tasche sein?

Anleitung

a) Wiege dich selbst.

b) Teile dein Körpergewicht durch 10. So erhältst du das Gewicht, das deine Büchertasche ungefähr haben darf, damit dein Rücken nicht überlastet wird.

Aufgaben

1. Wiege deine gefüllte Büchertasche täglich von Montag bis Freitag. Erstelle dazu eine Tabelle (►S.42).

2. Markiere in deiner Tabelle die Tage, an denen deine Tasche zu schwer war.

3. Prüfe in der kommenden Woche an den markierten Tagen, was du alles in der Tasche hast. Sortiere die Dinge: Was brauchst du wirklich – was kann zu Hause bleiben?

2 Wie steht es um deine Haltung?

Um herauszufinden, wie es um deine Körperhaltung bestellt ist, kannst du einen Test durchführen.

Anleitung

Stelle dich gerade und aufrecht hin. Schließe deine Augen und strecke beide Arme 30 Sekunden lang nach vorne.

Auswertung

a) Du kannst diese Körperstellung während der gesamten Zeit unverändert beibehalten? – Super, deine Muskulatur ist in der Lage, deinen Körper zu stützen.

b) Du kippst nach vorne oder hinten oder kannst dich überhaupt nicht halten? – Dann solltest du deine Rücken- und Bauchmuskulatur stärken, zum Beispiel mit den folgenden Übungen.

3 Katze und Pferd

Mit dieser Übung machst du deine Wirbelsäule beweglich.

Anleitung

a) Gehe in den Vierfüßlerstand.

b) Mache nun deinen Rücken abwechselnd rund wie einen Katzenbuckel und lasse ihn durchhängen wie einen Pferderücken (▷ B 1).

4 Fahne

Diese Übung kräftigt deine Rückenmuskulatur.

Anleitung

a) Strecke im Vierfüßlerstand das rechte Bein und den linken Arm. Arm, Kopf, Rücken und Bein sollen eine gerade Linie bilden.

b) Bleibe in dieser Position und zähle bis 30.

c) Führe nun die Übung mit dem jeweils anderen Arm und Bein durch.

Aufgabe

1. Wiederhole die Übung möglichst drei Mal pro Tag.

5 Schau dich um

So hältst du deine Wirbelsäule beweglich — nicht nur im Unterricht, sondern auch bei den Hausaufgaben.

Anleitung

a) Setze dich aufrecht auf deinen Stuhl und verschränke deine beiden Arme.

b) Drehe deinen Oberkörper und deinen Kopf langsam so weit wie möglich nach links.

c) Drehe dich nun langsam genau so nach rechts.

Aufgabe

1. Wiederhole diese Übung in der Schule und auch während der Hausaufgaben jeweils drei Mal — so entspannst du dich und hältst gleichzeitig deinen Rücken beweglich.

1 Katze-und-Pferd-Übung für eine bewegliche Wirbelsäule

Modelle entwickeln

1 Modelleisenbahn: Wir spielen Wirklichkeit.

Was ist ein Modell?
In den Naturwissenschaften, in der Technik und auch im Alltag verwendet man den Begriff „Modell". Modelle helfen, die Wirklichkeit anschaulich zu machen und sie so besser zu verstehen. Modelle sind vereinfachte Abbildungen der Wirklichkeit (▷ B 1). Das Arbeiten mit Modellen ist eine typische Arbeitsweise der Naturwissenschaftler.

Welche Modelle gibt es?
Strukturmodelle, wie z. B. das Modell eines Skeletts, geben den Bau des Knochengerüsts möglichst genau wieder (▷ B 3).

Funktionsmodelle helfen, den Zusammenhang zwischen Bau und Funktion eines Gegenstandes deutlich zu machen. Komplizierte Vorgänge werden dadurch verständlicher. Solche Modelle gibt es z. B. bei den Gelenken oder der Wirbelsäule.

Modelle selbst herstellen
Wenn du dir selbst Modelle ausdenkst und sie zusammenbaust, hilft dir das, den Aufbau eines Objektes zu verstehen. So kannst du dein neues Wissen wirklich „begreifen".

Zuerst musst du dir das Lebewesen oder den Gegenstand genau anschauen. Kannst du diese nicht in Wirklichkeit sehen, besorge dir Abbildungen davon.

Überlege dir dann, welche Materialien sich zum Bau deines Modells am besten eignen (▷ B 2).
Soll es ein Anschauungsmodell werden? Dann sollte das Modell dem Original möglichst ähnlich sein.

Soll dein Modell eine Funktion darstellen?
Welche Stoffe sind dann geeignet, um den Vorgang anschaulich zu machen?
Verwende Materialien aus dem Haushalt, dem Bastelgeschäft oder dem Baumarkt. „Abfälle" wie Schachteln, Flaschenkorken, Draht oder Stoff kannst du sinnvoll weiterverwenden.

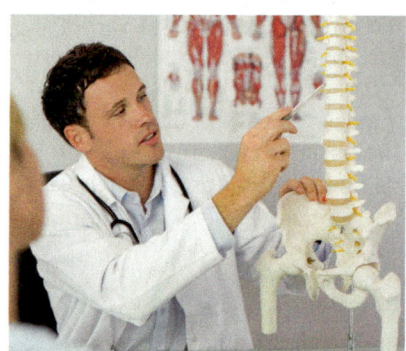

3 Ein Modell hilft oft, Erklärungen zu verstehen.

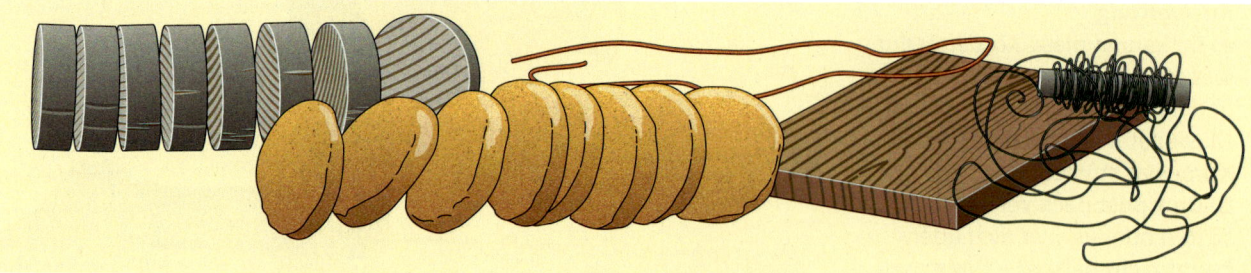

2 Materialien für ein Modell der Wirbelsäule

Modelle bauen

1 Beuger-Strecker-Modell (1)

Material

feste Pappe, 2 Gummibänder,
5 Briefklammern, Schere, Locher

Versuchsanleitung

a) Skizziere auf der Pappe den Ober-und Unterarm (▷ B 1).
b) Schneide die beiden Teile aus und verbinde sie mit einer Briefklammer.
c) Befestige die Gummibänder mit je zwei Briefklammern.

Aufgaben

1. Lege eine Tabelle an, in der du das Original (► S.45) mit dem Modell vergleichst (▷ V2, Aufgabe 2).
2. Vollziehe mit deinem Modell die Bewegungen des Arms nach. Beobachte dabei die Veränderung der Gummibänder.
3. Erläutere, welcher Muskel durch welches Band veranschaulicht wird.
4. Erkläre das Prinzip des Gegenspielers mithilfe des Modells.

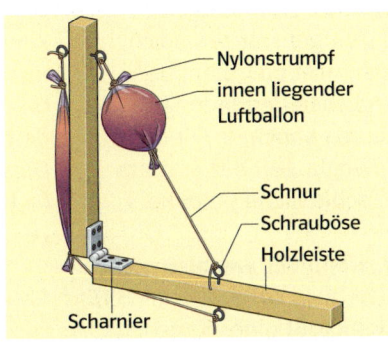

1 Einfaches Beuger-Strecker-Modell

2 Beuger-Strecker-Modell (2)

Material

2 Holzleisten, 4 Schraubösen, Scharnier in der Breite der Leisten, Schnur, kleine Nägel, 1 Hammer, 2 Luftballons, 1 Nylonstrumpf

Versuchsanleitung

a) Baue die Holzleisten entsprechend Bild 2 zusammen.
b) Schneide zwei Stücke des Nylonstrumpfes ab und schiebe in jedes Stück einen Luftballon.
c) Blase in jeden Luftballon gleich viel Luft und verschließe sie.
d) Befestige an den Strumpfenden jeweils ein Stück Schnur (▷ B 2). Achte auf die Länge der Schnüre.
e) Verknote die beiden Strumpfstücke an den Schraubösen, wie in der Abbildung gezeigt.

2 Erweitertes Beuger-Strecker-Modell

Aufgaben

1. Vergleiche und bewerte die beiden Beuger-Strecker-Modelle aus Versuch 1 und Versuch 2.
2. Übernimm die Tabelle in dein Heft und vervollständige sie:

Elemente des Modells	Körperteil
Luftballon (oben)	…
Luftballon (unten)	…
Holzleiste (oben)	…
Holzleiste (unten)	…
Schnur	…
Scharnier	…

3. Erkläre anhand deiner Beobachtungen am Modell die Vorgänge am Oberarm.

3 Wirbelsäulen-Modell

Das Bild 3 zeigt zwei Modelle einer Wirbelsäule.

Aufgaben

1. Vergleiche die beiden Modelle (▷ B 3) miteinander.
2. Baue dein eigenes Wirbelsäulenmodell. Überlege dir, welche Materialien du verwenden möchtest.

Material

Beispiele: Astabschnitte, Deckel von Joghurtbechern, Taschentücher, Draht, Bierdeckel, Korken, Schaumgummi, Bücher, …

3 Zwei Wirbelsäulen-Modelle

Aufgaben

1. Vergleiche dein Modell mit der Realität (► S.40, ► S.48).
2. Lege eine Tabelle an: Was zeigt dein Modell gut, was zeigt es weniger gut?
3. Erkläre deinen Mitschülerinnen und Mitschülern dein Modell.

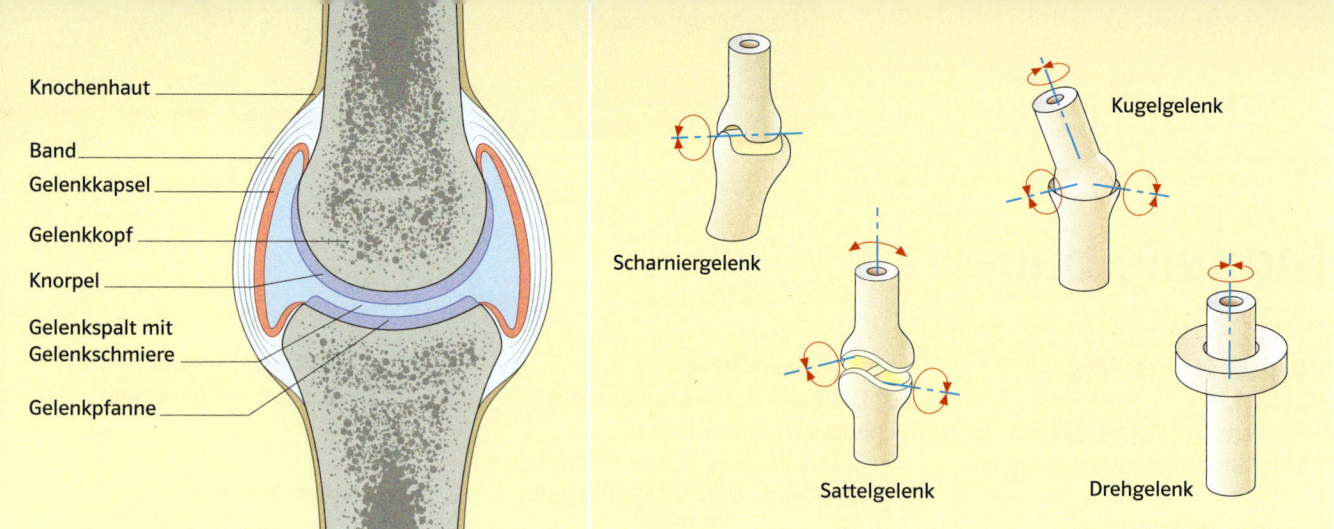

1 Aufbau eines Gelenks

2 Gelenktypen

Im Bild 1 beschriftet: Knochenhaut, Band, Gelenkkapsel, Gelenkkopf, Knorpel, Gelenkspalt mit Gelenkschmiere, Gelenkpfanne

Im Bild 2 beschriftet: Scharniergelenk, Sattelgelenk, Kugelgelenk, Drehgelenk

Ganz schön gelenkig

Gelenke – bewegliche Verbindungen

Damit du laufen, springen, tanzen oder schwimmen kannst, hast du Gelenke. Sie sind die beweglichen Verbindungen zwischen zwei starren Knochen. Für die verschiedenen Bewegungen des Körpers gibt es ganz unterschiedliche Gelenke.

Was bewegt sich, wenn wir uns bewegen?

Alle Gelenke sind ähnlich aufgebaut (▷ B 1). Der gewölbte **Gelenkkopf** eines Knochens passt in die Vertiefung der **Gelenkpfanne** eines anderen Knochens. Die Knochenenden sind glatt und mit elastischem **Knorpel** gepolstert. Knorpel und **Gelenkschmiere** sorgen dafür, dass sich die Knochen leicht gegeneinander bewegen lassen. Die **Gelenkkapsel** und kräftige **Bänder** halten die Knochen an den Gelenken zusammen.

Gelenke machen beweglich

An Truhen findest du Scharniere. Durch sie kannst du den Deckel auf und zu machen. Die Gelenke an deinen Ellenbogen und Knien funktionieren ähnlich. Mit diesen **Scharniergelenken** kannst du Arme und Beine beugen und strecken. Ein **Sattelgelenk** gibt es nur am Daumen. Es lässt sich gut in zwei Richtungen bewegen: zur Seite und auf und ab.

Deine Oberarm- und Oberschenkelknochen kannst du mithilfe des **Kugelgelenks** in alle Richtungen drehen. Drehst du den Kopf, bewegt sich ein zapfenförmiger Wirbel in dem dazu passenden Wirbel mit Öffnung. Dieses Gelenk nennt man **Drehgelenk** (▷ B 2).
(▶ Struktur und Funktion, S. 138/139)

Gelenke sind die bewegliche Verbindung von Knochen. Es gibt Scharnier-, Kugel-, Dreh- und Sattelgelenke.

AUFGABEN

1 Nenne Gelenke in deinem Körper, die ein Scharniergelenk bilden.

2 Viele Gegenstände, die du täglich benutzt, sind beweglich wie Gelenke.
a) Nenne vier Beispiele.
b) Ordne sie einem Gelenktyp zu.

3 Die Modelle in Bild 2 geben die Bewegung des entsprechenden Gelenks wieder. Erkläre mithilfe der Modelle die Funktion eines Gelenks.

4 Plane und baue Modelle (▶ S. 48) für die Gelenktypen aus Bild 2.

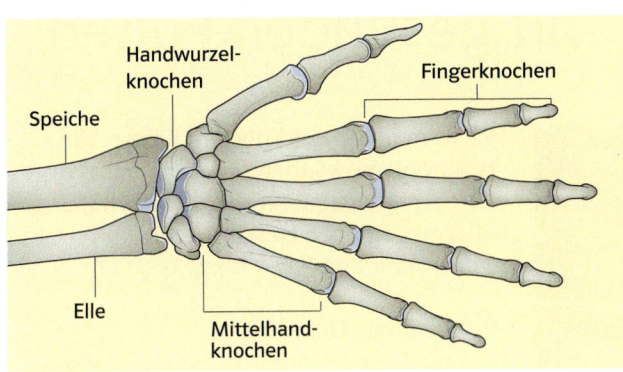

1 Handskelett

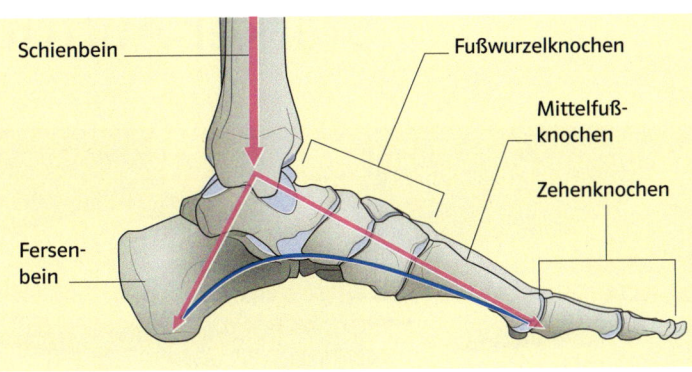

2 Fußskelett

Das hat Hand und Fuß

Die Hände sind vielseitige Werkzeuge

Deine Hände sind deine beweglichsten Körperteile. Sie sind stark genug, um schwere Lasten festzuhalten. Sie sind aber gleichzeitig so empfindsam, dass sie streicheln, fühlen, schreiben oder Klavier spielen können. (► Struktur und Funktion, S.138/139)

Die Füße sind stark belastet

Die Füße gehören zu den Körperteilen, die am stärksten belastet werden. Sie tragen oft über viele Stunden dein Körpergewicht.

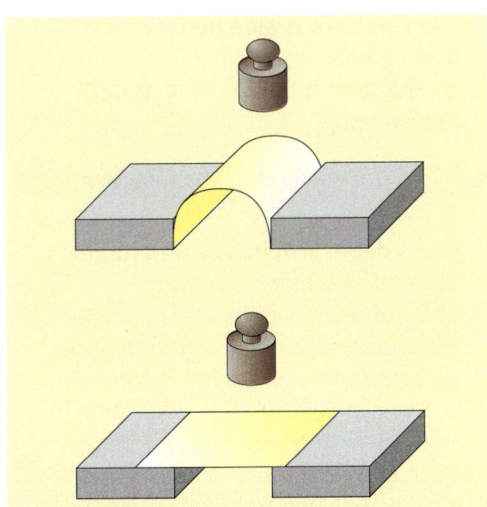

3 Zu Versuch 2

Bei einem gesunden Fuß bilden die Fußknochen das **Fußgewölbe** (▷ B 2). Dieses wird von Muskeln und Bändern stabilisiert. Das Fußgewölbe federt das Körpergewicht ab und verteilt es auf Ballen und Ferse. (► Struktur und Funktion, S.138/139)

Die Hände sind unsere beweglichsten Körperteile. Die Füße werden am stärksten belastet.

AUFGABEN

1 Nenne die Aufgaben der Hände und der Füße.

2 Beschreibe in einem kurzen Text den Inhalt von Bild 2.

VERSUCHE

1 Öffne einen Knopf, ohne den Daumen zu benutzen. Was stellst du fest? Erläutere die „Sonderstellung" des Daumens.

2 Führe die Versuche (▷ B 3) mit einem Blatt Papier, zwei Büchern und unterschiedlichen Gewichten durch (Radiergummi, Stifte …). Beschreibe und erkläre die Ergebnisse.

Starker Auftritt mit gesunden Füßen

1 Barfußlaufen macht Spaß

Die meisten Kinder kommen mit gesunden Füßen zur Welt. Leider ändert sich das oft im weiteren Leben. Fast die Hälfte aller Erwachsenen hat Probleme mit den Füßen.

Was ist normal?
Ob der Fuß gesund ist oder nicht, erkennt man auch am **Fußabdruck** (▷ B 2). Beim gesunden Fuß wird die Last des Körpers günstig auf die einzelnen Bereiche des Fußes verteilt. Beim **Senkfuß** ist das Fußgewölbe zu wenig ausgebildet, beim **Hohlfuß** zu stark. Dadurch kommt es zu Fehlbelastungen des Fußes. Diese können zu Versteifungen der Fußgelenke und zu

Verformungen der Knochen führen. Die Fußprobleme können sich auch auf andere Körperregionen auswirken: Knie, Hüfte und Rücken beginnen zu schmerzen.
(► Struktur und Funktion, S. 138/139)

Vermeidbare Ursachen
Um die Füße gesund zu erhalten, reichen meist schon einfache Maßnahmen aus: Laufe möglichst oft **barfuß** (▷ B 1). Das stärkt die Muskeln des Fußes. Außerdem befindet sich der Fuß dabei in seiner natürlichen Haltung. Wenn du Schuhe trägst, sollten sie möglichst flach sein und eine weiche Sohle haben. Es gibt auch Barfußschuhe. Diese ermöglichen ein natürliches Gehen und schützen deine Füße vor Abschürfungen und Steinen. Auch **Fußgymnastik** (▷ V 1) ist eine sinnvolle Maßnahme zur Gesunderhaltung der Füße.
(► Variabilität und Angepasstheit, S. 140/141)

Man unterscheidet Normal-, Senk- und Hohlfuß. Fehlbelastungen sind oft vermeidbar.

AUFGABE

1 a) Nenne die unterschiedlichen Fußformen und beschreibe den jeweiligen Fußabdruck.
b) Erläutere mögliche Folgen einer Fehlstellung.

VERSUCH

1 Ziehe deine Schuhe aus und führe folgende Übungen durch:
a) Spreize 5-mal deine Zehen so weit du kannst auseinander und ziehe sie danach so fest du kannst zusammen.
b) Strecke deine Zehen anschließend nach oben und beuge sie dann maximal nach unten. Wiederhole das 5-mal.
c) Hebe mit den Füßen Gegenstände vom Boden auf.

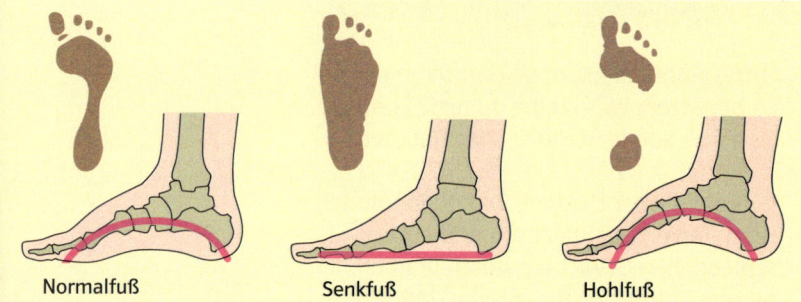

Normalfuß   Senkfuß   Hohlfuß

2 Fußskelett: Normal-, Senk- und Hohlfuß

Lesen wie ein Profi

„Lest bitte bis zur nächsten Stunde den Text auf Seite 52 im Bio-Buch", sagt die Lehrerin. „Ich möchte, dass ihr Fragen dazu beantworten könnt." Leseprofis haben Lesetechniken, die das Lesen von Texten erleichtern. Hier lernst du eine Technik kennen.

Deine Vorbereitung

Möchtest du den Inhalt eines Textes verstehen, musst du dir Notizen machen und Schlüsselbegriffe markieren. Auf einer Schulbuchseite darfst du aber nicht schreiben. Kopiere dir deshalb den Text, mit dem du arbeiten kannst. Oder besorge dir eine **Folie**. Diese kannst du auf den Text legen und sie mit wasserlöslichen Stiften beschreiben. Der Vorteil: Du kannst die Folie wiederverwenden.

Zuerst überfliegen ...

Bevor du den Text Wort für Wort liest, „überfliege" ihn. Verschaffe dir einen **Überblick**:
– Wie lautet das Thema?
– Was sagen dir die Überschriften?
– Was bedeuten die fett gedruckten Begriffe?
– Was zeigen die Bilder?

... dann genau hinschauen

Jetzt geht es darum, den Text genau zu lesen. Denn du möchtest dich ja später auch an die **Einzelheiten** erinnern können. Lies dazu den Text Absatz für Absatz.

Unbekannte Wörter klären

Markiere alle Begriffe, die du nicht verstehst. Schlage sie in einem Lexikon nach oder erfrage sie.

Wichtiges notieren

Unterstreiche **Schlüsselbegriffe**. Beachte dabei, dass du nie mehr als zwei bis drei hintereinander stehende Wörter unterstreichst. Ansonsten verlierst du die Übersicht. Nimm für jedes Teilthema eine andere Farbe.

Verwende Symbole wie:
? das ist mir unklar, oder
! das ist wichtig.

Zusammenfassen

Zum Schluss fasst du die wichtigsten Inhalte in Stichworten zusammen. Formuliere zunächst zu jedem Absatz eine Überschrift. Ergänze anschließend zu jeder Überschrift wichtige **Stichwörter**.

Beachte!

Die Zusammenfassung beträgt maximal ein Viertel des ursprünglichen Textes.

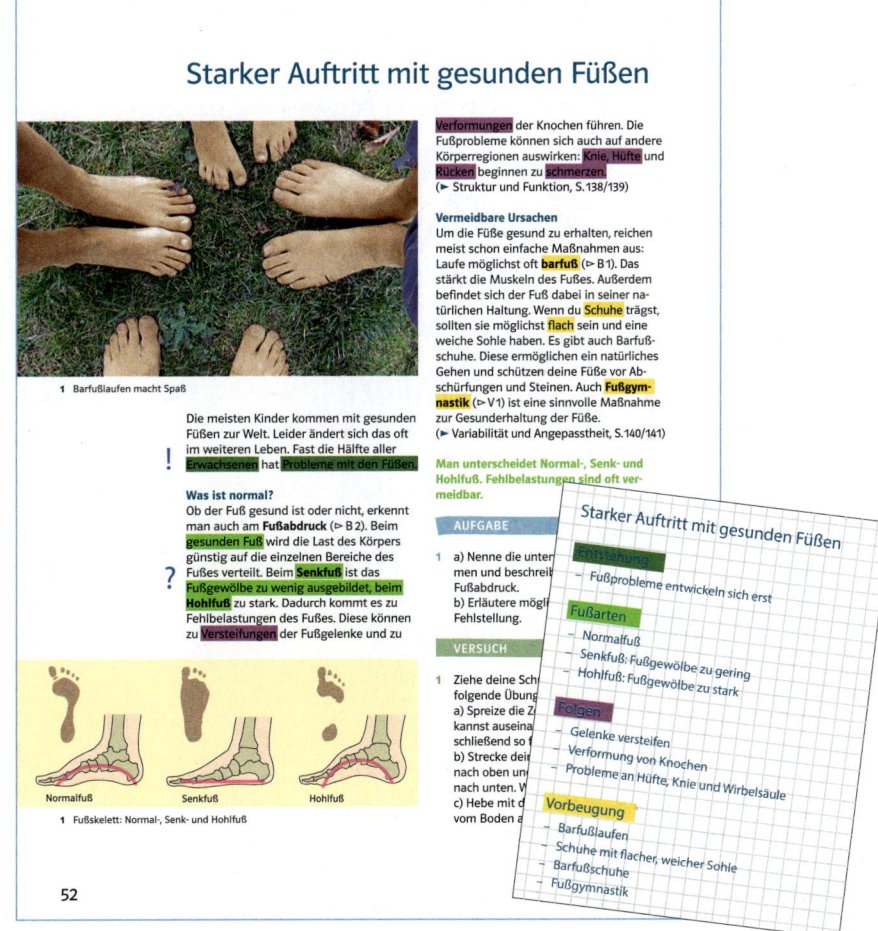

1 So sieht ein Text aus, den ein „Leseprofi" bearbeitet hat.

Das Blut und der Blutkreislauf

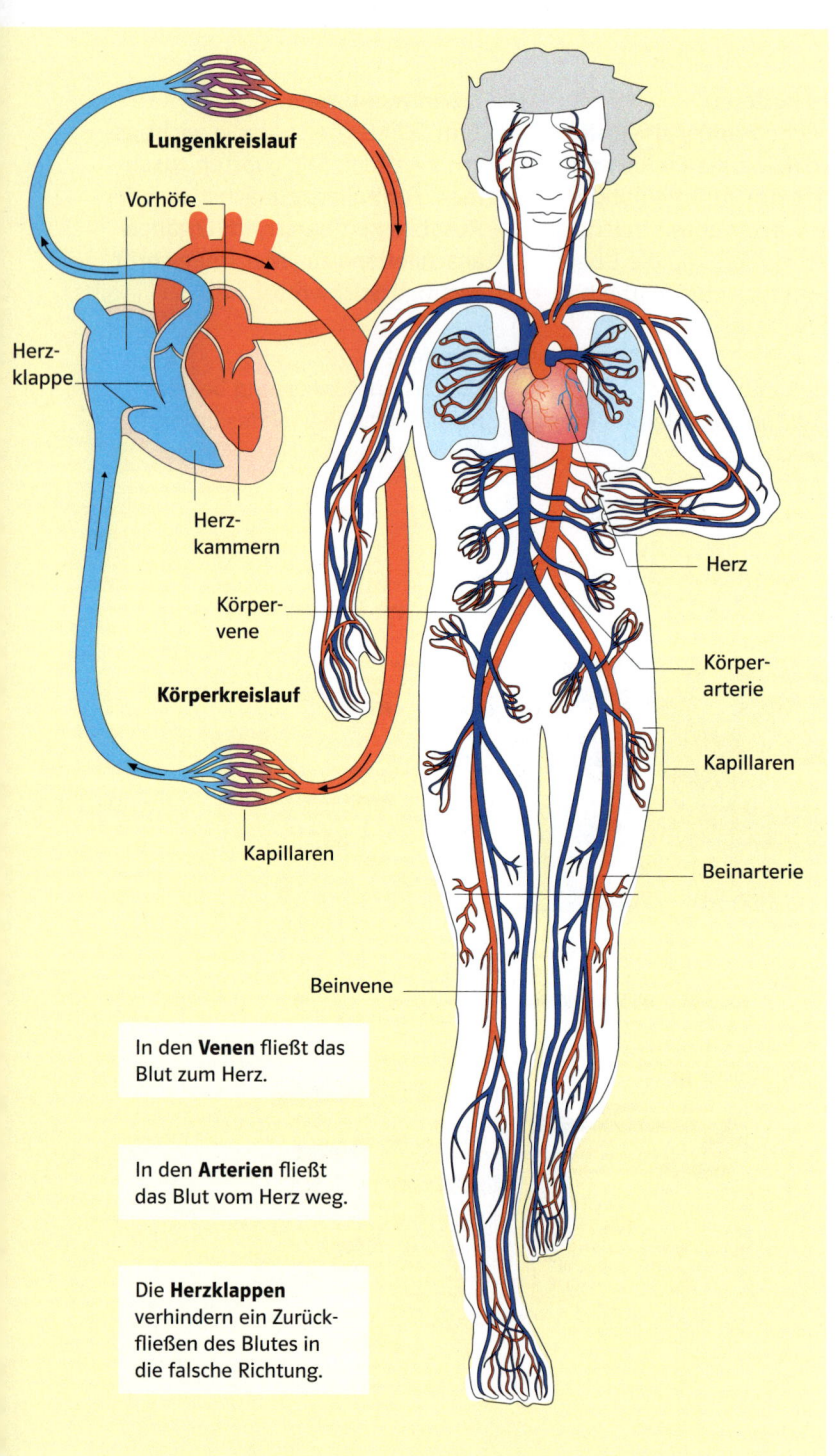

Lungenkreislauf

Vorhöfe

Herz-klappe

Herz-kammern

Körper-vene

Körperkreislauf

Kapillaren

Beinvene

In den **Venen** fließt das Blut zum Herz.

In den **Arterien** fließt das Blut vom Herz weg.

Die **Herzklappen** verhindern ein Zurück-fließen des Blutes in die falsche Richtung.

Herz

Körper-arterie

Kapillaren

Beinarterie

1 Der Blutkreislauf: sauerstoffreiches Blut (rot), kohlenstoffdioxidreiches Blut (blau)

Blut – ein ganz besonderer Saft

Ein Erwachsener hat vier bis sechs Liter **Blut**. Es versorgt den ganzen Körper mit Sauerstoff und Nährstoffen wie Zucker, Fett und Eiweiß (► S. 56/57). Auch Abfallstoffe, z. B. das Kohlenstoffdioxid, werden im Blut transportiert. Außerdem verteilt das Blut Wärme im Körper und hilft, Krankheitserreger zu bekämpfen. (► System, S. 136/137)

Blut wird transportiert

Unser **Herz** pumpt das Blut durch den Körper. Dabei fließt es in **Blutgefäßen**, den **Venen** und **Arterien** (▷ B 1). Den Blutstrom vom Herz durch den Körper und wieder zurück zum Herz nennt man **Blutkreislauf**. Die dünnsten Blutgefäße sind die **Kapillaren**. An ihnen findet der Austausch von Stoffen zwischen Blut und den Organen, Geweben und Zellen statt, z. B. die Aufnahme von Sauerstoff und die Abgabe von Kohlenstoffdioxid in der Lunge (► S. 55).

Das Herz teilt den Kreislauf

Die Herzscheidewand teilt das Herz in eine linke und eine rechte Herzhälfte. Dadurch entstehen zwei voneinander getrennte Kreisläufe: der **Lungenkreislauf** und der **Körperkreislauf** (▷ B 1).

Blut ist das wichtigste Transportmittel des Körpers. Der Blutkreislauf besteht aus dem Lungen- und dem Körperkreislauf.

AUFGABEN

1 Nenne die Aufgaben des Blutes.

2 Beschreibe mithilfe von Bild 1 den Weg des Blutes durch den Körper. Beginne mit der Körperarterie.

3 Manche Kinder kommen mit einem Loch in der Herzscheidewand auf die Welt. Formuliere eine Vermutung über mögliche Folgen.

Atmen, um zu leben

Sauerstoff wird aufgenommen

Die Zellen deines Körpers brauchen ständig **Sauerstoff**. Dieses unsichtbare Gas ist ein Bestandteil der Luft. Diese strömt beim Einatmen durch Nase oder Mund über den Rachen in die **Luftröhre**. Über die **Bronchien** gelangt die Luft in die beiden **Lungenflügel** (▷ B 1).

Sauerstoff gelangt ins Blut

Dort verzweigen sich die Bronchien. Am Ende dieser Verästelungen sitzen die winzigen **Lungenbläschen** (▷ B 2). Sie sind von einem feinen Netz von **Kapillaren** umspannt. Durch die Verästelung vergrößert sich die Oberfläche der Lunge auf etwa die Fläche eines Tennisplatzes. Die große Oberfläche sorgt dafür, dass genügend Sauerstoff ins Blut gelangen kann. Mit dem Blut wird der Sauerstoff zu den Zellen transportiert. Dort nimmt das Blut das von den Zellen abgegebene **Kohlenstoffdioxid** auf und transportiert es in die Lunge. (► Struktur und Funktion, S.138/139)

Brust- und Bauchatmung

Bei der **Brustatmung** hebt und senkt sich der Brustkorb mithilfe von kleinen Muskeln. Bei der **Bauchatmung** bewegt sich das **Zwerchfell** (▷ B1) auf und ab. Bei beiden verändert sich der Inhalt der Lunge, sodass Luft ein- und ausströmen kann.

Sauerstoff gelangt über die Lungenbläschen ins Blut. Umgekehrt wird Kohlenstoffdioxid über die Lunge ausgeatmet.

AUFGABEN

1 Beschreibe den Weg der Atemluft von der Nase bis in die Lungenflügel (▷ B1).

2 Lege eine Hand auf den Brustkorb, die andere auf den Bauch. Atme ruhig. Erkläre deine Beobachtung.

3 Schreibe mithilfe von Bild 2 einen kurzen Text, in dem du die Vorgänge in den Lungenbläschen beschreibst.

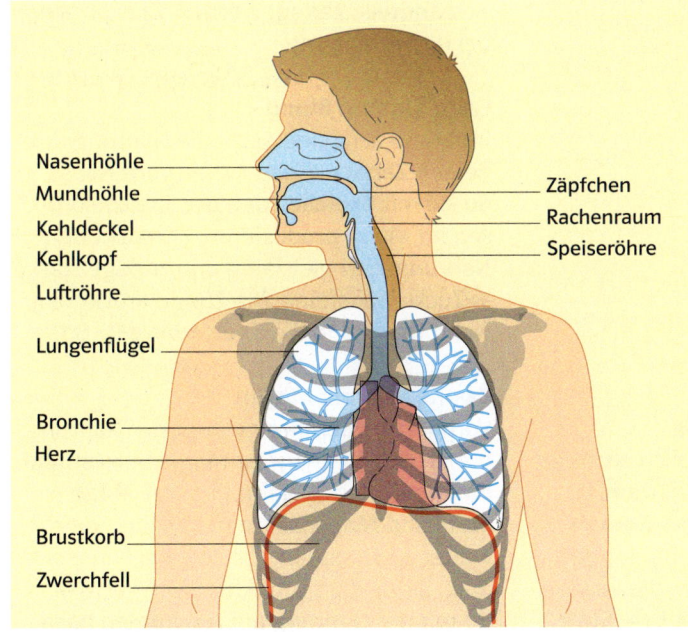

Nasenhöhle
Mundhöhle
Kehldeckel
Kehlkopf
Luftröhre
Lungenflügel
Bronchie
Herz
Brustkorb
Zwerchfell

Zäpfchen
Rachenraum
Speiseröhre

1 Die Atemorgane

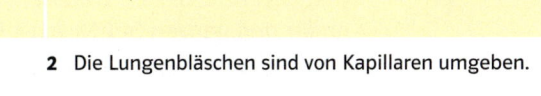

frische Luft
verbrauchte Luft
sauerstoffarmes Blut
sauerstoffreiches Blut
Kapillaren
Lungenbläschen

2 Die Lungenbläschen sind von Kapillaren umgeben.

Was passiert mit der Nahrung?

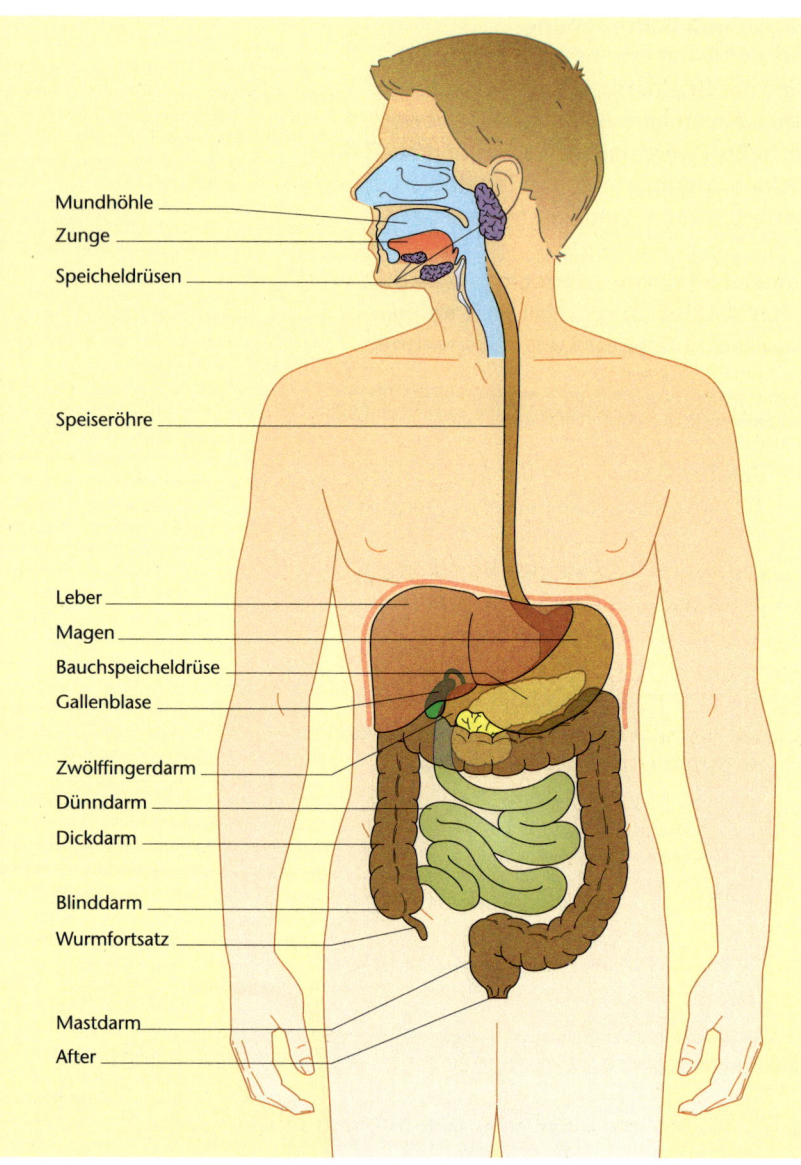

Mundhöhle
Zunge
Speicheldrüsen

Speiseröhre

Leber
Magen
Bauchspeicheldrüse
Gallenblase

Zwölffingerdarm
Dünndarm
Dickdarm

Blinddarm
Wurmfortsatz

Mastdarm
After

1 Verdauungsorgane bilden das Verdauungssystem.

Das steckt in unserer Nahrung
Mit dem Essen nimmst du täglich wichtige **Nährstoffe**, **Mineralstoffe** und **Vitamine** zu dir. Sie liefern deinem Körper **Energie** und dienen als **Baustoffe**. Die Baustoffe brauchst du z. B. zum Wachsen, die Vitamine für den ganzen Stoffwechsel. (► Stoff- und Energieumwandlung, S. 142/143)

Die Nährstoffe unterscheiden sich
Unsere Nahrungsmittel setzen sich aus unterschiedlichen Bestandteilen zusammen. Vor allem sind das folgende **Nährstoffe**: **Kohlenhydrate** sind die wichtigsten Energiequellen. Dazu gehören Zucker und Stärke. In vielen Lebensmitteln, z. B. in Brot, Kartoffeln und Nudeln, findet man Zucker in Form von Stärke. Stärke besteht aus miteinander verbundenen Zuckerbausteinen.
Eiweiße, auch Proteine genannt, braucht der Körper als Baustoffe, z. B. für den Aufbau der Muskeln. Fleisch, Fisch, Eier, Milch und Sojabohnen sind die wichtigsten Eiweiß-Lieferanten.
Fette sind die energiereichsten Nährstoffe. In Öl, Butter, Wurst, Käse und Nüssen ist besonders viel Fett enthalten.

Nahrungsmittel werden zerlegt
Unsere Nahrungsmittel enthalten alle drei Nährstoffe in unterschiedlichen Anteilen. Damit dein Körper die Nährstoffe nutzen kann, muss die Nahrung in die einzelnen Bestandteile zerlegt werden. Dies passiert bei der **Verdauung**.

Erste Station: Mund
Im **Mund** zerkleinerst du die Nahrung mit deinen **Zähnen**. Beim Kauen vermischst du sie mit **Speichel**, den die Speicheldrüsen im Mund produzieren. Er macht den Nahrungsbrei gleitfähig und zerlegt Stärke in Zuckerbausteine. Die Zunge drückt den Nahrungsbrei in die **Speiseröhre** (▷ B 1).

Zweite Station: Magen
Von der Speiseröhre gelangt der Nahrungsbrei in den Magen. Der **Magen** knetet und durchmischt den Nahrungsbrei. **Magensäfte** und **Magensäure** helfen, die Nahrung weiter zu verdauen. Die Magensäure sorgt auch dafür, dass Krankheitserreger, die du mit der Nahrung aufgenommen hast, abgetötet werden.

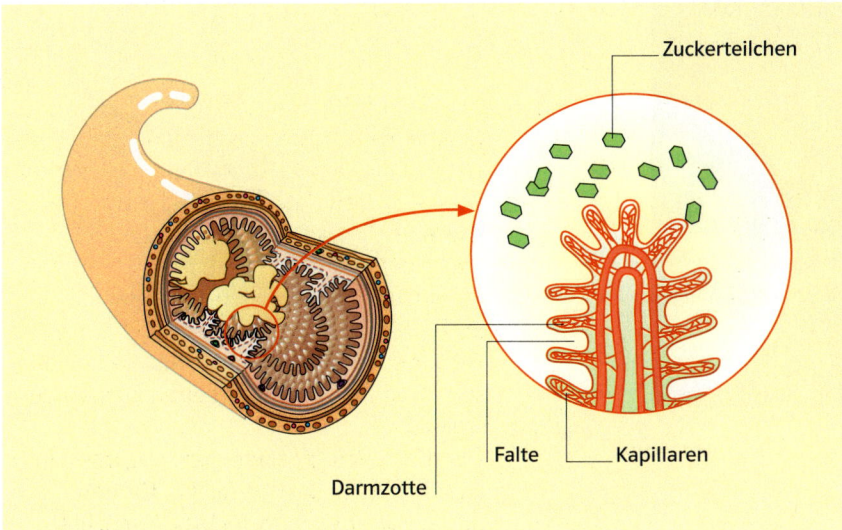

2 Nährstoff-Aufnahme im Dünndarm

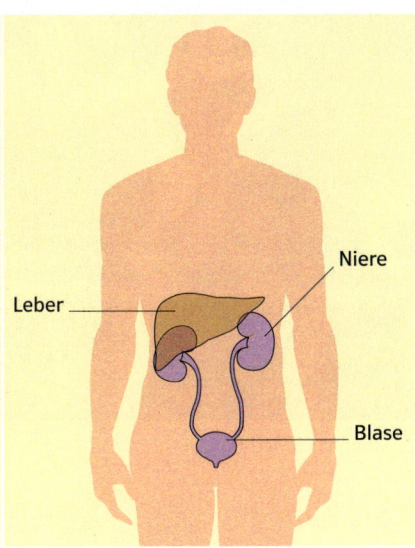

3 Lage von Niere und Blase

Dritte Station: Dünndarm

Vom Magen kommt der Nahrungsbrei in den **Dünndarm**. Im ersten Teil des Dünndarms geben Bauchspeicheldrüse und Gallenblase **Verdauungssäfte** ab. Die Verdauungssäfte zerlegen alle noch nicht verdauten Nahrungsbestandteile. Über die Dünndarmwand werden diese ins Blut aufgenommen (▷ B 2).

Vierte Station: Dickdarm

Im Dickdarm wird den unverdauten Nahrungsresten das **Wasser entzogen**. Über die Darmwand gelangt das Wasser zurück in den Blutkreislauf. Im Darm zurück bleibt der **Kot**, der über **Mastdarm** und **After** ausgeschieden wird.

Trinken ist wichtig

Mehr als die Hälfte deines Körpers besteht aus **Wasser**: Im Blut, in jeder Zelle und sogar zwischen den Zellen befindet sich diese Flüssigkeit. Wasser erfüllt zahlreiche Funktionen in unserem Körper: Es ist **Transportmittel** für Nährstoffe und Abfallstoffe. Und wenn du schwitzt, hilft es, die Körpertemperatur zu **regulieren**. Damit diese wichtigen Aufgaben im Körper erfüllt werden können, musst du immer genügend Flüssigkeit aufnehmen.

Nieren „reinigen" das Blut

Im Körper entstehen ständig Abfallstoffe, die aus dem Blut entfernt werden müssen. Diese Aufgabe übernehmen die **Nieren**. Sie **filtern** das Blut, ähnlich wie ein Sieb. Die Abfallstoffe werden mit Wasser in der **Blase** gesammelt und als Urin ausgeschieden (▷ B 3).

Nahrungsmittel werden bei der Verdauung in ihre Bestandteile zerlegt und so nutzbar gemacht. Abfallstoffe werden mit dem Kot oder mit dem Urin ausgeschieden. Wasser ist ein wichtiges Transportmittel.

AUFGABEN

1 Nenne die Bestandteile unserer Nahrungsmittel.

2 Beschreibe mithilfe von Bild 1 den Weg der Nahrung.

3 Erstelle eine Tabelle mit den Aufgaben des Speichels, des Magens sowie des Dünn- und Dickdarms.

4 Eine große Oberfläche im Dünndarm ist wichtig. Erkläre diese Aussage mithilfe von Bild 2.

5 „Gut gekaut, ist halb verdaut." Erkläre die Bedeutung dieser Aussage.

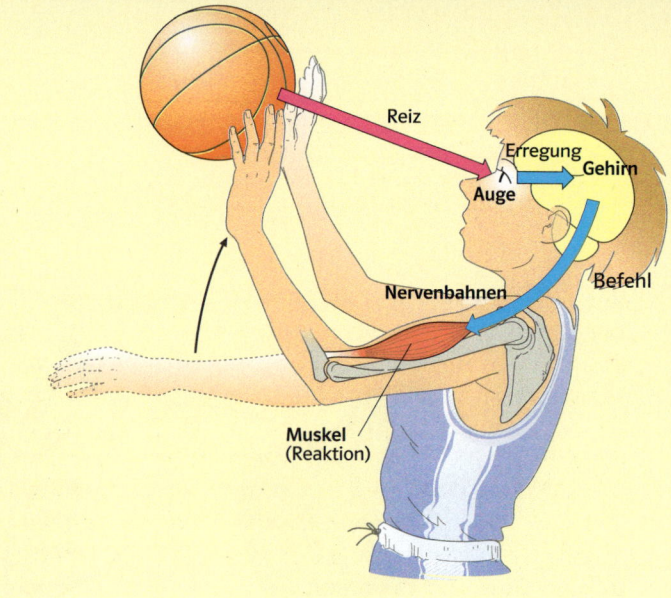

1 Sarah wirft den Ball …

2 … und Amelie reagiert

Vom Reiz zur Reaktion

Unsere Sinne nehmen Reize auf

Unsere Augen, Ohren, Nase, Zunge und Haut melden uns ständig, was um uns herum geschieht. Signale, die wir aus der Umwelt empfangen, nennt man **Reize**. Dazu gehören Licht, Schall, Druck, Wärme, Geruchs- und Geschmacksstoffe. Bei einem Basketballspiel empfangen z. B. die Augen Informationen über die anderen Spieler und die Position des Balls (▷ B 1).

Die Wahrnehmung entsteht im Gehirn

Die Reize lösen in den Sinnesorganen **elektrische Impulse** aus. Über **Nervenzellen** gelangen die Impulse zum **Gehirn**. Hier findet die eigentliche Wahrnehmung der Umweltreize statt. Das Gehirn wählt aus den vielen Informationen die wichtigen aus. Es vergleicht sie mit Erfahrungen, die schon gespeichert sind. So erkennt ein erfahrener Spieler bereits an der Flugbahn des Balls, ob er ihn fangen kann.

Das Gehirn sendet Signale aus

Damit der Ball in den Händen landet, müssen die **Muskeln** der Arme und Hände danach greifen. Den Befehl hierfür sendet das Gehirn über Nerven zu den Muskeln.

Nicht alles können wir wahrnehmen

Jedes Sinnesorgan kann nur bestimmte Reize aufnehmen, das Ohr z. B. den Schall und das Auge das Licht. Es gibt aber auch Reize, die wir mit unseren Sinnen nicht aufnehmen können, z. B. die Handystrahlung oder Röntgenstrahlen. Hierfür brauchen wir Geräte. Oft können unsere Sinnesorgane auch nur bestimmte Bereiche der Reize aufnehmen. (► Information und Kommunikation, S. 144/145).

Unsere Sinnesorgane liefern dem Gehirn wichtige Informationen über die Umwelt. Das Gehirn verarbeitet die Informationen.

AUFGABEN

1 Zähle die im Text genannten Sinnesorgane auf und ordne ihnen in einer Tabelle den passenden Reiz zu.

2 Beschreibe mithilfe von Bild 2 die Vorgänge beim Fangen eines Balls.

3 Informiere dich über zwei Tiere mit „besonderen Sinnen". Erstelle jeweils einen kurzen Steckbrief (► S. 13).

Erwachsen werden

Von Anfang an vorhanden

Der Unterschied zwischen Jungen und Mädchen ist sofort nach der Geburt sichtbar: Jungen haben einen Penis und Hoden (▷ B 1). Bei den Mädchen sieht man von außen die Schamlippen, im Körper befinden sich Scheide, Gebärmutter, Eileiter und Eierstöcke (▷ B 2). Da diese Merkmale von Anfang an vorhanden sind, nennt man sie **primäre Geschlechtsmerkmale**.

Der Körper verändert sich

Im Alter von 9 bis 13 Jahren beginnt sich der Körper von Kindern zu verändern. Diesen Vorgang nennt man **Pubertät**. Ab dieser Zeit können Jungen Kinder zeugen und Mädchen Kinder bekommen. Äußerlich erkennt man diese Veränderung an der Entwicklung der **sekundären Geschlechtsmerkmale**. Dazu gehören die Achsel- und Schambehaarung, die Brüste bei den Mädchen und der Bartwuchs bei den Jungen.

Keimzellen von Mann und Frau

Ein Kind entsteht, wenn sich die **Keimzellen** von Vater und Mutter zu einer neuen Zelle vereinigen. Die Keimzellen des Mannes heißen **Spermien**, die der Frau **Eizellen**.

Keimzellen entstehen in Keimdrüsen

Die Keimzellen entstehen in speziellen Drüsen, den **Keimdrüsen**. Die Spermien werden in den **Hoden** gebildet und in den **Nebenhoden** gespeichert. Zwei andere Drüsen (▷ B 1) geben besondere Flüssigkeiten ab. Diese Flüssigkeiten bilden zusammen mit den Spermien das **Sperma**.

Schon vor der Geburt eines Mädchen haben sich in den **Eierstöcken** etwa 400 000 Eizellen gebildet. Dort reift mit Beginn der Pubertät jeden Monat eine Eizelle heran, die über den Eileiter zur Gebärmutter wandert. (► Entwicklung, S. 146/147).

Die Spermien entstehen in den Hoden, die Eizellen in den Eierstöcken.

AUFGABEN

1 Nenne die primären Geschlechtsmerkmale von Jungen und Mädchen.

2 Beschreibe den Weg der Spermien bis zum Verlassen des Körpers.

3 Erkläre mit eigenen Worten die fett gedruckten Fachbegriffe im Text.

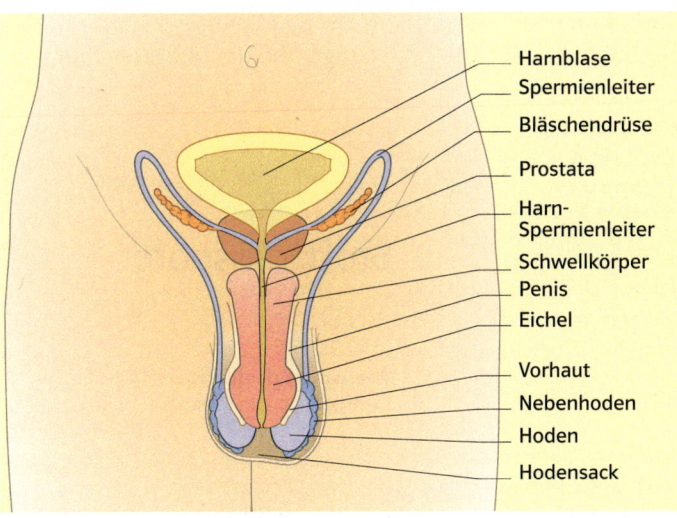

Harnblase
Spermienleiter
Bläschendrüse
Prostata
Harn-
Spermienleiter
Schwellkörper
Penis
Eichel
Vorhaut
Nebenhoden
Hoden
Hodensack

1 Geschlechtsorgane des Mannes

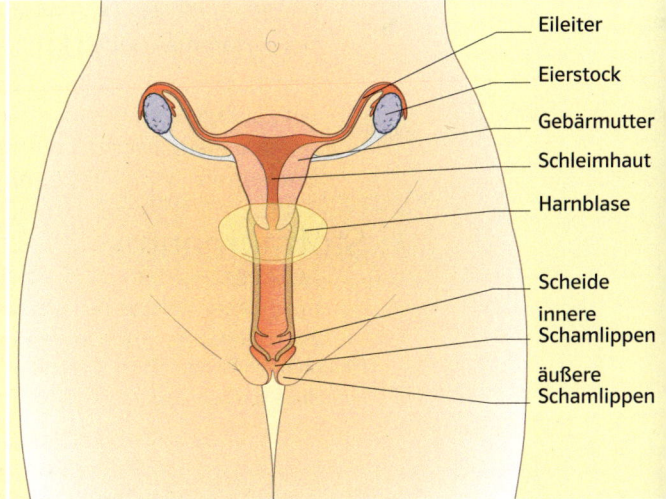

Eileiter
Eierstock
Gebärmutter
Schleimhaut
Harnblase
Scheide
innere Schamlippen
äußere Schamlippen

2 Geschlechtsorgane der Frau

1 Sport bringt dich zum Schwitzen.

2 Trinken ist wichtig.

Organe arbeiten zusammen

Sport strengt nicht nur die Muskeln an

Bei einem Basketballspiel merkst du, dass du schneller atmest und dein Herz schneller schlägt. Gleichzeitig fängst du an zu schwitzen. Und auch nach dem Spiel spürst du, dass du dich angestrengt hast: Du hast großen Durst und bist hungrig. Wie kommt es zu diesen Veränderungen, obwohl du doch „nur" deine Muskeln bewegt hast?

Muskeln benötigen Energie

Damit ein Muskel (► S. 44/45) arbeiten und sich zusammenziehen kann, benötigt er **Energie**. Die Energie ist in den Nahrungsmitteln enthalten, die du gegessen hast. Bei der **Verdauung** (► S. 56/57) werden die energiereichen Nahrungsmittel in kleine Bestandteile zerlegt. Über den Darm gelangen diese ins **Blut** und werden zu den **Muskeln** transportiert (► S. 54). Wenn du oft Sport treibst und trainierst, werden deine Muskeln mit der Zeit kräftiger und dicker. Die **Baustoffe** für dieses Wachstum stammen ebenfalls aus der Nahrung.

Sauerstoff für den Energiegewinn

Über die **Lunge** und den **Blutkreislauf**

Stoffaufnahme

Einatmen von Sauerstoff mit der Luft
Aufnahme von Nahrung

Stofftransport

Übernahme der Stoffe ins Blut
Transport zu den Organen

3 Der Weg der Stoffe in unserem Körper

gelangt Sauerstoff in die Zellen deines Körpers (► S. 55). Der Sauerstoff ist nötig, um aus den aufgenommenen Nährstoffen Energie zu gewinnen.

Abfallstoffe verlassen den Körper

Während du spielst, arbeiten die Zellen deines Körpers. Dabei entstehen ständig Abfallstoffe, vor allem **Kohlenstoffdioxid** und **Wasser**. Beide Stoffe werden ins Blut abgegeben und schließlich ausgeschieden. Kohlenstoffdioxid geben wir beim Ausatmen über die Lunge ab. Dabei wird auch ein Teil des Wassers als Wasserdampf ausgeatmet. Den größeren Teil des Wassers scheiden wir beim **Schwitzen** und mit dem **Urin** (► S. 56/57) aus.

Nerven steuern deine Muskeln

Aber auch deine **Sinnesorgane** und **Nerven** (► S. 58) sind an allen Vorgängen beteiligt. Zum Beispiel werden ständig Informationen über die Position deiner Mitspieler und die des Balls aufgenommen, über Nerven weitergeleitet und im Gehirn verarbeitet. Nur so ist es für dich möglich, den Ball zu fangen, zu passen oder einen Korb zu erzielen. (► System, S. 136/137)

Bei allen Tätigkeiten arbeiten verschiedene Organe in unserem Körper zusammen. Ständig werden Stoffe aufgenommen, umgewandelt und zum Teil wieder an die Umgebung abgegeben.

AUFGABEN

1 a) Nenne die im Text erwähnten Organe, die beim Basketballspielen beteiligt sind und arbeiten.
b) Beschreibe, welche Aufgaben sie jeweils haben.

2 Beschreibe den Weg des Sauerstoffs und der Nährstoffe bis zur Muskulatur.

3 Formuliere drei Fragen, die mithilfe des Textes zu beantworten sind. Achte darauf, dass die möglichen Antworten eindeutig sind.

4 Ergänze die folgenden Aussagen mit entsprechenden Fachbegriffen, sodass sinnvolle Sätze entstehen:
… wird an die Luft abgegeben; … wird aus der Luft aufgenommen; … und … gelangen über das Blut zu den Muskeln; … wird mit dem Urin ausgeschieden.

5 Deinen Herzschlag kannst du als Puls auch an deinem Handgelenk ertasten. Lege dazu Zeige-, Mittel- und Ringfinger etwas unterhalb deines Daumens auf die Innenseite deines Handgelenkes.
a) Zähle eine Minute lang deine Pulsschläge bevor und nachdem du 10 Kniebeugen gemacht hast. Erkläre.
b) Beschreibe, wie sich die Atmung beim Sport verändert. Erkläre, weshalb es zu dieser Veränderung kommen muss.
c) Schreibe einen kurzen Text, in dem du die Zusammenhänge zwischen Muskulatur, Blutkreislaufsystem und Atmung darstellst.

6 In einem Fließdiagramm kann man den Verlauf eines Vorgangs darstellen. Erkläre mithilfe des Fließdiagramms (▷ B 3) den Begriff „Stoffwechsel".

Stoffumwandlung

Verwendung der mit der Nahrung aufgenommenen Stoffe zum
– Wachstum
– Bewegen
– Erneuern von Geweben

Stofftransport

Übernahme der Stoffe ins Blut
Transport zu den Organen

Stoffabgabe

Ausatmung von Kohlenstoffdioxid und Wasserdampf über die Lunge
Ausscheidung der Abfallstoffe über die Niere und die Haut

1 Alleine vor dem Computer   2 Gemeinsam im Freibad

Bist du fit und gesund?

Jeder will es ...

Auf der Wunschliste der meisten Menschen stehen wahrscheinlich Gesundheit und Fitness an erster Stelle. Und die meisten wollen möglichst ohne Ängste und Stress leben. Sicher werden wir uns nicht immer rundum wohlfühlen. Einige Probleme und Beschwerden verschwinden von selbst wieder. Bei anderen ist die Hilfe eines Spezialisten nötig. Aber wir können auch selbst eine Menge für unsere Gesundheit und unsere Fitness tun.

Problem erkannt ...

Wenn du selbst etwas für dein Wohlbefinden tun willst, solltest du wissen, was deiner Gesundheit guttut und was ihr schadet. Deutlich wird das vielleicht, wenn du die folgenden Fragen ehrlich beantwortest:

– Treibst du regelmäßig Sport und bewegst dich viel?
– Sitzt du täglich mehrere Stunden vor dem Fernseher, dem Handy oder dem PC?
– Wie sieht deine Ernährung aus? Isst du täglich Obst und Gemüse?
– Fühlst du dich wohl in der Schule? Hast du Angst vor Prüfungen?
– Verbringst du viel Zeit mit Freunden?

... Problem gebannt

Sicher hast du bei einigen Fragen auch gezögert. Wenn du gemerkt hast, dass du mit deinen Antworten nicht zufrieden bist und etwas ändern möchtest, ist es Zeit zu handeln.

Bewegung

Sport kann ein wahres Wundermittel gegen schlechte Laune und sich unwohl fühlen sein. Es gibt so viele verschiedene Sportarten, dass für jeden etwas Passendes dabei ist: Schwimmen, Einradfahren oder Fußball, in der Gruppe oder alleine.
Egal, wofür du dich entscheidest – es ist ein gutes Gefühl, seinen Körper so richtig zu spüren und mit der Zeit positive Veränderungen festzustellen. Im Verein ist Sport oft am schönsten, da man dort die Möglichkeit hat, gemeinsam mit anderen aktiv zu werden.

Weniger ist mehr!

Kinder und Jugendliche verbringen immer mehr Zeit mit modernen Medien. Es ist auch sehr einfach, den Fernseher anzuschalten, sich berieseln zu lassen oder einige Stunden am Computer zu spielen. Doch gesund und glücklich macht diese

Form der Freizeitgestaltung nicht. Das konnte auch mit wissenschaftlichen Untersuchungen gezeigt werden: Menschen, die auf diese Art ihre Freizeit verbringen, sind unzufrieden – und viele werden dabei auch noch dick.

Stress verringern

Wenn man sich hin und wieder ein wenig „unter Druck" fühlt, schadet das nicht. Wir brauchen diesen Druck sogar, um leistungsfähig zu sein. Schwierig wird es, wenn wir uns dauerhaft überfordert fühlen. Manchmal blockiert Angst sogar unser Denken. Um Stress zu verringern oder ganz zu verhindern, reicht es oft schon, wenn du einige einfache Regeln einhältst:

– Sag „Nein!": Niemand ist verpflichtet, alle Termine wahrzunehmen.
– Fange rechtzeitig an! Oft entsteht Druck dadurch, dass man zu spät mit einer Aufgabe beginnt.
– Sei gut zu dir selbst! Finde heraus, was dir gut tut – und mache es!
– Achte auf ausreichend Schlaf! Während des Schlafens erholt sich der Körper. Deshalb: Öfter mal früh ins Bett.
– Nobody is perfect! Erwarte also nicht von dir, dass du perfekt bist.

Zu einem großen Teil entscheidest du selbst über dein Wohlbefinden. Verzichte ab und zu auf Handy und Co. und suche Situationen, in denen du dich wirklich wohl fühlst.

AUFGABEN

1   Nenne die im Text genannten Bereiche, die sich negativ auf die Gesundheit auswirken können.

2   Schreibe die im Text genannten Möglichkeiten auf, die zu deinem Wohlbefinden beitragen können.

3   Beschreibe die Personen, die auf den Fotos dieser Seite abgebildet sind. Ordne sie nach ihrem Wohlbefinden. Begründe deine Zuordnung.

4   Auch du fühlst dich manchmal unwohl. Schreibe einen Brief, in dem du einem Freund oder einer Freundin davon berichtest.

5   Wie viele Stunden am Tag siehst du fern oder spielst Computer? Wie viele Stunden bist du „in Bewegung"? Erstelle eine Tabelle und notiere darin jeweils die Zeit. Überlege, wie du deine „Bewegungszeit" erhöhen kannst.

6   Um gesund zu bleiben, soll man 5-mal am Tag Obst oder Gemüse essen. Schaffst du das?
Schreibe eine Woche lang auf, was du isst. Falls nötig, überlege dir eine Strategie, wie du das „5-mal-am-Tag" erfüllen kannst.

3 Obst: lecker und gesund

4 Pause!

Fitness-Center „Klassenzimmer"

Trainieren – aber richtig!

Um deine Muskeln richtig anzustrengen und sie dabei nicht zu überlasten, solltest du folgende Hinweise beachten:

– Wärme dich vor jedem Training auf.
– Achte auf eine korrekte Bewegungsausführung. Dabei helfen dir auch die Bilder.
– Die Anzahl der Wiederholungen einer Übung richtet sich danach, wie du dich fühlst. Sobald dir die Übung richtig schwerfällt, ist die Zeit für eine Pause gekommen.
– Als Trainigsanfänger solltest du jede Übung 1- bis 2-mal durchführen. Wenn du schon besser trainiert bist, kannst du jede Übung auch 2- bis 3-mal machen.

1 Schwimmen

1 „Aufwärm-Triathlon"
Material
Stuhl, Uhr

Anleitung
a) Schwimmen: Lege dich auf einen Stuhl und mache für 30 Sekunden Brustschwimm-Bewegungen (▷ B 1).

b) Radfahren: Setze dich an die vordere Kante deines Stuhles und lehne deinen Oberkörper zurück. Dadurch hast du genügend Platz für deine Beine. Strample 60 Sekunden lang wie ein Radfahrer.

c) Laufen: Stelle dich neben deinen Stuhl und laufe für eine Minute auf der Stelle.

2 Liegestützen am Tisch
Mit dieser Übung trainierst du deine Armstrecker- und Brustmuskulatur.

Material
Tisch

Anleitung
a) Suche dir einen Partner/eine Partnerin. Stellt euch gegenüber an einem Tisch auf und stützt euch an der Tischkante ab (▷ B 2).
b) Macht Liegestützen. Achtet darauf, dass dabei Bauch und Rücken gerade bleiben.
c) Wiederholt die Übung nach einer kurzen Pause.

3 Dips am Tisch
Mit dieser Übung trainierst du deine Armstrecker- und Brustmuskulatur.

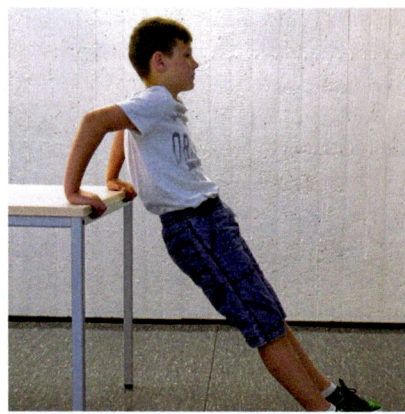

3 Dips am Tisch

Material
Tisch

Anleitung
a) Stelle dich mit dem Rücken zum Tisch und lege die Hände auf die Tischkante. Die Finger zeigen dabei zu dir (▷ B 3).
b) Beuge und strecke die Arme.

2 Liegestützen

4 Stuhldrücken

4 Stuhldrücken

Mit dieser Übung trainierst du deine Armstrecker- und Schultermuskulatur.

Material
Stuhl

Anleitung
a) Achte darauf, dass du sicher stehst und genügend Abstand zu deinen Mitschülern hast.
b) Halte den Stuhl mit gestreckten Armen über deinen Kopf.
c) Beuge und strecke deine Arme (▷ B 4).

5 „Bicepscurls"

Mit dieser Übung trainierst du deine Armbeuger.

Material
Schultasche oder Stuhl

Anleitung
a) Stelle dich aufrecht hin und umfasse deine Schultasche oder den Stuhl mit beiden Händen (▷ B 5).
b) Beuge und strecke deine Ellenbogen. Achte darauf, dass dein Oberkörper gerade bleibt und du die Bewegung nur mit den Armen machst.

6 Ausfallschritte

Mit dieser Übung trainierst du deine Oberschenkel- und Gesäßmuskeln.

Anleitung
a) Stelle dich gerade hin. Mache einen weiten Schritt nach vorne in die Ausfallschrittposition. Achte auf einen geraden Oberkörper und darauf, dass im Ausfallschritt das Knie über deinem Fuß steht.
b) Drücke dich mithilfe des vorderen Beines wieder zurück in den Stand.

c) Wechsle die Seiten: Mache den Ausfallschritt nun mit dem anderen Bein.

7 Radfahren in Bauchlage

Mit dieser Übung trainierst du die Muskulatur von Rücken, Gesäß und Oberschenkelrückseite.

Material
Tisch

Anleitung
a) Lege dich mit dem Bauch auf den Tisch und halte dich gut an der Tischkante fest (▷ B 6).
b) Strecke und beuge deine Beine wie ein Radfahrer.

8 „Hände hoch"

So trainierst du die Muskulatur zwischen deinen Schulterblättern.

Anleitung
a) Bringe deine Arme in die „Hände hoch"-Stellung.
b) Beuge deinen Oberkörper leicht nach vorne.
c) Ziehe deine Arme nach hinten und die Schulterblätter zusammen.
d) Halte diese Position etwa für 20 Sekunden.

5 Bicepscurls

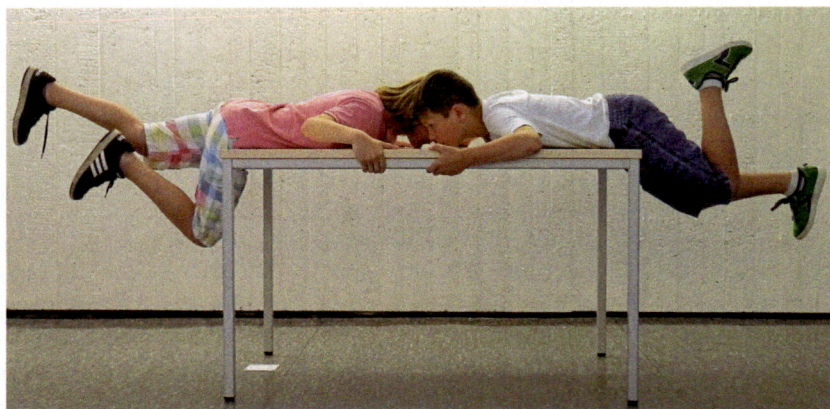

6 Radfahren in Bauchlage

Zusammenfassung

Organe – Organsysteme – Organismus
Im Körper des Menschen gibt es eine Vielzahl von Organen. Jedes Organ hat ganz spezielle Aufgaben. Bestimmte Organe arbeiten zusammen und bilden ein Organsystem. Die verschiedenen Organsysteme bilden wiederum den Organismus Mensch.

Aufrecht und beweglich
Das Skelett gibt dem Körper seine Form und schützt die inneren Organe. Es besteht aus harten und zugleich elastischen Knochen. Die Wirbelsäule stützt den Körper. Sie besteht aus einzelnen Wirbeln, die doppelt-S-förmig angeordnet sind. Diese Form ermöglicht den aufrechten Gang.

Muskeln und Gelenke
Knochen sind durch Gelenke miteinander verbunden und gegeneinander beweglich. An den Knochen sind Muskeln über Sehnen befestigt, die die Bewegungen ermöglichen. Dazu ziehen sie sich zusammen, können sich aber nicht aktiv dehnen. Diese Aufgabe übernimmt der Gegenspieler.

Blut und Blutkreislauf
Blut ist das wichtigste Transportmittel des Körpers. In Blutgefäßen – den Venen, Arterien und Kapillaren – transportiert es über den Blutkreislauf lebensnotwendige Stoffe, aber auch Abfallstoffe. Man unterscheidet Körper- und Lungenkreislauf.

Das Herz – eine biologische Pumpe
Das Herz ist ein Muskel, der ständig Blut durch den Körper pumpt. Es besteht aus zwei Herzhälften, die durch die Herzscheidewand getrennt sind.

Atmung
Über die Luftröhre und die Bronchien gelangt lebensnotwendiger Sauerstoff in die Lunge. Von dort aus wird er zu den Organen gebracht und dort verbraucht. Bei diesem Vorgang entsteht Kohlenstoffdioxid, das ausgeatmet wird.

Verdauung und Ausscheidung
Damit alle Organe im Körper funktionieren, brauchen sie Energie. Die steckt in den Nährstoffen, die wir mit der Nahrung aufnehmen. Bei der Verdauung gelangen die Nährstoffe über die Darmwand ins Blut und so zu den Organen. Abfallstoffe werden in der Niere gefiltert und über den Urin abgegeben. Feste Bestandteile werden als Kot ausgeschieden.

Das Nervensystem
Unser Nervensystem besteht aus Milliarden von Nervenzellen, dem Rückmark und dem Gehirn. Über Nervenzellen werden Reize als elektrische Impulse ans Gehirn geleitet und dort verarbeitet. Über andere Nervenzellen sendet das Gehirn dann z. B. den „Befehl" zur Reaktion an Muskeln.

Das Fortpflanzungssystem
Dazu zählen jeweils die Geschlechtsorgane der Frauen und der Männer. Durch das Verschmelzen der Keimzellen von Mann und Frau entsteht neues Leben.

Organe arbeiten zusammen
Nur durch das Zusammenspiel von Organen und Organsystemen kann ein Organismus funktionieren. So wird z. B. Sauerstoff über das Atmungssystem aufgenommen und über das Blutkreislauf-System zu den Organen transportiert.

Gesund und fit
Um gesund und fit zu bleiben, solltest du mindestens zwei Stunden am Tag deine Muskulatur und das Herz-Kreislauf-System beanspruchen. Neben der Bewegung sind aber auch Ruhe-Phasen notwendig.

AUFGABEN

1 Das Skelett hat unterschiedliche Aufgaben: Es stützt den Körper und schützt die inneren Organe. Nenne Teile des Skeletts und gib an, welche der beiden Funktionen sie haben.

👍 Super! ❓ ► S. 38

2 Benenne drei wichtige Gelenke an deinem Körper und ordne sie den Gelenktypen zu.

👍 Super! ❓ ► S. 50

3 Beschreibe den Aufbau eines Skelettmuskels.

👍 Super! ❓ ► S. 44

4 a) Erstelle eine Tabelle mit den wichtigen Organsystemen des Menschen (▷ B 1).
b) Ordne jedem Organsystem die Organe zu, die in ihm zusammenarbeiten.

👍 Super! ❓ ► S. 36/37, 42/43

5 Erläutere die Begriffe Organ – Organsystem – Organismus an einem Beispiel aus dem Tierreich.

👍 Super! ❓ ► S. 36/37

6 Erkläre den Unterschied zwischen Brust- und Bauchatmung.

👍 Super! ❓ ► S. 55

7 Erläutere am Beispiel der Muskulatur, was man unter dem Begriff „Gegenspieler" versteht.

👍 Super! ❓ ► S. 44/45

8 Jeder Mensch kann etwas für die Gesunderhaltung seiner Muskulatur tun. Beschreibe verschiedene Möglichkeiten und worauf du achten musst.

👍 Super! ❓ ► S. 62 – 65

9 Erläutere den Unterschied zwischen dem Lungen- und dem Körperkreislauf.

👍 Super! ❓ ► S. 54

10 Um gesund zu bleiben, brauchst du eine ausgewogene Ernährung und ausreichend Bewegung. Begründe diese Aussage.

👍 Super! ❓ ► S. 56/57, 62/63

11 „Verschiedene Organsysteme arbeiten Hand in Hand." Erkläre diesen Satz.

👍 Super! ❓ ► S. 60/61

12 Beschreibe und erläutere den „Weg der Stoffe" in unserem Körper mit eigenen Worten.

👍 Super! ❓ ► S. 60/61

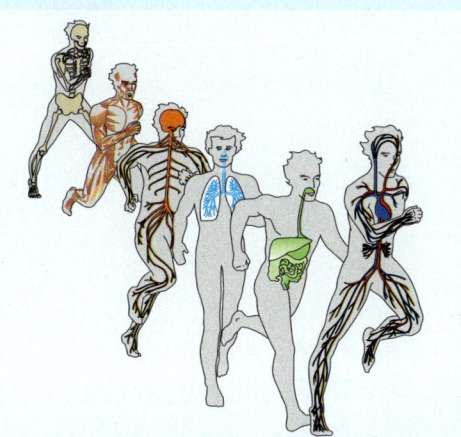

1 Organsysteme arbeiten zusammen.

► Musterlösungen auf den Seiten 149 – 150 **67**

3 Säugetiere in unserer Umgebung

– Warum können Eichhörnchen so gut klettern?

– Sind Feldhase und Wildkaninchen das Gleiche?

– Können Fledermäuse im Dunkeln sehen?

– Warum kauen Rinder ständig?

– Katzen sind sehr gerne draußen, wenn es dunkel ist.
  Woran liegt das?

1–3 Elefant, Eisbär und Maus sind Säugetiere: Sie säugen ihre Jungen.

Die Säugetiere

Elefant, Eisbär und Maus

Elefant, Eisbär und Maus unterscheiden sich äußerlich sehr stark. Doch sie haben eine wesentliche Gemeinsamkeit: Alle drei gehören zur Gruppe der **Säugetiere**.

Wie der Name schon verrät, **säugen** die Muttertiere ihre Jungen mit **Milch** aus ihren **Milchdrüsen**. Die Jungen der Säugetiere entwickeln sich gut geschützt im Körper der Mutter. Sie wachsen in der **Gebärmutter** heran und werden dort mit allen wichtigen Nährstoffen versorgt. Das Muttertier bringt **lebende Junge** zur Welt.

Ein isolierender Pelz

Noch eine deutlich sichtbare Gemeinsamkeit der Säugetiere ist das **Fell** aus **Haaren**. Außer den Säugetieren besitzt keine andere Tiergruppe ein solches Fell. Es schützt ihren Körper vor Kälte und Hitze. Säugetiere können ihre **Körpertemperatur** auf einem bestimmten Wert halten. Man sagt: Säugetiere sind **gleichwarm**.

Das bedeutet aber nicht, dass ihr Körper immer die gleiche Temperatur haben muss. Es gibt z. B. Säugetiere, die im Winter zu wenig oder gar kein Futter finden. Diese Tiere schlafen in der kalten Jahreszeit und senken während des **Winterschlafs** ihre Körpertemperatur stark ab.

Auf allen Vieren

Auch wenn man das nicht immer gleich sieht: Säugetiere haben **vier Gliedmaßen**. Jeweils zwei Vorderbeine und zwei Hinterbeine oder zwei Arme und zwei Beine. Bei manchen Säugetieren sind Arme oder Beine stark umgebildet. So haben Fledermäuse Flügel und Delfine Flossen. (► Variabilität und Angepasstheit, S. 140/141)

Unsichtbare Gemeinsamkeiten

Von außen sind die inneren Organe nicht sichtbar. Doch auch hier gibt es viele Gemeinsamkeiten. Säugetiere atmen über die **Lunge**. Das Zwerchfell trennt den Brustraum vom Bauchraum. Der **Blutkreislauf** ist getrennt in einen Körperkreislauf und einen Lungenkreislauf (► S. 54). Man spricht von einem **doppelten Blutkreislauf**. Auch der Aufbau des **Herzens** mit vier Kammern ist bei allen Säugetieren gleich.

Es gibt auch Ausnahmen

Zu diesen Ausnahmen gehört das **Schnabeltier** (▷ B 4). Es ist ein ungewöhnliches Säugetier, denn es bringt keine lebenden Jungen zur Welt. Es legt Eier. Schnabeltiere gibt es nur in Australien.

Dort findet man noch eine andere Gruppe der Säugetiere: die **Beuteltiere**. Die Jungtiere der Beuteltiere wachsen nicht vollständig in der Gebärmutter, sondern in einer Bauchtasche heran (▷ B 5).

Es gibt auch Säugetiere, die kein dichtes Fell haben. Bei den **Meeressäugern**, den Walen und Delfinen, ist das Fell zurückgebildet. Die Jungtiere haben im Mutterleib allerdings noch eine dünne Behaarung. (► Variabilität und Angepasstheit, S. 140/141)

Gehören wir auch dazu?

Menschenkinder entwickeln sich im Körper der Mutter. Nach der Geburt werden sie in den ersten Monaten mit Muttermilch ernährt. Menschen haben kein dickes Fell. Sie sind aber dennoch am ganzen Körper mehr oder weniger stark behaart. Unsere Körpertemperatur beträgt immer etwa 37 °C. Wir haben zwei Arme und zwei Beine und damit vier Gliedmaßen. Wir atmen über die Lunge und haben einen Lungen- und einen Körperkreislauf. **Menschen** sind also auch **Säugetiere**.

Säugetiere bringen lebende Junge zur Welt und säugen sie mit Milch. Sie haben ein Fell und sind gleichwarm. Säugetiere haben vier Gliedmaßen und atmen über die Lunge.

AUFGABEN

1 Nenne Kennzeichen der Säugetiere.

2 Begründe, warum der Mensch zu den Säugetieren zählt.

3 a) Ordne vier dieser Tiere der Gruppe der Säugetiere zu: Ameise, Fuchs, Ringelnatter, Zebra, Karpfen, Koala, Faultier
b) Begründe, warum die anderen drei Tiere keine Säugetiere sind.

4 Wale haben kein Fell. Trotzdem können sie ihre Körpertemperatur halten. Recherchiere, wie ihnen das gelingt.

5 Plane ein Experiment, das die isolierende Wirkung des Fells zeigt. Material: Glas mit Eiswasser, Reagenzglas, Thermometer und ein Stück Fell. Formuliere die einzelnen Schritte (► S. 16).

4 Das Schnabeltier, ein ungewöhnliches Säugetier

5 Das Känguru gehört zu den Beuteltieren.

1 Wildkaninchen leben in Kolonien.

2 Der Feldhase ist ein Einzelgänger.

Feldhase und Wildkaninchen

Ein Leben auf der Flucht

Der Feldhase lebt auf Wiesen, Weiden, Feldern und am Waldrand. Als Lagerplatz nutzt er eine fertige oder selbst gegrabene Mulde – die **Sasse**. Sobald man dem Feldhasen zu nahe kommt, rennt er los. Mit seinen besonders langen Hinterbeinen kann er eine Geschwindigkeit von bis zu 65 km/h erreichen. Dabei schlägt er Haken und springt bis zu zwei Meter hoch.

Feldhasen haben viele Nachkommen

Eine Häsin bringt bis zu viermal im Jahr je drei bis fünf Junge zur Welt. Die Jungen werden mit Fell, Zähnen und offenen Augen in der Sasse geboren (▷ B 3, oben). In dieser ungeschützten Umgebung müssen die Jungen sehr schnell selbstständig sein. Feldhasen sind **Nestflüchter**.
(► Entwicklung, S. 146/147)

„Meister Lampe" ist bedroht

Der Bestand an Feldhasen geht in Deutschland stark zurück. Ursache hierfür ist vor allem die Zerstörung ihrer Lebensräume. Hecken, die den Feldhasen Schutz bieten, sowie nicht genutzte Felder gibt es immer weniger. Vor allem aber finden die Tiere immer weniger Nahrung, da auf den Feldern meist nur eine Pflanzenart angebaut wird.

Die Sinne des Feldhasen

Feldhasen können ausgezeichnet hören. Die langen, etwas eingerollten **Ohren** wirken wie große Schalltrichter. Aufgrund ihrer Form werden sie auch **Löffel** genannt (▷ B 2). Außerdem sind die Ohren sehr beweglich. Deshalb können Feldhasen auch genau erkennen, aus welcher Richtung ein Geräusch kommt. Auch ihr **Geruchssinn** ist sehr gut entwickelt.

Feldhasen können zwar nicht sehr scharf sehen, dafür nehmen sie aber jede geringste Bewegung wahr. Die **Augen** des Feldhasen liegen seitlich am Kopf. Deshalb kann er mit jedem einzelnen Auge einen Bereich von 180° überblicken. Mit beiden Augen gemeinsam sieht ein Feldhase also einen Bereich von 360° – ohne dass er den Kopf drehen muss. Mit diesem **Rundumblick** können Feldhasen ihre Feinde frühzeitig wahrnehmen.

Wildkaninchen leben in Kolonien

Wildkaninchen leben in großen **Kolonien** (▷ B 1). Sie legen ihre Baue in trockenen, sandigen Böden an.
In der Nestkammer des Kaninchenbaus (▷ B 4) bringt ein Kaninchenweibchen in der Regel fünfmal pro Jahr jeweils vier bis

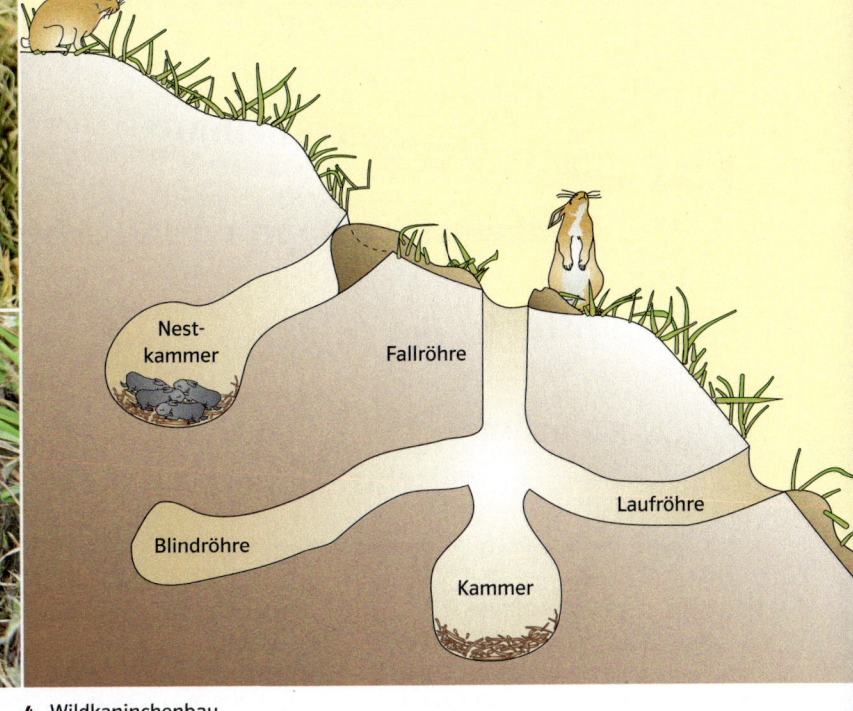

3 Nur wenige Tage alt: Feldhase (Nestflüchter) und Wildkaninchen (Nesthocker)

4 Wildkaninchenbau

zehn Junge zur Welt. Die Jungen werden nackt, blind und zahnlos geboren (▷ B 3, unten). Im Schutz des Kaninchenbaus können sie langsam heranwachsen. Erst nach etwa vier Wochen sind die Jungen selbstständig. Wildkaninchen sind **Nesthocker**. (➤ Entwicklung, S. 146/147)

Die vielen Nachkommen sorgen dafür, dass Feinde und auch Krankheiten den Bestand an Wildkaninchen nicht gefährden können. In manchen städtischen Parkanlagen nimmt die Zahl der Wildkaninchen allerdings so stark zu, dass sie zu einer Plage werden.

Feldhasen leben im offenen Gelände, z. B. auf Wiesen und Feldern. Mit ihrem guten Gehör, dem Rundumblick und den langen kräftigen Beinen sind sie hervorragend an diesen Lebensraum angepasst. Feldhasen sind Nestflüchter.

Wildkaninchen leben gesellig in Kolonien. Sie legen weit verzweigte unterirdische Baue an. Wildkaninchen sind Nesthocker.

AUFGABEN

1 Stelle in einer Tabelle die Gemeinsamkeiten von Feldhase und Wildkaninchen dar.

2 Beschreibe den Aufbau eines Wildkaninchenbaus (▷ B 4).

3 Erkläre den Unterschied von Nesthocker und Nestflüchter.

4 Erkläre, durch welche Körpermerkmale der Feldhase besonders gut an seinen Lebensraum angepasst ist.

5 Begründe, weshalb Park- und Gartenbesitzer nicht immer Freunde der Wildkaninchen sind.

6 Erläutere, warum Feldhasen und Wildkaninchen so viele Nachkommen haben.

Eine Entscheidung treffen

Feldhamster stoppt Möbelhaus

Feldhamster kämpft ums Überleben

Der Hamster ist ein Jobkiller

Neues Möbelhaus bietet 250 neue Arbeitsplätze

Fränkische Feldhamster in Gefahr

1 Schlagzeilen aus der Zeitung: Vor der Entscheidung

Hamster gegen Möbelhaus
Ein großes Möbelhaus soll entstehen. Der Bürgermeister möchte „grünes Licht" geben, aber Naturschützer wollen den Bau stoppen.

Denn genau auf dem Baugrundstück leben zahlreiche Feldhamster. In den Nachrichten hörst oder liest du häufig von solchen **Konflikten** zwischen verschiedenen **Interessengruppen**. Die Wünsche der einen Gruppe passen nicht zu denen der anderen. Dies kommt besonders oft vor, wenn Naturschützer auf Personen treffen, die wirtschaftliche Interessen vertreten. Wie würdest du entscheiden?

Was ist das Problem?
Bevor du eine Entscheidung treffen kannst, musst du das eigentliche **Problem** erst ganz genau beschreiben. In diesem Fall: „Die Feldhamster leben auf dem Grundstück, auf dem das Möbelhaus gebaut werden soll. Der Bau des Möbelhauses zerstört den Lebensraum der Feldhamster."

Beide Seiten beleuchten
Um dir eine eigene Meinung bilden

Feldhamster

Aussehen:	vielfarbig gescheckt, meistens mit gelbbrauner Oberseite und schwarzem Bauch, Länge 20–34 cm, Gewicht 200–650 g
Verhalten:	dämmerungs- und nachtaktiv
Nahrung:	Körner- und Hülsenfrüchte, Mais, Rüben, Kartoffeln und Klee
Lebensraum:	Bodenbewohner offene Ackerlandschaften, Getreide- und Rübenfelder
Verbreitung in Deutschland:	vor allem in Mitteldeutschland; in Bayern nur in Unterfranken
Artenschutz:	streng geschützte Art

2 Steckbrief: Feldhamster

Arbeit Bildung Eigentum Erfolg Familie
Freiheit Frieden Fürsorglichkeit Geld Gesundheit
Gewaltfreiheit Gleichberechtigung Glück Harmonie
Leben Leistung Liebe Mitgefühl Naturverbunden-
heit Selbstbestimmung Umweltbewusstsein
Verantwortung Wahrheit Wohlstand

3 Werteliste

zu können, musst du dich über die unterschiedlichen Meinungen der beiden Konfliktparteien informieren. So kannst du herausfinden, welche Gründe es für die eine oder andere Entscheidung gibt.

Der Bürgermeister: „Das Möbelhaus bringt 250 neue Arbeitsplätze in unsere Stadt. Auch viele Ausbildungsplätze werden angeboten. Außerdem bezahlt ein so großes Unternehmen einen erheblichen Betrag an Gewerbesteuern, die unserer Stadt zugute kommen."

Die Naturschützer: „Der Feldhamster ist eine stark gefährdete Tierart. Eine solch große Gruppe von Tieren gibt es nur sehr selten. Durch den Bau des Möbelhauses wird ihr Lebensraum zerstört."

Nun kannst du weitere, wichtige Fragen klären:
– Gibt es andere Lösungsmöglichkeiten?
– Welche Folgen können die Entscheidungen haben?

Was ist dir wichtig?
Jede Seite hat ihre **Gründe** und **Standpunkte**. Und oft ist es schwer, eine Entscheidung zu treffen. Wie du dich entscheidest, hängt davon ab, was dir wichtig ist. Du entscheidest aufgrund bestimmter **Werte**. Die Liste (▷ B 3) gibt dir einen Überblick über einige wichtige Werte unserer Gesellschaft. Oft können nicht gleichzeitig verschiedene Werte berücksichtigt werden. Unterschiedliche Personen kommen also zu unterschiedlichen Entscheidungen. Dabei gibt es kein Richtig oder Falsch: Die Entscheidungen wurden aufgrund anderer Werte getroffen. So entscheidet der Bürgermeister z. B. aufgrund der Werte „Arbeit, Geld, Leistung, Verantwortung und Wohlstand". Für die Naturschützer sind die Werte „Gewaltfreiheit, Leben, Mitgefühl, Naturverbundenheit und Umweltbewusstsein" wichtiger.

Die Folgen einer Entscheidung
Jede Entscheidung hat unterschiedliche **Folgen**. Bevor du eine Entscheidung triffst, solltest du dir — soweit möglich — über ihre Folgen im Klaren sein. Manchmal verletzen die Folgen einer Entscheidung bestimmte Werte. Dann sollte die Entscheidung noch einmal überdacht werden.

Würde beim Bau des Möbelhauses keine Rücksicht auf den Feldhamster genommen, würden sehr viele Feldhamster sterben. Die Werte „Leben, Mitgefühl und Verantwortung" würden verletzt. Es muss also eine andere **Lösung** gefunden werden (▷ B 4).

Hamster müssen Koffer packen

Der Feldhamster kann Bau nicht stoppen

Umzug geglückt: Feldhamster fühlen sich wohl

Nach Umzug: Feldhamster vermehren sich

4 Schlagzeilen aus der Zeitung: Nach der Entscheidung

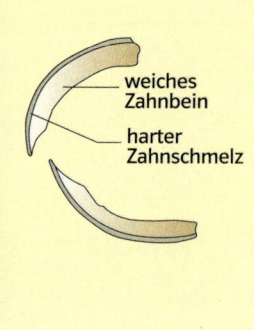

weiches
Zahnbein
harter
Zahnschmelz

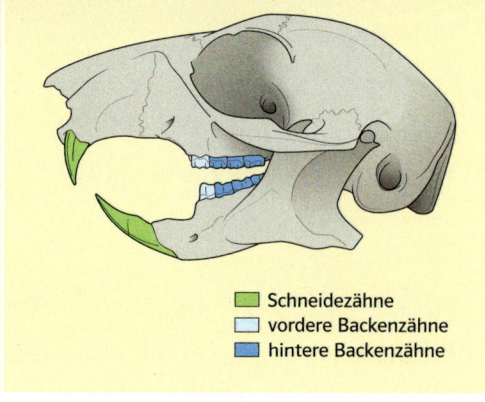

Schneidezähne
vordere Backenzähne
hintere Backenzähne

1 Das Eichhörnchen im Sprung **2** Nagezähne **3** Der Schädel eines Eichhörnchens: Nagetiergebiss

Eichhörnchen sind Kletterkünstler

Leben auf Bäumen

Geschickt klettert ein Eichhörnchen den Baumstamm rauf und runter und springt sicher von Ast zu Ast (▷ B 1). Die langen, scharfen und gekrümmten Krallen an Fingern und Zehen haken sich in die Rinde des Baumes ein. Dadurch können Eichhörnchen sogar kopfabwärts klettern. Der lange, buschige Schwanz hilft den Tieren, beim Klettern und Springen das Gleichgewicht zu halten.

Eine Wohnung in den Baumkronen

Weit oben in den Baumkronen baut das Eichhörnchen seinen **Kobel**. Das ist ein kugelförmiges Nest aus miteinander verflochtenen Zweigen. Der Kobel wird mit Moos und Gras ausgepolstert und hat ein wasserdichtes Dach. Im Frühjahr bringt das Weibchen darin zwei bis fünf nackte und blinde Junge zur Welt. Eichhörnchen sind **Nesthocker**.

Eichhörnchen sind Nagetiere

Eichhörnchen gehören zu den **Nagetieren**. Ihr **Nagetiergebiss** (▷ B 3) hat im Ober- und im Unterkiefer je ein Paar kräftige, scharfe Schneidezähne: die **Nagezähne** (▷ B 2). Damit knacken sie jede harte Nuss. Durch das Nagen bleiben die Nagezähne sehr scharf, nutzen sich aber allmählich ab. Das ist für die Tiere jedoch kein Problem, denn die Nagezähne wachsen ständig nach. (▶ Struktur und Funktion, S. 138/139)

Die Nahrung der Eichhörnchen besteht aus Bucheckern, Eicheln und Knospen sowie den Samen aus Kiefernzapfen und Fichtenzapfen. Sie fressen auch Pilze, Nüsse oder Insekten und Würmer – gelegentlich sogar Vogeleier und Jungvögel.

Eichhörnchen im Winter

Eichhörnchen halten **Winterruhe** in ihrem Kobel. Im Gegensatz zu den Winterschläfern schlafen sie nur wenige Tage. Wachen sie auf, so fressen sie von ihren Vorräten, die sie im Herbst im Boden vergraben haben. Mit ihrem sehr guten Geruchssinn finden sie fast alle ihre Verstecke wieder. Da sie manche Vorräte aber dennoch nicht mehr finden, tragen sie so auch zur Ausbreitung von Pflanzen bei.

Eichhörnchen haben ein Nagetiergebiss. Mit ihren langen Krallen finden sie beim Klettern Halt. Der Schwanz hilft ihnen, das Gleichgewicht zu halten.

AUFGABEN

1 Beschreibe, wie Eichhörnchen überwintern.

2 Erläutere, wie das Eichhörnchen an das Leben auf Bäumen angepasst ist.

3 Beschreibe mithilfe der Bilder 2 und 3 die Merkmale des Nagetiergebisses.

Der Maulwurf lebt im Boden

Ein Leben in der Erde

Der Maulwurf ist an das Leben in der Erde angepasst. Er ist etwa 15 cm lang und hat einen walzenförmigen Körper. Sein spitzer Kopf und die rüsselförmige Nase erleichtern ihm das Wühlen in der Erde. Sehr auffällig sind seine kurzen, aber kräftigen **Grabhände** (▷ B 2, B 3). Oberhalb des Daumens befindet sich ein zusätzlicher Knochen: das **Sichelbein**. Es verbreitet die Grabhand und unterstützt das Wühlen. (► Variabilität und Angepasstheit, S. 140/141)

Das Fell des Maulwurfs ist sehr dicht und besitzt keinen **Strich**. So kann er vorwärts und auch rückwärts durch die Gänge kriechen, ohne dass sein Fell sich sträubt. Der Maulwurf sieht schlecht. Umso besser sind sein Geruchssinn und Tastsinn ausgebildet. Seine Ohren liegen unter dem Fell und haben keine Ohrmuscheln, die im Boden hinderlich wären. So kann der Maulwurf leicht durch die engen Gänge kriechen, hört aber dennoch sehr gut.

Ein unermüdlicher Jäger

Der Maulwurf frisst Würmer, Insekten und deren Larven, aber auch Schnecken und kleine Wirbeltiere. Mit den spitzen Zähnen besitzt er ein typisches **Insektenfressergebiss** (▷ B 1).

Maulwürfe sind durch ihre Körperform, die Grabhände und das Fell ohne Strich an das Leben im Boden angepasst.

2 Der Maulwurf

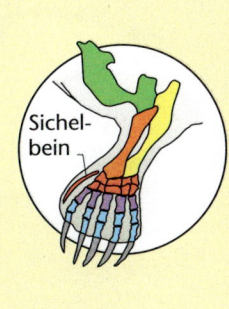

Sichel-bein

3 Grabhand

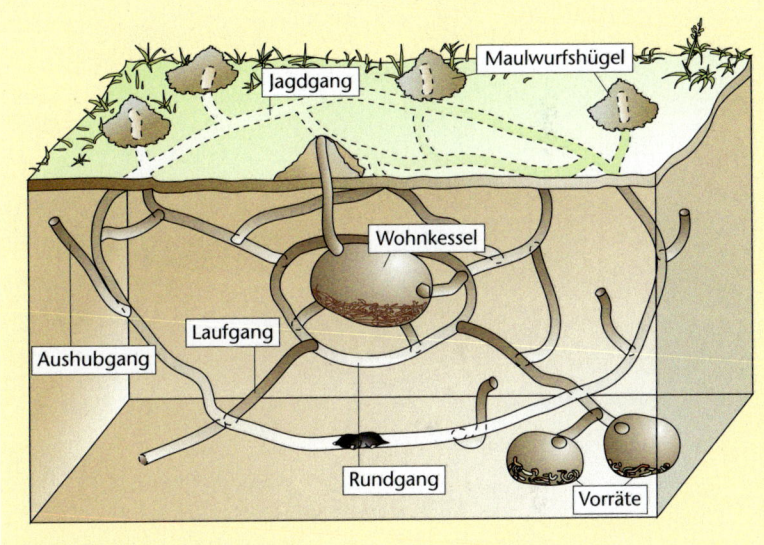

4 Das Gangsystem im Maulwurfsbau

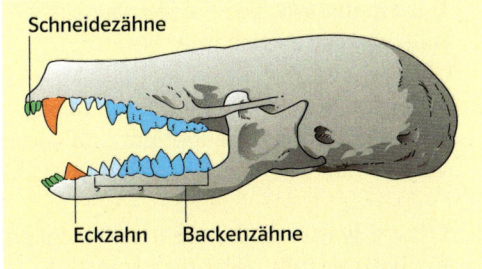

1 Der Maulwurfsschädel: Insektenfressergebiss

AUFGABEN

1 Nenne die Angepasstheiten des Maulwurfs an seinen Lebensraum.

2 Beschreibe das Gangsystem des Maulwurfs mithilfe von Bild 4.

3 Viele Gartenbesitzer verjagen Maulwürfe oder stellen sogar spezielle Fallen auf. Beurteile dieses Verhalten.

Die Fledermaus

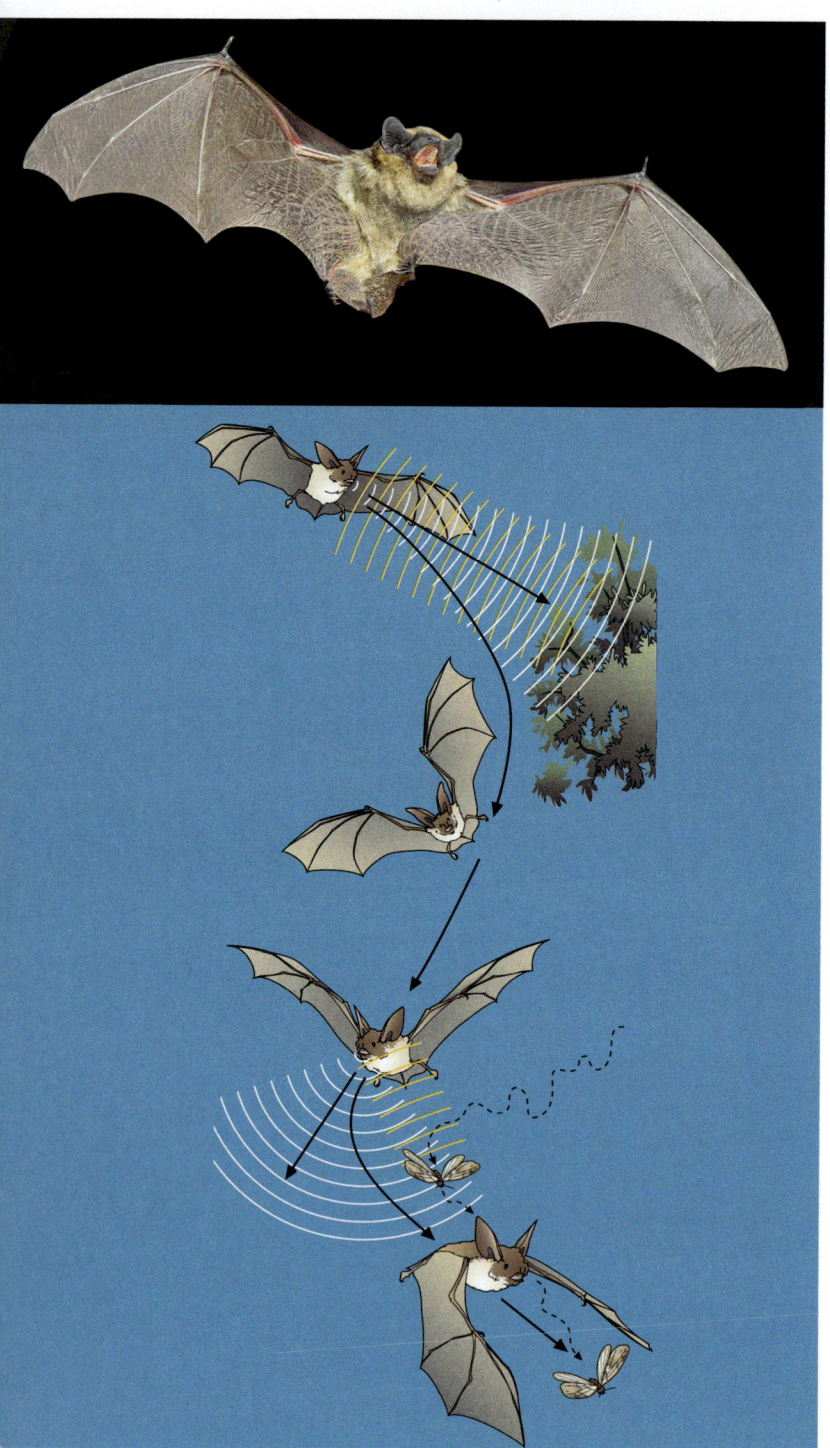

1 Die Fledermaus orientiert sich mit Ultraschall.

Die mit den Händen fliegen

Fledermäuse sind keine Vögel, sondern **fliegende Säugetiere**. Ihr wissenschaftlicher Name Chiroptera bedeutet „die mit den Händen fliegen". Ihre Flügel sind elastische Häute, die zwischen den Vorder- und Hinterbeinen und dem Schwanz gespannt sind. Die Fingerknochen sind stark verlängert und stützen die **Flughaut**. Die Flügel dienen zum Fliegen und auch zum Fangen der Beute (▷ B 1).

Mit Ultraschall durch die Nacht

Fledermäuse jagen am Abend und in der Nacht, sie sind **dämmerungs**- und **nachtaktiv**. Während des Fluges stoßen sie hohe Schreie aus, die wir nicht hören können. Solche hohen Töne nennt man **Ultraschall**. Treffen die Schallwellen auf ein Hindernis, werden sie zurückgeworfen. Mit ihren großen Ohren nehmen die Fledermäuse die zurückgeworfenen Schallwellen auf (▷ B 1). So können sie die Richtung, die Größe und die Entfernung eines Beutetiers oder eines Hindernisses bestimmen.

Kopfüber durch den Winter

Fledermäuse halten **Winterschlaf**. Sie hängen mit dem Kopf nach unten an der Decke von Höhlen oder offenen Dachböden.

Fledermäuse sind Säugetiere. Sie orientieren sich mithilfe von Ultraschall.

AUFGABEN

1 Beschreibe, wie sich Fledermäuse mithilfe von Ultraschall orientieren.

2 Erläutere, woran du erkennen kannst, dass Fledermäuse Säugetiere und keine Vögel sind.

3 Erkläre, warum klebende Insektenfallen für Fledermäuse gefährlich sein können.

Fledermäuse und helle Nächte

Jahr	Anzahl der Fledermäuse
2011	4
2012	5
2013	4
2014	0
2015	0

1 Gibt es hier gute Schlafplätze?

2 Das Laternenlicht lockt Insekten an.

Alles ist beleuchtet

Ob Straßenlaternen, beleuchtete Burgen und Kirchen oder die vielen Neonlichter der Kaufhäuser: Dort, wo Menschen wohnen, ist die Nacht nicht mehr ganz dunkel. Tiere wie Fledermäuse sind jedoch an die Dunkelheit angepasst und werden deshalb von künstlichen Lichtquellen gestört.

Beleuchtete Gebäude

Viele Fledermäuse nutzen die Dächer und Glockentürme von Kirchen als Schlafplatz (▷ B 1). Beleuchtete Gebäude meiden die Tiere. Auch wenn es keine Beleuchtung gibt, fliegen sie immer auf der dunkelsten Seite aus ihrem Unterschlupf heraus.

Gefährliches Licht

Wenn die Umgebung zu stark beleuchtet ist, verlassen einige Fledermaus-Arten erst später in der Nacht ihren Schlafplatz. Manche kehren am Morgen auch früher zurück. Dadurch ist die Zeit viel kürzer, in der die Tiere auf Nahrungssuche gehen können. Unsere heimischen Fledermäuse ernähren sich vor allem von Insekten. Viele dieser Insekten sind schon in den frühen Abendstunden aktiv. Wenn nun die Fledermäuse erst spät auf die Jagd gehen, finden sie weniger Beute. Häufig bekommen dann die Jungtiere nicht genug zu fressen und sterben, bevor sie ausgewachsen sind.

AUFGABEN

1 a) Erläutere, was die Tabelle neben Bild 1 aussagt.
b) Stelle die Tabelle als Säulendiagramm dar.
c) Stelle eine Vermutung auf, was zu den Veränderungen geführt haben könnte.

2 Manche Fledermausarten nutzen die künstliche Beleuchtung auch zu ihrem Vorteil. Erkläre das mithilfe von Bild 2.

3 2011 fand direkt vor der Kirche Rheinfelden ein großes Stadtfest mit vielen Lichteffekten statt. In diesem Jahr starben $\frac{2}{3}$ der Jungtiere.
Erkläre, was dazu geführt hat.

1 Rehbock mit Ricke

2 Rothirsch

Reh und Rothirsch

Rehe sind Kulturfolger

In der Dämmerung kommen **Rehe** aus dem Wald auf die Wiesen und Felder heraus. Mit den dort wachsenden Pflanzen ergänzen sie ihre natürliche Nahrung. Diese besteht aus Wildfrüchten, Blättern, Knospen und Kräutern. Rehe sind **Wiederkäuer**. Schnell verschlingen sie ihre Nahrung. Im Schutz des Waldrandes käuen sie in Ruhe wieder und verdauen die Nahrung. Rehe suchen oft die Nähe menschlicher Siedlungen und Anbauflächen. Damit sind sie typische **Kulturfolger** (▷ B 1).

3 Rehkitz

Scheu wie ein Reh

Rehe sehen Bewegungen gut, können aber ansonsten besser riechen als sehen. Einen Menschen wittern sie schon aus 300 m Entfernung. Zudem haben sie ein gutes Gehör. Bei der geringsten Störung ergreifen sie die Flucht.

Gut getarnt

Im Mai oder Juni bringt das weibliche Reh, die **Ricke**, meist zwei **Kitze** zur Welt. Die Jungen haben zunächst keinen Geruch an sich. Darum können Feinde sie nicht wittern. Durch das braune Fell mit den weißen Punkten sind die Kitze gut getarnt. Obwohl sie Nestflüchter sind, bleiben sie nach der Geburt noch ungefähr drei bis fünf Tage im Gras versteckt (▷ B 3). Etwa zehn Tage lang werden sie von der Mutter gesäugt, dann fressen sie auch selbst Pflanzennahrung.

Kräftemessen mit dem Geweih

Nur der **Rehbock** trägt ein **Geweih**. In der Paarungszeit setzt er es als Waffe bei dem Kampf um ein Weibchen gegen andere Rehböcke ein. Das Geweih besteht aus Knochen und wird jedes Jahr im Spätherbst abgeworfen. Unter einer schützenden

4 Geweihentwicklung bei einem Rehbock

Haut baut sich der neue Knochen für das nächste Geweih auf (▷ B 4). Sind die neuen Geweihstangen im März fertig, so stirbt der Knochen ab. Die Haut streift der Rehbock nun ab.

Rothirsche sind Wanderer

Rothirsche sind deutlich größer als Rehe. Auch das Geweih des Hirsches ist viel mächtiger als das des Rehbocks (▷ B 2). Rothirsche leben in großen, zusammenliegenden Laubwäldern. Die Sommer- und Winterquartiere dieser Tiere liegen oft weit auseinander. Deshalb nehmen sie weite Wanderungen auf sich. Tagsüber ruhen Hirsche verborgen an ruhigen Waldorten. Erst in der Dämmerung treten sie auf Felder oder Lichtungen, um auf Nahrungssuche zu gehen.

Wer wird Platzhirsch?

Hirsche sind gesellige Tiere und leben in Rudeln. In der Paarungszeit, der **Brunft**, verteidigt das Männchen sein Revier und die Weibchen gegen fremde Hirsche. Lautes Röhren fordert den Gegner zum Kampf heraus. Meist verlaufen die Kämpfe, die mit dem mächtigen Geweih ausgefochten werden, ohne Blutvergießen.
Im Mai oder Juni des folgenden Jahres bringt die **Hirschkuh** ein **Kalb** zur Welt. Es

wird bis zur nächsten Brunft von der Mutter gesäugt. Mit etwa einem Jahr ist das Kalb selbstständig.

Rehe sind Kulturfolger, Rothirsche leben in großen Wäldern.
Rehböcke und männliche Hirsche tragen ein Geweih. In der Brunftzeit finden bei beiden heftige Kämpfe um Weibchen und Revier statt.

AUFGABEN

1   Vergleiche Reh und Rothirsch in einer Tabelle miteinander.

2   Beschreibe, welche Sinnesorgane bei Rehen besonders gut ausgebildet sind.

3   Erkläre, warum es für die Rehe von Vorteil ist, wenn sie ihre Nahrung auf den Feldern und Wiesen schnell verschlingen.

4   Erstelle mithilfe von Bild 4 und dem Text ein Fließdiagramm (► S. 60/61) zur Entwicklung des Rehbock-Geweihs.

5   Rehe und Hirsche sind Säugetiere. Nenne alle Säugetiermerkmale, die du dem Text und den Bildern entnehmen kannst.

6   Rehe und Hirsche haben bei uns keine natürlichen Feinde und werden deshalb stark bejagt. Im Winter werden sie oft gefüttert. Bewerte diese Maßnahmen.

Tiere beobachten

Beobachtungsprotokoll

Datum: 17.05.2017
Beobachtetes Tier: Eichhörnchen   Ort: Stadtpark

11:15 Das Eichhörnchen (E) rennt am Stamm eines Baumes nach oben und setzt sich auf einen Ast.

11:16 Das E zupft an der Rinde und zieht Teile davon ab.

11:18 Das E drückt die Rindenstreifen mit den Vorderpfoten und dem Maul zusammen und formt einen Ball.

11:19 Ein Teil der Rindenstreifen fällt herunter. Das E klettert ein Stück nach unten und sammelt einen Teil der Rindenstreifen wieder auf.

11:22 Das E hat den fertigen Ball aus Rindenstreifen im Maul. Es stellt sich auf die Hinterpfoten und schaut zu einem benachbarten Baum.

11:23 Das E springt von Ast zu Ast nach rechts. Schließlich springt es auf den benachbarten Baum und klettert am Stamm nach oben.

11:24 Das E verschwindet in den dichten Ästen der Bäume.

1 Beobachtungsprotokoll

Was will ich beobachten?

Haustiere wie Hamster, Hund oder Zierfische kannst du leicht beobachten, denn du musst nicht erst warten, bis sie in deine Nähe kommen.

Mit etwas Geduld lassen sich aber auch Wildtiere wie Eichhörnchen oder Singvögel gut beobachten. In jedem Fall ist dabei die richtige Vorgehensweise wichtig.

Tierbeobachtung wie ein Profi

„Beobachte ein Tier!" klingt eigentlich nach einer einfachen Aufgabe. Trotzdem musst du dir vorher genau überlegen, wie du vorgehst. Zunächst musst du dich entscheiden, welches Tier du beobachten möchtest. Möchtest du ein einzelnes Tier beobachten oder eine ganze Gruppe?

Möchtest du eine ganz bestimmte Verhaltensweise, z. B. die Futtersuche, beobachten oder ganz allgemein das Verhalten des Tieres? Wenn du dich entschieden hast, schreibst du genau auf, wen und was du beobachten möchtest.

Zurückhaltung ist wichtig

Damit du das natürliche Verhalten eines Tieres beobachten kannst, musst du dich so unauffällig wie möglich verhalten. Du darfst das Tier nicht anlocken oder erschrecken. Wenn es dich bemerkt, verhält es sich anders. Besonders bei der Beobachtung von Wildtieren ist deshalb ein Fernglas sehr nützlich.

Aber auch deine Haustiere zeigen oft andere Verhaltensweisen, wenn du sie aus der Entfernung beobachtest.

Das Protokoll

Damit du später noch weißt, wen und was du beobachtet hast, musst du ein Protokoll führen.

In dem **Beobachtungsprotokoll** (▷ B1) schreibst du ganz genau auf, was du gesehen hast. Dabei darfst du das Verhalten der Tiere aber **nicht deuten**. Du schreibst also: „Mein Hund läuft zu seinem Fressnapf und schnuppert daran." Und nicht: „Mein Hund hat Hunger."

Auf dem Protokoll muss die Tierart und nach Möglichkeit auch das Geschlecht des Tieres stehen. Falls sich noch andere Tiere in der Nähe befinden, solltest du das auch aufschreiben. Außerdem musst du immer den Ort, das Datum und die Tageszeit notieren. Mit Zeichnungen oder Fotos kannst du dein Protokoll noch ergänzen.

Am Wildgehege

1 Im Wildgehege: Wölfe und …

2 …Wisent

Material
Notitzblock, Bleistift, Fernglas, Digitalkamera oder Smartphone, Uhr

Vorbereitung
Sucht euch ein Gehege aus. Am besten wählt ihr ein Gehege, in dem ihr mehrere Tiere sehen könnt. Seht euch die Tafel am Gehege an oder fragt den zuständigen Tierpfleger. Ihr müsst folgende Fragen klären:
- Um welche Tierart handelt es sich?
- Leben noch andere Tierarten im Gehege?
- Wie viele Tiere befinden sich insgesamt in dem Gehege?
- Wie kann man Männchen und Weibchen unterscheiden?
- Wie viele Männchen und wie viele Weibchen sind im Gehege?
- Gibt es zur Zeit Junge?
- Wie groß ist das Gehege?
- Wann, wo und womit werden die Tiere gefüttert?

Das Gehege
Sucht euch einen Platz, an dem ihr einen möglichst großen Teil des Geheges sehen könnt. Verhaltet euch ruhig und beobachtet die Tiere eine Weile. Wechselt euch dabei mit dem Fernglas ab. Fertigt nun eine Skizze des Geheges an (▷ B 3). Markiert darin wichtige Stellen wie Fütterungs-, Schlafplatz, Eingang usw. Fotografiert das Gehege von verschiedenen Standpunkten aus.

Beobachtung einzelner Tiere
Wenn sich mehrere Tiere im Gehege befinden, arbeitet ihr am besten in Zweiergruppen. Jede Gruppe sucht sich eines der Tiere aus, um es genau zu beobachten: Einer ist für die Beobachtung zuständig, der andere für das Protokoll (▶ S. 82). Legt einen Zeitpunkt fest, wann ihr euch abwechselt. Fotografiert das Tier einzeln und in der Gruppe.

Auswertung
Sammelt die Protokolle aller Zweiergruppen ein und wertet sie gemeinsam aus. Manchmal halten sich einzelne Tiere an bestimmten Plätzen des Geheges besonders häufig auf. Markiert das in eurer Skizze. Versucht, mithilfe eurer Notizen folgende Fragen zu beantworten:
- Wovon ernähren sich die Tiere?
- Wo halten sich die Tiere am häufigsten auf?
- Leben die Tiere in einer Gruppe mit einer Rangordnung?
- Gibt es Kämpfe unter den Tieren?
- Spielen die Tiere miteinander?
- Verstecken sich einzelne Tiere?

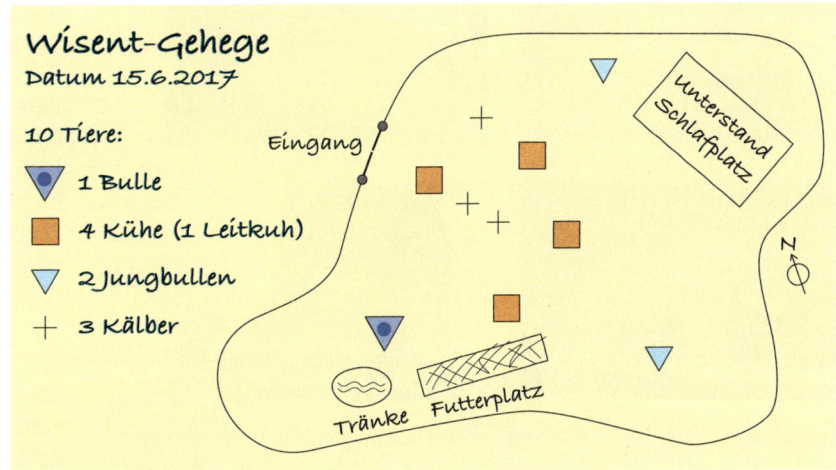

Wisent-Gehege
Datum 15.6.2017

10 Tiere:
🔽 1 Bulle
🟧 4 Kühe (1 Leitkuh)
🔽 2 Jungbullen
+ 3 Kälber

Eingang

Unterstand Schlafplatz

N

Tränke Futterplatz

3 Skizze des Geheges

1 Wolfsrudel

Der Wolf

Wölfe sind Rudeltiere
Das **Wolfsrudel** ist ein Familienverband. Es besteht aus den Elterntieren, den Jungtieren aus dem Vorjahr und den **Welpen**. Geschlechtsreife Jungwölfe wandern meist aus dem **Revier** der Eltern ab und gründen ein eigenes Rudel. Wölfe **markieren** die

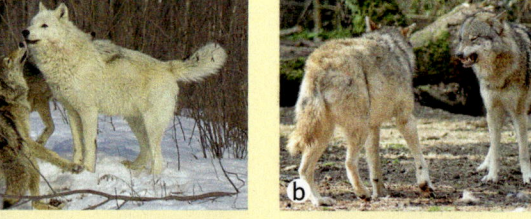

a) Imponierhaltung   b) Drohhaltung   c) Beschwichtigung   d) Unterwerfung

2 Körpersprache der Wölfe

Grenzen ihres Reviers durch Harn und Kot, um rudelfremde Wölfe fern zu halten. Früher dachte man, dass in einem Wolfsrudel eine strenge Rangordnung herrscht, die durch Kämpfe geregelt wird. Das passiert jedoch nur, wenn mehrere erwachsene Wölfe zusammenleben müssen, z. B. in einem Gehege. Darin können sich die Tiere nicht ausweichen und ausgewachsene Wölfe können keine eigenen Rudel gründen. Dann kommt es zu Kämpfen um eine Rangordnung. In freier Wildbahn sind Kämpfe innerhalb eines Rudels sehr selten.

Verständigung im Rudel
Die meisten Auseinandersetzungen können mithilfe der **Körpersprache** beigelegt werden (▷ B 2). Mit aufrechter Körperhaltung, gehobenem Schwanz und aufgestellten Ohren zeigt ein Wolf seine Überlegenheit, er **imponiert** (▷ B 2a). Fühlt sich ein Wolf **bedroht**, stellt er Nackenhaare und Schwanz auf, knurrt und zeigt seine Zähne (▷ B 2b). Schwächere Tiere zeigen stärkeren Tieren gegenüber ihre Schwäche durch Einziehen des Schwanzes, gesenkten Blick, Ducken und Maullecken: sie

beschwichtigen (▷ B 2c). Erkennt ein Wolf im Kampf oder beim gegenseitigen Drohen seine Unterlegenheit, **unterwirft** er sich. Dazu legt er sich auf den Rücken und zeigt dem stärkeren Wolf seine ungeschützte Hals- und Bauchseite (▷ B 2d). Diese **Demutshaltung** hemmt die Angriffslust.

Wölfe jagen im Rudel

Größere Beutetiere jagen Wölfe nicht allein, sondern in der Gruppe. Dabei schleichen sie sich erst an das Beutetier heran. Dann verfolgen sie es, bis es vor Erschöpfung nicht mehr fliehen kann oder sich zum Kampf stellt. Wölfe sind **Hetzjäger**. Sie erbeuten meist kranke und schwache Tiere.

Fangen – reißen – schlucken

Wölfe sind Fleischfresser. An ihrem **Fleischfressergebiss** (▷ B 3) fallen sofort die großen **Eckzähne** auf. Mit den dolchartigen Spitzen können sie die Beute gut festhalten. Die Eckzähne nennt man daher auch **Fangzähne**. Mit einem schnellen, kräftigen Biss tötet der Wolf seine Beute. Die größten Backenzähne sind die **Reißzähne**. Sie haben messerscharfe Kanten und arbeiten wie eine Schere. Damit zerteilen Wölfe Fleisch und zerbrechen sogar Knochen. Mit den hinteren Backenzähnen zermahlen sie Knochen. Mit den kleinen **Schneidezähnen** nagen Wölfe Fleischreste von den Knochen ab. Ohne viel zu kauen, verschlucken sie die abgerissenen Fleisch- und Knochenstücke. Die Verdauungssäfte im Magen und im Dünndarm zersetzen die Nahrung.

Wölfe leben in Rudeln und verständigen sich durch Körpersprache. Wölfe sind Hetzjäger und Fleischfresser.

AUFGABEN

1 Beschreibe, wie Wölfe ihre Beutetiere jagen.

2 Erläutere, warum in Gefangenschaft lebende Wölfe um eine Rangordnung kämpfen.

3 Nenne Vorteile für das Leben der Wölfe in einem Rudel.

4 Skizziere jeweils einen Wolf in Imponier-, Droh- und Demutshaltung.

5 Erkläre, warum unterlegene Tiere ihrem Gegner die Hals- und Bauchseite zeigen.

6 Vergleiche das Gebiss eines Wolfes mit deinem eigenen. Nenne Gemeinsamkeiten und Unterschiede und erkläre diese.

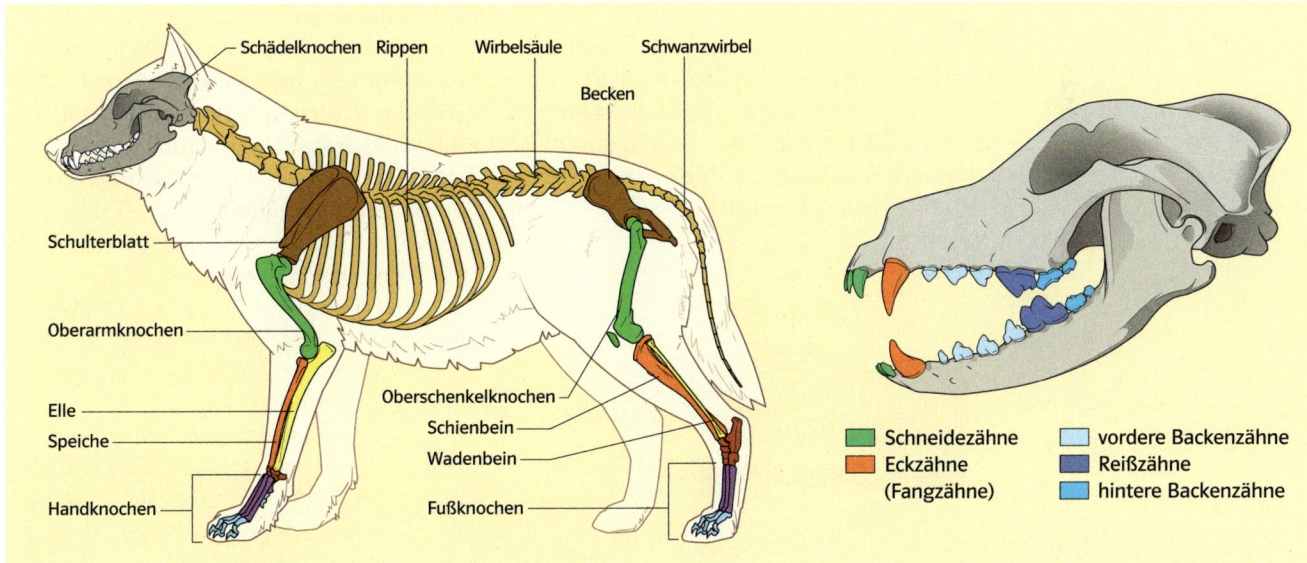

Schädelknochen Rippen Wirbelsäule Schwanzwirbel

Becken

Schulterblatt

Oberarmknochen

Elle

Speiche

Handknochen

Oberschenkelknochen

Schienbein

Wadenbein

Fußknochen

■ Schneidezähne ■ vordere Backenzähne
■ Eckzähne ■ Reißzähne
(Fangzähne) ■ hintere Backenzähne

3 Skelett und Schädel des Wolfes

Vom Wolf zum Hund

1–3 Hunderassen mit besonderen Fähigkeiten

Aus dem Wolf wird der moderne Hund

Der Hund ist unser ältestes Haustier. Vor etwa 15 000 Jahren begann der Mensch, die Vorfahren der heutigen Wölfe zu zähmen. Vermutlich hielten sich diese Tiere oft bei Menschen auf und fraßen deren Jagdabfälle. Zogen die Menschen weiter, folgten ihnen die Tiere.

Wahrscheinlich nahmen die Jäger auch junge Wölfe mit und zähmten sie. Von den Nachkommen dieser Wölfe wählten die Menschen solche Tiere aus, die durch besondere Fähigkeiten auffielen. Nur diese durften sich weiter fortpflanzen. Eine solche gezielte Vermehrung von Tieren mit bestimmten Eigenschaften nennt man **Zucht**. Zu Beginn der Hundezucht wurden besonders die Tiere ausgewählt, die keine Scheu vor dem Menschen hatten. Diese ersten Hunde wurden zunächst als Jagdhelfer und später als Hütehunde abgerichtet. Auf diese Weise entstanden mehr als 400 **Hunderassen**.

Die meisten der heutigen Hunderassen sehen der Ursprungsform Wolf nicht mehr ähnlich. Doch auch heute noch werden viele Hunde aufgrund ihrer besonderen Eigenschaften gehalten (▷ B1– B3).

4 Hundepfote

5 Hunde können schnell und ausdauernd laufen.

Immer der Nase nach

Mit seiner empfindlichen Nase kann der Hund Duftstoffe viel besser aufnehmen als wir: Er ist ein **Nasentier** (▷ B 6). In seiner **Riechschleimhaut** gibt es etwa 230 Millionen Riechzellen. Der Mensch hat dagegen nur etwa 20 bis 30 Millionen Riechzellen.

Er hört auch das, was du nicht hörst

Mit seinem guten Hörsinn ist der Hund auch ein **Ohrentier**. Ein schlafender Hund wird z. B. bei jedem ungewohnten Geräusch hellwach. Dann hebt er den Kopf, spitzt die Ohren, springt auf und bellt. Er reagiert selbst auf hohe Töne, die wir Menschen gar nicht hören können.

Auf Zehen geht's schneller voran

Aufgrund seines Körperbaus kann ein Hund schnell und ausdauernd laufen und mit seinen langen Beinen in großen Sprüngen rennen (▷ B 5). Dabei läuft er nur auf den Zehen, Mittelfuß und Ferse treten nicht mit auf. Der Hund ist ein **Zehengänger** (► S. 85, Bild 3). Die dicken, verhornten Ballen unter den Zehen federn den Körper ab und schützen ihn beim Dauerlauf. Hunde können die Krallen an den Pfoten nicht einziehen, sie sind immer ausgefahren (▷ B 4). Auf rutschigem Untergrund geben sie Halt. Die Krallen nutzen sich zwar ab, wachsen aber ständig nach.

Hunde nehmen ihre Umwelt vor allem über Nase und Ohren wahr. Hunde sind Zehengänger und können schnell und ausdauernd laufen.

6 Hunde sind Nasentiere.

AUFGABEN

1 Beschreibe die besonderen Körpermerkmale, die den Hund zu einem schnellen Langstreckenläufer machen.

2 Erkläre die Begriffe „Nasentier" und „Ohrentier".

3 Begründe, warum Hunde nicht nur auf weichem Boden laufen sollten.

4 Der Hund ist ein Raubtier wie sein Vorfahr Wolf. Stelle dar, woran du das erkennen kannst.

5 Züchter halten ihre Tiere meist in getrennten Zwingern.
a) Nenne Gründe für diese Maßnahme.
b) Bewerte diese Art der Hundehaltung.

6 Stelle Vermutungen an, welche besonderen Eigenschaften die Vorfahren der Hütehunde haben mussten.

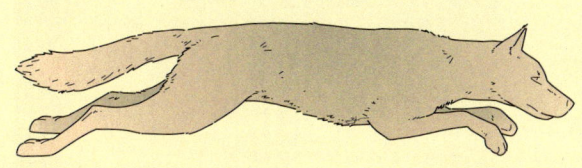

Was ein Hund alles braucht

1 Hunde brauchen viel Zuwendung und viel Bewegung.

Ein Hund für Alexander

Alexander übernimmt in den Sommerferien die Pflege von Nachbarhund Piko. Seine Eltern wollen danach entscheiden, ob er auch für einen eigenen Hund die Verantwortung übernehmen kann. Denn Alexander wünscht sich einen großen Hund, mit dem er im Garten herumtollen und spielen könnte. Durch die Pflege von Piko lernt er, wie wichtig das richtige Futter, die tägliche Fellpflege, das „Gassigehen", viel Zuwendung und gute Erziehung sind.

Was ein Hund können sollte

Die Kommandos „Komm!", „Sitz!", „Platz!", „Bleib!" und „Fuß!" sollte ein Hund beherrschen. Er lernt dies durch Lob und Belohnung. Gehorcht ein Hund nicht, so ist ein schimpfender Tonfall Strafe genug.

Ein eigener Hund auch für dich?

Ein Hund ist kein Schmusetier, das du mit ins Bett nehmen kannst. Er ist auch kein Spielzeug, das man eine Weile vergisst. Du solltest daher den „Haustier-Test" machen (► S. 12) und folgende Fragen beantworten, wenn du dir einen Hund wünschst:
- Welche Rasse oder welcher Mischling ist für mich geeignet?
- Will ich ein Tier aus dem Tierheim oder lieber von einem Züchter?
- Gibt es Unterschiede in der Haltung von Rüde oder Hündin?
- Wo ist die nächste Hundeschule?
- Was kostet mein Hund jeden Monat?
- Wie teuer sind Steuer und Versicherung?
- Habe ich Zeit genug, um mich um meinen Hund zu kümmern?
- Wer ist für ihn da, wenn ich in der Schule oder im Urlaub bin?

Mit der Anschaffung eines Hundes übernimmt man für viele Jahre eine große Verantwortung.

AUFGABEN

1 Nenne fünf Grundkommandos, die ein Hund beherrschen sollte.

2 Nenne Gründe, warum Hunde in ein Tierheim kommen.

3 Berechne die monatlichen Futterkosten für einen kleinen und für einen großen Hund.

2 Hunde im Tierheim

Wenn Hunde „vor die Hunde gehen"

Falsche Tierhaltung

Hunde verändern sich in ihrem Wesen und können regelrecht verwahrlosen, wenn Menschen sich nicht richtig um sie kümmern (▷ B 1). Aber auch übertriebene und falsch verstandene Tierliebe ist schädlich. Ein Hund ist kein Stofftier und kein Spielzeug. Hunde sind auch keine Menschen, sie haben ganz andere Bedürfnisse als wir.

Qual-Zuchten

Manche Hunderassen werden nur wegen ihres besonderen Aussehens gezüchtet (▷ B 2). Auf Hundeschauen gewinnen sie Preise. Bassets haben z. B. einen extrem langen Körper. Sie haben deshalb oft Rückenschmerzen. Die Nackthunde haben kein Fell (▷ B 3). Sie frieren leicht oder bekommen einen Sonnenbrand.

Können Hunde gefährlich werden?

Richtet man einen Hund dazu ab, seine Angriffslust gegen Menschen einzusetzen, wird er zur gefährlichen Waffe. Einige Rassen, wie z. B. der Pitbull-Terrier (▷ B 4), wurden speziell als Kampfhunde gezüchtet. Sie zeichnen sich durch besonders aggressives Verhalten und große Muskel- und Beißkraft aus. Geraten solche Hunde in falsche Hände, können sie sehr gefährlich werden. Aus diesem Grund ist die Zucht und Haltung solcher Rassen durch eine besondere Verordnung geregelt.

Der richtige Umgang

In Hundeschulen können Hundehalter lernen, ihren Hund zu verstehen, richtig mit ihm umzugehen und ihn zu erziehen. Wer sich verantwortungslos verhält und seinen Hund misshandelt (▷ B 1), wird nach dem Tierschutzgesetz bestraft.

AUFGABEN

1 Informiere dich im Internet, welche Hunderassen in Bayern als „Kampfhunde" gelten und welche Hunderassen nicht gezüchtet werden dürfen.

2 Vorsicht! Bissiger Hund!
a) Erkläre, was man unter „einen Hund scharf machen" versteht.
b) Finde Gründe, warum manche Hunde bewusst scharf gemacht werden.

3 Bewerte die Hundehaltung und die gezeigten Hunderassen auf den Bildern 1–4.

1 Mischlingshund an der Kette

2 Pudel im Hundesalon

3 Nackthunde haben kein Fell.

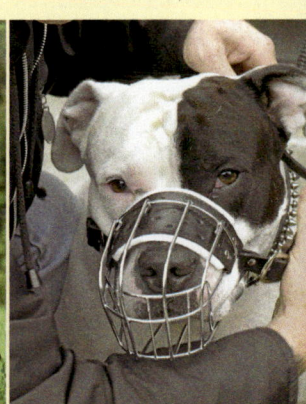

4 Pit-Bull-Terrier mit Maulkorb

Hunde mit „Berufen"

Fähigkeiten von Hunden nutzen

Hunde können hervorragend riechen, ausgezeichnet hören und ausdauernd und schnell laufen. Sie haben aber noch viele weitere Eigenschaften.

Hundezüchter wählen immer die Tiere zur Fortpflanzung aus, die gewünschte Eigenschaften zeigen. Das kann das Aussehen, den Charakter des Hundes oder bestimmte Fähigkeiten betreffen.

Heute gibt es mehr als 400 verschiedene Hunderassen. Sie sind nicht nur als Familienhunde treue Begleiter des Menschen. Je nach Körperbau, Größe, Kraft und Charakter nutzen wir sie für unterschiedliche Zwecke (▷ B 1 – B 6).

„Hunde-Berufe" heute

Hunde unterstützen den Jäger, sie hüten Schafherden und bewachen Haus und Hof. Sie arbeiten im Polizeidienst, kommen bei Naturkatastrophen zum Einsatz und helfen Menschen mit Behinderung. Sie leisten dem Menschen Gesellschaft und sind oft richtige Familienmitglieder.

AUFGABEN

1 Sammle weitere Informationen über „Hunde-Berufe".

2 Stelle Vermutungen an, warum es heute so viele verschiedene Hunderassen gibt.

1 Windhund als Rennhund

2 Schäferhund als Drogensuchhund

3 Labrador als Blindenhund

4 Münsterländer als Jagdhund

5 Mischling als Familienhund

6 Berner Sennenhund als Lawinensuchhund

Hunderassen

Border Collie (▷ B 1)

Der Border Collie ist ein Hütehund. Er wurde in England für die Arbeit mit Schafen gezüchtet. Heute sind Border Collies aber auch beliebte Familien- und Sporthunde. Sie sind sehr schnell und sehr intelligent. Deshalb brauchen sie viel Bewegung und müssen ausreichend beschäftigt werden. Ihr Fell ist lang und kann unterschiedlich gefärbt sein. Sie werden ca. 53 cm hoch.

Chihuahua (▷ B 2)

Der Chihuahua gehört zur Gruppe der Gesellschafts- und Begleithunde. Er stammt aus der mexikanischen Provinz Chihuahua. Typisch sind der runde Kopf, die kurze spitze Schnauze und die großen abstehenden Ohren. Chihuahuas gibt es in vielen Farben. Ihr Fell kann kurz oder lang sein. Sie sind lebhaft, wachsam, ruhelos und sehr mutig. Chihuahuas sind die kleinsten Rassehunde der Welt: Sie werden maximal 22 cm hoch und wiegen nur etwa 2 kg.

Jack Russel Terrier (▷ B 3)

Der Jack Russel Terrier ist eigentlich ein Jagdhund. Er wurde speziell dazu gezüchtet, um Füchse aus ihren Bauen zu treiben. Heute ist er ein sehr beliebter Familienhund. Er ist freundlich, mutig und gilt als kühn und furchtlos. Deshalb lässt er sich nicht leicht erziehen. Das Fell ist glatt oder rauhaarig und ist meist zwei oder dreifarbig mit weiß als Grundfarbe. Der Jack Russel Terrier wird 25 bis 30 cm hoch.

Rhodesian Ridgeback (▷ B 4)

Der Rhodesian Ridgeback stammt aus Südafrika. Er wird dort hauptsächlich zur Jagd auf Löwen eingesetzt. Rhodesian Ridgebacks werden aber auch als Wachhunde und Familienhunde gehalten. Das hell- bis rotbraune Fell ist kurz und glatt. Das auffälligste Merkmal der Rasse ist der sogenannte Ridge. Das ist ein Haarstreifen auf dem Rücken, bei dem das Fell entgegen der normalen Haarwuchsrichtung wächst. Der Rhodesian Ridgeback wird etwa 65 cm hoch.

Siberian Husky (▷ B 5)

Der Siberian Husky ist eine Rasse der Nordischen Schlittenhunde. Er stammt aus Sibirien. Der Siberian Husky ist schnell und leichtfüßig. Er kann leichte Lasten über große Entfernungen ziehen. Typisch sind das dichte Fell, der buschige Schwanz und die aufrecht stehenden Ohren. Siberian Huskys sind freundlich und sanftmütig, sehr aufmerksam und kontaktfreudig. Da sie sehr gerne laufen, müssen sie sehr viel bewegt und beschäftigt werden. Der Siberian Husky wird 50 bis 60 cm hoch.

Mind-Map

In deinem Biologie-Buch findest du eine Fülle an Informationen. Mit einer Mind-Map kannst du dir schnell einen Überblick über ein Thema verschaffen.

Lernen mit Köpfchen

Bei den meisten Menschen ist die linke Gehirnhälfte eher für die Sprache, für das Lesen und das Schreiben zuständig. Die rechte Gehirnhälfte verarbeitet Bilder und erfasst komplizierte Zusammenhänge.

Wenn du dir also Notizen machst, schön geordnet untereinander, arbeitet verstärkt deine linke Gehirnhälfte. Wenn du aber Bilder malst, etwas zeichnest oder farbig markierst, ist deine rechte Gehirnhälfte aktiver. Du lernst leichter, wenn du beide Gehirnhälften einsetzt.

Dein Arbeitsmaterial:
- leere Blätter ohne Linien und Karos
- ein Bleistift, Buntstifte und Textmarker in unterschiedlichen Farben, ein Lineal
- dein Biologie-Buch und dein Heft mit den Notizen aus dem Unterricht

1 Dein Arbeitsmaterial

2 Das Thema

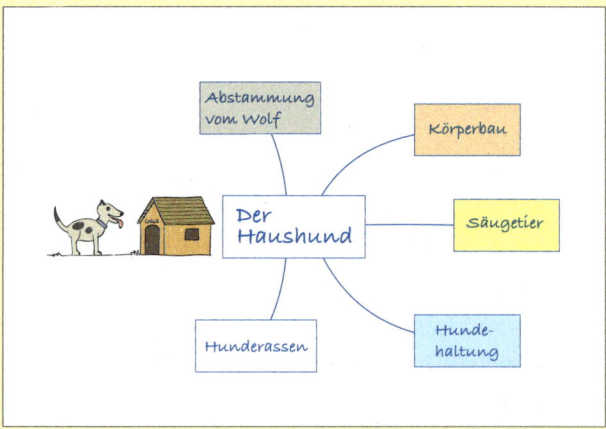

3 Die Oberbegriffe zum Thema

92

Und so wird's gemacht:

1. Lege das Papier quer. Schreibe in Druckschrift das Thema, um das es geht, in die Mitte. Rahme es ein und male ein kleines Bild dazu (▷ B 2).
Das Bild hilft dir später, dich besser zu erinnern.

2. Zeichne nun Hauptäste ein, an die du die Oberbegriffe zum Thema schreibst (▷ B 3). Dabei hilft dir dein Biologie-Buch. Wichtige Begriffe sind dort hervorgehoben.

3. Die Hauptäste bekommen so viele Nebenäste, wie dir Begriffe zum Oberbegriff einfallen (▷ B 4). Vergiss nicht, Farben einzusetzen und füge, wo immer es passt, Bilder in deine Mind-Map ein. Dann arbeiten deine rechte und deine linke Gehirnhälfte optimal zusammen.

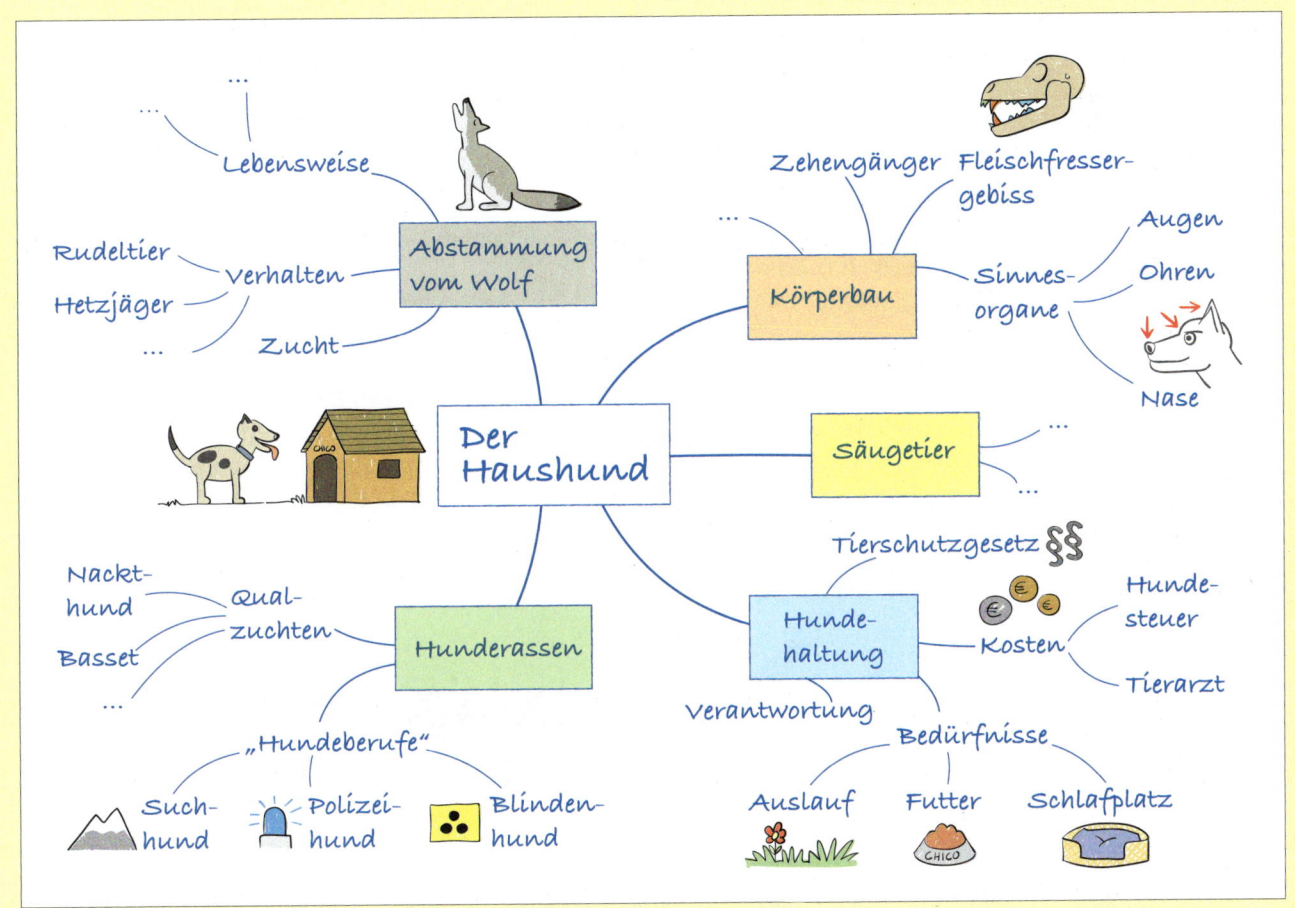

4 Deine Mind-Map

1 Katze bei der Jagd

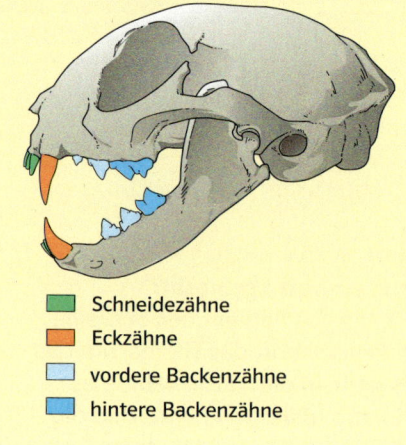

■ Schneidezähne
■ Eckzähne
■ vordere Backenzähne
■ hintere Backenzähne

2 Schädel einer Katze

Katzen – Artisten auf Samtpfoten

Die Katze auf der Jagd

Katzen sind **Einzelgänger**, sie leben und jagen allein. Sie stellen besonders Mäusen, aber auch Vögeln und Ratten nach.

Katzen sind **Schleichjäger**. In geduckter Haltung schleichen sie sich leise an ihre Beute heran (▷ B 1). Das kleinste Geräusch würde das Beutetier warnen.

Das Anschleichen ist so leise, weil Katzen nur mit ihren Zehen auftreten. Die Krallen sind zwischen den weichen Fußballen eingezogen. Ist die Katze nahe genug an ihrem Beutetier, springt sie mit einem Satz vor. Dabei fährt sie die Krallen der Vorderpfoten aus und packt damit das Beutetier (▷ B 4). Mit den Eckzähnen beißt sie ihm in den Nacken und tötet es blitzschnell. Anschließend zerkleinert sie die Beute mit ihren scharfen Backenzähnen. Katzen haben ein **Fleischfressergebiss** (▷ B 2).

Katzen kratzen

Katzen müssen ihre Krallen ständig abschleifen und nachschärfen. Deswegen kratzen sie an Baumrinden oder anderen rauen Gegenständen. In der Wohnung dienen auch Möbel oder Tapeten dazu – wenn es keinen Kratzbaum gibt.

3 Katzen halten die Balance.

Immer im Gleichgewicht

Die Katze balanciert über schmale Balkongeländer oder dünne Äste, ohne herunterzufallen. Ihr Schwanz hilft ihr, das Gleichgewicht zu halten. Fällt eine Katze aus der Höhe, landet sie meistens auf allen Vieren. Auch dabei hilft der Schwanz.

Jäger in der Dämmerung

Katzen jagen in der Dämmerung. Ihre Augen (▷ B 5) sind sehr lichtempfindlich, deshalb sehen sie im Halbdunkeln sehr gut. Eine besondere Farbschicht spiegelt das einfallende Licht und verstärkt es damit. Katzenaugen leuchten deshalb auf, wenn ein Lichtstrahl sie trifft (▷ B 6).
In völliger Dunkelheit jedoch kann auch eine Katze nichts mehr sehen. Das feine Gehör und ihre empfindlichen **Schnurrhaare** helfen ihr dann bei der Jagd. Mit ihren unabhängig voneinander beweglichen Ohrmuscheln können Katzen ein Geräusch genau anpeilen. Mit den Schnurrhaaren ertasten sie ihre Umgebung. Katzen können sich auch durch sehr enge Spalten und Löcher schieben.
(► Struktur und Funktion, S.138/139)

Katzen sind Einzelgänger. Sie sind Schleichjäger und haben ein Fleischfressergebiss. Katzen jagen in der Dämmerung. Dafür haben sie lichtempfindliche Augen, ein gutes Gehör und Schnurrhaare.

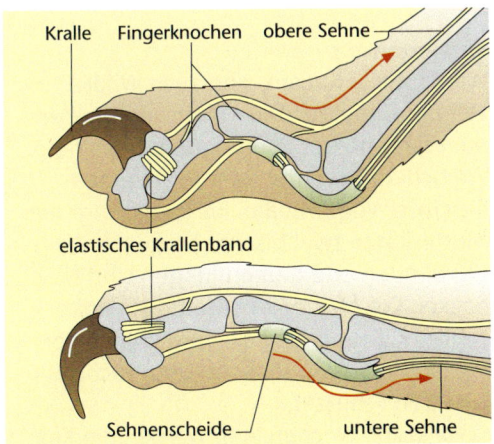

4 Schema der Krallenbewegung

Kralle — Fingerknochen — obere Sehne
elastisches Krallenband
Sehnenscheide — untere Sehne

5 Pupillen bei unterschiedlicher Helligkeit

6 Katzenaugen leuchten, wenn sie angestrahlt werden.

AUFGABEN

1 Die Katze ist ein Fleischfresser. Schreibe die Merkmale auf, die diese Aussage bestätigen.

2 Beschreibe, wie die Katze als Schleichjäger ihre Beute fängt.

3 Notiere in einer Tabelle Gemeinsamkeiten und Unterschiede im Körperbau und im Verhalten von Hund und Katze.

4 a) Überprüft in Partnerarbeit die Veränderung der menschlichen Pupillen im Hellen und Dunklen: Einer von euch schließt für eine Minute die Augen. Der andere beobachtet die Pupille des Mitschülers, wenn dieser die Augen schnell öffnet. Beschreibt und zeichnet die beobachteten Veränderungen.
b) Vergleicht euer Ergebnis mit dem Katzenauge (▷ B 5).

5 Die Rückstrahler (Reflektoren) am Fahrrad heißen auch „Katzenaugen". Erkläre dies.

6 Beschreibe, wie die Katze die Krallen bewegen kann (▷ B 4). Baue ein Modell nach Bild 4 und erläutere daran die Funktion.

Wilde Katzen in Bayerns Wäldern

1 Wildkatze

2 Wildkatze mit Jungen

Die wilde Verwandtschaft

Wildkatzen sind keine verwilderten Hauskatzen. Die Europäische Wildkatze lebte schon lange in unseren Wäldern, bevor die Römer die ersten Hauskatzen von Italien zu uns brachten. Mit ihrem braungrau gemusterten Fell sehen Wildkatzen unseren Hauskatzen aber recht ähnlich. Sie sind jedoch gedrungener und kräftiger. Auch der buschige Schwanz mit dunklen Ringen und dem stumpfen, schwarzen Ende ist ein gutes Erkennungsmerkmal.

Ein heimlicher Waldbewohner ...

Du hast noch nie eine Wildkatze gesehen? So geht es den meisten Menschen. Denn die Wildkatze ist nachtaktiv und sehr scheu. Sie lebt ausschließlich in dichten, ruhigen Laub- und Mischwäldern. Deshalb wird sie auch Waldkatze genannt.

... kehrt langsam zurück

Ihre Scheu ist jedoch nicht der einzige Grund, warum sie kaum jemand zu Gesicht bekommt. Wegen der Zerstörung ihres Lebensraumes und der starken Bejagung war die Wildkatze lange Zeit vom Aussterben bedroht. Einige Jahre lang wurden Wildkatzen deshalb in speziellen Tierstationen gezüchtet. Sobald sie ausgewachsen waren, ließ man die Tiere in den Wäldern frei. Man sagt, sie wurden ausgewildert. So eroberte sich die Wildkatze langsam ihren Lebensraum zurück. In Bayerns Wäldern leben derzeit etwa 200 Wildkatzen.

Katzenmütter

Wie fast alle Katzen, sind auch Wildkatzen Einzelgänger. Die Männchen bleiben nur während der Paarungszeit bei einem Weibchen. Nach der Paarung trennen sich ihre Wege wieder. Im April bringt die Mutterkatze zwei bis vier Junge zur Welt. Die blinden und tauben Jungen sind Nesthocker. Die Mutter wechselt das Versteck sehr oft. So versucht sie, ihre Jungen vor Fressfeinden wie Habicht, Uhu, Fuchs und Luchs zu schützen.
Etwa sechs Wochen lang werden die Katzenjungen nur mit Muttermilch gesäugt.

Dann bekommen sie auch feste Nahrung. Wildkatzen ernähren sich vor allem von Mäusen. Sie erbeuten aber auch Eidechsen, Vögel, Kaninchen und Insekten.

Mit Stummelschwanz und Pinselohren

Geflecktes Fell, Pinselohren, Backenbart und ein recht kurzer Schwanz: Das sind die typischen Merkmale des Luchses (▷ B 3). Obwohl Luchse in Europa die größten heimischen Raubkatzen sind, bekommt sie kaum jemand zu Gesicht. Denn auch Luchse sind sehr scheue Tiere. Luchse haben eine Schulterhöhe von 50 bis 70 cm und wiegen durchschnittlich 15 bis 25 kg.

Er ist wieder da

Luchse können nur in sehr großen Waldgebieten leben, die nicht durch Menschen gestört werden. Dort jagen sie vorwiegend Rehe. Deswegen war der Luchs, ebenso wie der Wolf, für viele menschliche Jäger ein Konkurrent und wurde selbst gejagt. Anfang des 19. Jahrhunderts wurde für jeden getöteten Luchs sogar eine Prämie gezahlt. Auch sein schönes Fell machte ihn zu einer beliebten Jagdtrophäe. Schließlich waren die Luchse in Deutschland vollständig ausgerottet. Erst durch Auswilderungsprojekte konnten sie sich seit Ende des 20. Jahrhunderts wieder ansiedeln.

Es werden nur langsam mehr

Ende Mai bringt das Luchsweibchen in einer Felshöhle oder an einem anderen geschützten Ort zwei bis drei Junge zur Welt. Auch Luchse sind Nesthocker und werden ausschließlich von der Mutter aufgezogen. Die Sterblichkeit bei jungen Luchsen ist sehr hoch. Todesursachen sind meistens Katzenkrankheiten, Verhungern und Verkehrsunfälle.

AUFGABEN

1 Betrachte die Bilder von Luchs und Wildkatze. Stelle in einer Tabelle Gemeinsamkeiten und Unterschiede gegenüber.

2 Wildkatzen sind sehr scheu, sodass man sie kaum beobachten kann. Stelle Vermutungen an, woher Biologen trotzdem wissen, wie viele Wildkatzen in Deutschland leben.

3 Erkläre, warum besonders junge Luchse häufig Opfer von Verkehrsunfällen werden.

4 Ein großer Wildpark plant den Bau eines Wildkatzengeheges. Nenne jeweils zwei Argumente für bzw. gegen dieses Vorhaben.

5 Naturschützer fordern: „Der Luchs soll in Bayern wieder heimisch werden."
a) Informiere dich über die Argumente der Naturschützer und ihrer Gegner.
b) Bilde dir eine Meinung und begründe sie.

3 Luchs

4 Luchsweibchen mit Jungen

1 Wildschweine: Bache mit Frischlingen

2 Hausschweine: Zuchtsau mit Ferkeln

Vom Wildschwein zum Hausschwein

Wildschweine

Wildschweine sind scheue Waldtiere und mit ihrem schwarzbraunen Fell gut getarnt. Meist sieht man nur ihre Spuren: zwei gespreizte Hufe und die Abdrücke des hinteren Zehenpaares. Als **Paarhufer** sinken Wildschweine im weichen Waldboden nicht ein. Sie wälzen sich regelmäßig in schlammigen Wasserstellen, den **Suhlen**. So schützen sie sich vor Ungeziefer.

Wildschweine „rotten" sich zusammen

Die weiblichen Wildschweine heißen **Bachen**. Sie leben zusammen mit vielen Jungen, den **Frischlingen**, in einer Gruppe, einer **Rotte** (▷ B 1). Die männlichen Wildschweine, die **Keiler**, leben als Einzelgänger. Nur in der Paarungszeit kommen sie mit den Bachen zusammen.

Wenn Wildschweine Hunger haben

In der Dämmerung gehen Wildschweine auf Nahrungssuche. Sie durchwühlen mit ihrer Nasenscheibe den Waldboden und angrenzende Äcker. Wildschweine sind **Allesfresser**. Zu ihrer Nahrung zählen Eicheln, Wurzeln, Knollen, Pilze, Früchte, Insekten, Würmer, Vogeleier und tote Tiere.

Das Schwein als Nutztier

Vermutlich wurde das Schwein schon vor 10 000 Jahren ein **Nutztier** des Menschen.

Noch vor 1500 Jahren hielt man in den Wäldern große Schweine-Herden. Im 16. Jahrhundert lebten dagegen meist nur einzelne Tiere in den Haushalten. Diese **Hausschweine** wurden vor allem mit Essensabfällen gefüttert.

Durch **Zucht** haben sich Aussehen und Verhalten der Schweine stark verändert. Aus dem Wildschwein wurde ein kurzbeiniger, hellhäutiger, haarloser, dickbäuchiger und zahmer Stallbewohner (▷ B 2). (► Entwicklung, S. 146/147)

Wildschweine sind Paarhufer und Allesfresser. Die Bachen leben mit ihren Jungen in einer Rotte. Die Keiler sind Einzelgänger. Durch Zucht wurde das Schwein stark verändert.

AUFGABEN

1 Vergleiche in einer Tabelle die Merkmale von Wild- und Hausschwein.

2 Nenne Gründe, warum der Mensch das Schwein zum Nutztier machte.

3 Wildschweine, die in stadtnahen Waldgebieten leben, verlieren ihre Scheu vor dem Menschen. Diskutiert in der Gruppe mögliche Ursachen und Folgen dieser Entwicklung.

Vom Wildpferd zum Reitpferd

Pferde sind Fluchttiere

Pferde sind Steppenbewohner, die sich von Gras ernähren. Sie leben in großen **Herden** und können aufgrund ihres Körperbaus ausdauernd und schnell laufen: Sie haben lange Beine und gehen nur auf einer kräftigen Zehenspitze. Pferde sind **Unpaarhufer**. Bei Gefahr ergreift die ganze Herde die Flucht. Pferde sind **Fluchttiere**. Ihre Jungen, die **Fohlen**, stehen bereits wenige Minuten nach der Geburt auf den Beinen: Sie sind Nestflüchter.

Vom Nutztier zum Freizeittier

Schon vor etwa 3 000 Jahren wurden **Wildpferde** von den Menschen gezähmt. Zunächst lieferten sie vor allem Fleisch, Milch und Felle. Schnelligkeit, Ausdauer und Kraft machten das Pferd jedoch bald zu einem sehr vielseitigen **Nutztier**. Durch Zucht entstanden viele verschiedene **Pferderassen**. Besonders kräftige Rassen wurden als Zugtiere und Lasttiere eingesetzt. Sehr ausdauernde und schnelle Rassen nutzte man als Reittiere. Heute sieht man Pferde vorwiegend im Sport- und Freizeitbereich.

Das letzte Wildpferd

Die einzige Wildpferdeart, die bis heute überlebt hat, ist das **Przewalski-Pferd** (▷ B 1). Mit einer Schulterhöhe von 120 bis 146 cm ist es deutlich kleiner als die meisten Hauspferde-Rassen.

Manche Pferderassen, z. B. der amerikanische **Mustang** oder das deutsche **Dülmener Pferd**, werden häufig auch als „Wildpferde" bezeichnet. Das stimmt aber nicht: Die Mustangs und Dülmener Pferde leben zwar wild, sie stammen aber von verwilderten Hauspferden ab.

Pferde sind Fluchttiere, die schnell und ausdauernd laufen können. Als Reit-, Zug- und Lasttiere sind sie vielseitige Nutztiere des Menschen.

AUFGABEN

1 Erkläre den Begriff „Fluchttier".

2 Przewalski-Pferde sind in freier Wildbahn nicht mehr zu finden. Stelle eine Vermutung auf, wie diese Wildpferdeart dennoch überleben konnte.

3 Sammle Informationen über die Wildpferdeart Tarpan. Präsentiere deine Ergebnisse als Plakat oder Steckbrief.

1 Przewalski-Pferde

2 Reitpferde

1 Höhlenmalerei: Auerochsen

2 Rinder auf der Weide

Rinder als wichtige Nutztiere

Vom Auerochsen zum Hausrind

Die **Auerochsen** lebten einst in kleinen Herden in Wäldern und im Grasland. Schon vor rund 10 000 Jahren machte der Mensch Jagd auf sie (▷ B 1). Vor etwa 7 000 Jahren begannen die Menschen in Mitteleuropa, Ackerbau zu betreiben. In dieser Zeit wurden die ersten Wildrinderkälber aufgezogen. Durch Züchtung sind inzwischen rund 800 Hausrind-Rassen entstanden. Sie sind wie der Auerochse **Herdentiere**.

Rinder sind Wiederkäuer

Rinder fressen hauptsächlich Gras (▷ B 2). Da Gras schwer verdaulich und wenig nahrhaft ist, müssen die Tiere täglich bis zu 100 kg davon fressen. Der Rindermagen hat vier Abschnitte (▷ B 3): Zuerst kommt das Grünfutter fast unzerkaut in den **Pansen**. Der Pansen fasst bis zu 200 Liter. Dort wird das Futter eingeweicht. Zugleich bereiten Milliarden von Bakterien es zur Verdauung vor. Das dauert ein bis zwei Stunden.

Der **Netzmagen** formt das vorverdaute Gras zu kleinen Portionen. Diese werden wieder in die Mundhöhle gewürgt und dort gründlich zwischen den Backenzähnen zerrieben. Man nennt das **Wiederkäuen**. Den entstandenen Nahrungsbrei schluckt das Rind wieder hinunter. Er gelangt in den **Blättermagen**, wo ihm Wasser entzogen wird. Der **Labmagen** sondert Verdauungssäfte ab. Hier beginnt die eigentliche Verdauung. Die Aufnahme der Nährstoffe in den Körper erfolgt aber erst über den 50 bis 60 Meter langen Dünndarm. (▶ Stoff- und Energieumwandlung, S. 142/143)

Rinder haben ein Pflanzenfressergebiss

Rinder haben keine Schneidezähne im Oberkiefer (▷ B 5). Deshalb können sie das Gras nicht einfach abbeißen. Sie umfassen es mit ihrer kräftigen Zunge, reißen es mit einem kurzen Ruck ab und schlucken es. Die Backenzähne kommen erst beim Wiederkäuen zum Einsatz. Sie haben breite, raue Kauflächen mit Schmelzfalten.

Nahrung
Schlund-rinne
Speise-röhre
Blätter-magen
Pansen
1
2
Netz-magen
Lab-magen
Dünn-darm

3 Rindermagen

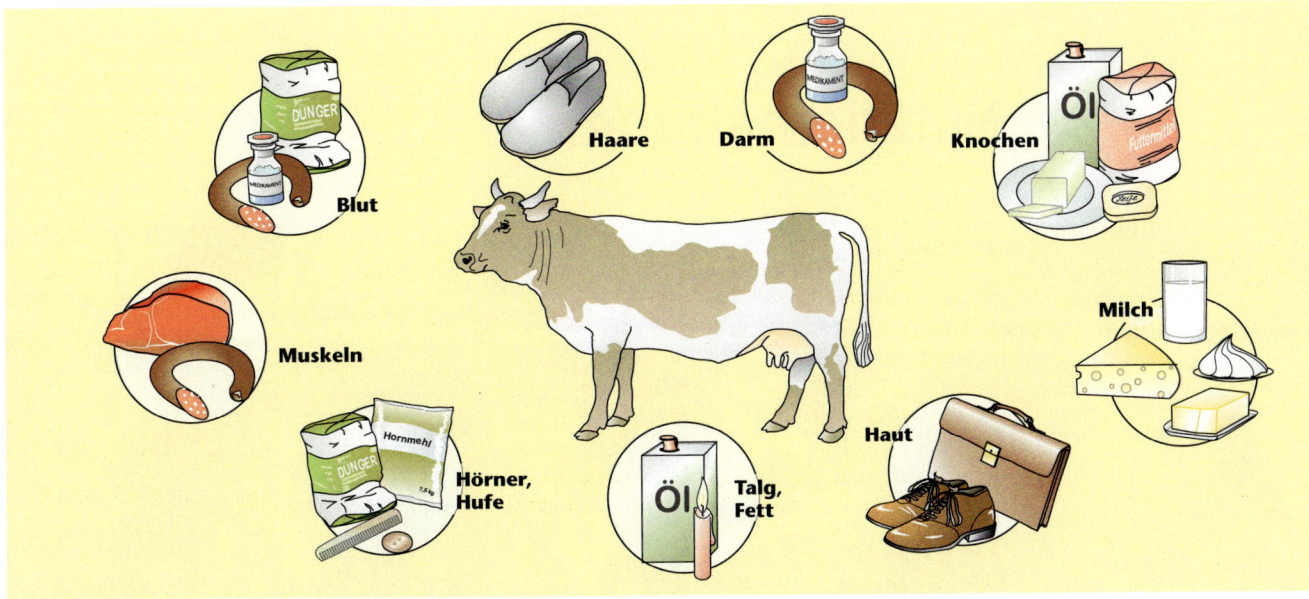

4 Nutzung des Rindes

Rinder sind Weidetiere

Rinder treten nur mit den Spitzen der beiden mittleren Zehen auf, die besonders kräftig sind. Rinder sind **Zehenspitzengänger**. Jede der beiden Zehen ist von einem Huf aus Horn umgeben. Rinder sind **Paarhufer**. Beim Auftreten spreizen sich die Zehen ein wenig auseinander. Dadurch sinkt das Rind im weichen Boden kaum ein.

Rinder sind wertvolle Nutztiere

Neben Hühnern, Schweinen und Pferden werden vor allem Rinder als **Nutztiere** gehalten. Milch und Milchprodukte sind Teil unserer Ernährung. Auch das Rindfleisch ist ein wertvolles Nahrungsmittel. Es enthält viel Eiweiß und wenig Fett. Rinder liefern aber nicht nur Milch und Fleisch (▷ B 4).

Alle Hausrind-Rassen stammen vom Auerochsen ab und sind wie dieser Herdentiere.
Rinder sind Wiederkäuer. Sie haben ein Pflanzenfressergebiss. Ihr Magen besteht aus vier Abschnitten.
Rinder sind Paarhufer und Zehenspitzengänger.
Rinder sind unsere wichtigsten Nutztiere.

AUFGABEN

1   Erläutere mithilfe von Bild 5, warum Rinder auf der Weide das Gras nicht einfach abbeißen können.

2   Erstelle mithilfe des Textes und der Abbildung 3 ein Fließdiagramm (► S. 60/61), das die einzelnen Schritte der Verdauung im Rindermagen zeigt.

3   Rinder liefern viele Produkte. Schreibe mithilfe von Bild 4 eine Liste zur Nutzung des Rindes.

4   Erläutere den Unterschied zwischen einem Fleischfressergebiss (► S. 85) und einem Pflanzenfressergebiss.

5   Bei der Züchtung des Rindes wurde auf die Eigenschaften der Tiere geachtet.
Stelle Vermutungen an, welche Eigenschaften beim Nutztier Rind besonders erwünscht waren.

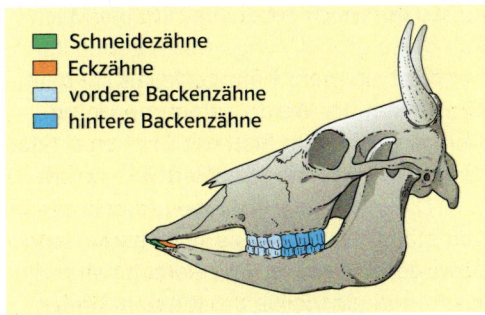

- Schneidezähne
- Eckzähne
- vordere Backenzähne
- hintere Backenzähne

5 Schädel eines Rindes

Nutztierhaltung

1 Kühe im Laufstall

2 Kühe in Anbindehaltung

Ein Glas Milch, eine Scheibe Käse auf dem Brot, das Frühstücksei oder eine Bratwurst beim Grillen – für die meisten Menschen gehören diese Lebensmittel zu ihrer Ernährung dazu. Jeder Deutsche isst im Durchschnitt 60 Kilogramm Fleisch, über 90 Kilogramm Milchprodukte und mehr als 200 Eier pro Jahr.

Viele Tiere auf engem Raum
Um diese benötigte Menge an tierischen Lebensmitteln herstellen zu können, werden einzelne Tierarten, z. B. Rinder, Schweine oder Hühner, in spezialisierten Ställen gehalten. Die Tiere leben dort in großer Anzahl auf dem vorhandenen Raum. Durch diese Haltungsform ist es möglich, Fleisch, Milch und Eier möglichst schnell und zu günstigen Preisen herzustellen.

Das Leben eines Schweines
Werden Hausschweine im Freien gehalten, verhalten sie sich wie ihre nahen Verwandten, die Wildschweine (►S. 98). Die meisten Schweine werden in Deutschland jedoch in Ställen gehalten. Dort werden die Ferkel mit speziellem Futter gemästet

und erreichen innerhalb von vier Monaten ihr Schlachtgewicht von 120 kg. Während dieser Zeit leben die Tiere in Gruppen von etwa zwölf Schweinen zusammen. Damit die Ställe sauber bleiben, haben die meisten einen Betonboden mit schmalen Spalten, durch die Kot und Urin abfließen.

Woher kommt die Milch?
Damit eine Milchkuh überhaupt Milch gibt, muss sie ein Kalb zur Welt bringen. Etwa einen Tag nach der Geburt wird das Kalb von der Mutter getrennt und vom Landwirt gefüttert. Zur Versorgung des Kalbes reichen ca. 8 Liter Milch pro Tag aus. Die Muttertiere bestimmter Rassen können aber täglich bis zu 50 Liter Milch geben. Damit eine Milchkuh diese große Menge Milch geben kann, benötigt sie mehr Nährstoffe, als sie beim Grasen auf der Weide aufnehmen kann. Darum wird sie im Stall mit Gras, Heu, Silage und energiereichem Kraftfutter gefüttert. Die meisten Milchkühe leben heute in Laufställen, in denen sie sich ausreichend bewegen können (▷ B 1). Derzeit werden noch rund ein Viertel der Kühe in Ställen mit Anbindehaltung gehalten (▷ B 2).

Die Folgen

Für jede Form der Tierhaltung gibt es gesetzliche Vorschriften, die alle Landwirte einhalten müssen. Das Tierschutzgesetz schreibt z. B. vor, dass Tiere „entsprechend ihren Bedürfnissen untergebracht, ernährt und gepflegt werden müssen." Tiere in Mastbetrieben können aber ihren natürlichen Bedürfnissen oft nicht nachkommen. Dies führt bei ihnen häufig zu Stress und Aggressionen. Damit die Tiere sich nicht gegenseitig oder ihre Betreuer verletzen, werden häufig ihre Hornanlagen verödet oder Schwänze und Zähne gekürzt. Wenn viele Tiere zusammen gehalten werden, kann es dazu kommen, dass sich Krankheiten schnell ausbreiten. Um das zu verhindern, bekommen die Tiere Medikamente. Der von den vielen Tieren produzierte Kot und Urin (Gülle) wird als Dünger auf den Feldern ausgebracht. Zu viel Gülle schadet aber dem Grundwasser, aus dem wir hauptsächlich unser Trinkwasser gewinnen.

Es geht auch anders

Einige landwirtschaftliche Betriebe betreiben ökologische Tierhaltung. In diesen „Öko-Betrieben" werden weniger Tiere auf gleichem Raum gehalten. Die Tiere haben große Auslaufflächen (▷ B 3) wie Weiden oder leben in offenen Ställen, in denen mit Stroh bedeckte Liegeflächen eingerichtet sind. Die Tiere werden mit ökologisch erzeugtem Futter gefüttert. Auch die Gabe von Medikamenten ist strenger geregelt. Da weniger Tiere weniger Gülle produzieren, belastet die Tierhaltung in Öko-Betrieben die Umwelt nicht so stark. Diese Haltungsform ist jedoch viel teurer und die Tiere erzeugen sehr viel weniger Milch und Fleisch als in Mastbetrieben.

Warum nicht mehr Öko-Betriebe?

Obwohl die Nachfrage nach „Bio-Produkten" gestiegen ist, werden nach wie vor die meisten Nutztiere in nicht ökologischen Betrieben gehalten. Das liegt vor allem an uns, den Verbrauchern: Wir wollen unsere Lebensmittel möglichst günstig einkaufen. Das hat zur Folge, dass viele Landwirte ihre Kosten nicht erwirtschaften können. Sie müssen ihre Betriebe aufgeben oder immer mehr und noch billiger produzieren. Das geht aber nur, wenn sie möglichst viele Tiere auf dem vorhandenen Raum halten.

Viele Gewinner wären möglich

Wenn wir alle bereit wären, mehr Geld für Tierprodukte auszugeben, und gleichzeitig weniger Tierprodukte verzehren würden, könnten mehr Tiere artgerechter gehalten werden. Das würde nicht nur den Tieren nützen, auch wir Menschen hätten den Vorteil einer ausgeglichenen Ernährung.

3 Schweine in einem Öko-Betrieb

AUFGABEN

1 Recherchiere, was man unter extensiver und intensiver Tierhaltung versteht. Stelle deine Ergebnisse in einer Tabelle gegenüber.

2 In Öko-Betrieben ist der Einsatz von Medikamenten streng geregelt. Erkläre, ob diese Regelung auch für uns Menschen sinnvoll ist.

3 „Letztlich entscheidet der Käufer über die Art der Tierhaltung".
a) Erläutere diese Aussage.
b) Erkläre, weshalb von einer artgerechten Tierhaltung auch die Landwirte und Verbraucher profitieren.

Zusammenfassung

Säugetiere

Ihren Namen haben sie wegen ihres Hauptmerkmals: Sie säugen ihre Jungen mit Milch. Die meisten Säugetiere leben an Land: Hasen und Igel auf dem Boden, Maulwürfe unter der Erde und Eichhörnchen meistens auf Bäumen. Fledermäuse können sogar fliegen und Wale schwimmen in den Meeren.

Nesthocker und Nestflüchter

Nach der Geburt säugt die Mutter ihre Jungen, bis sie sich selbstständig ernähren können. Die Jungen von Kaninchen, Hund und Katze wachsen im Schutz eines Baus oder einer Höhle auf. Sie sind Nesthocker. Neugeborene Feldhasen, Rinder, Pferde oder Rothirsche müssen schnell selbstständig sein. Sie sind Nestflüchter.

Spezialisierte Sinne

Einige Säugetiere haben ganz besonders ausgeprägte Sinne. Damit orientieren sie sich in ihrer Umwelt. Der Maulwurf hat einen hervorragenden Geruchs- und Tastsinn. Auch sein Gehör ist sehr empfindlich. Fledermäuse und Wale orientieren sich mithilfe von Ultraschall. Sie stoßen Schallwellen aus, die von Gegenständen und Beutetieren zurückgeworfen werden. Mit ihrem feinen Gehör nehmen sie das Echo wahr.

Raubtiere erjagen ihre Beute

Katzen jagen als Einzelgänger. Sie sind Raubtiere, die als Schleichjäger ihre Beute fangen. Mithilfe ihrer sehr lichtempfindlichen Augen und dem guten Gehör können sie auch erfolgreich in der Dämmerung jagen. Hunde sind Raubtiere, die ursprünglich im Rudel jagten und die Beute als Hetzjäger gemeinsam erlegten. Sie spüren die Beutetiere schon früh auf, denn sie können ausgezeichnet riechen und hören.

Gebisse und Nahrung

Katzen und Hunde haben ein Fleischfressergebiss mit Fang- und Reißzähnen. Eichhörnchen haben ein Nagetiergebiss mit scharfen, nachwachsenden Schneidezähnen und der Maulwurf besitzt ein Insektenfressergebiss mit spitzen Zähnen. Rinder und Pferde zermahlen ihre Pflanzennahrung mit ihren breiten Backenzähnen. Sie haben ein Pflanzenfressergebiss.

Weidetiere sind Pflanzenfresser

Wie alle Wiederkäuer schlucken Rinder zunächst große Mengen Gras oder Heu, legen sich hin, würgen das Futter hoch und zerkauen es dann erst. Pferde sind keine Wiederkäuer. Sie füllen den ganzen Tag über portionsweise ihren kleinen Magen.

Vom Wildtier zum Haustier

In vielen Tausend Jahren sind durch Zähmung und Züchtung aus Wildtieren Haustiere und Nutztiere entstanden. Bei der Züchtung werden gezielt Tiere mit den gewünschten Eigenschaften vermehrt.

Menschen halten Tiere

Wenn wir Tiere halten, übernehmen wir eine große Verantwortung. Nur bei artgerechter Haltung geht es unseren Haustieren und Nutztieren gut und sie fühlen sich wohl.

Viele Tiere auf wenig Raum

Bei der Massen- oder Intensivtierhaltung können sich die Tiere nur wenig bewegen. Die Fütterung und das Ausmisten erfolgen automatisch. Deshalb braucht man für diese Form der Tierhaltung immer weniger menschliche Arbeitskräfte. So wird es möglich, Tierprodukte – z. B. das Fleisch von Schweinen und Rindern – wesentlich billiger anzubieten als Produkte aus Betrieben mit ökologischer Tierhaltung.

AUFGABEN

1 Nenne die Merkmale der Säugetiere.

👍 Super! ❓ ► S. 70/71

2 Feldhase und Wildkaninchen werden oft verwechselt. Beschreibe die Unterschiede zwischen Feldhase und Wildkaninchen.

👍 Super! ❓ ► S. 72/73

3 Pferde sind vielfältig einsetzbar. Fertige eine Liste an.

👍 Super! ❓ ► S. 99

1 Trotz großer Unterschiede: Beide gehören zur Gruppe der Säugetiere.

4 Erkläre, wie aus der Urform des Hundes im Laufe der langen Zeit ein Begleiter der Menschen werden konnte.

👍 Super! ❓ ► S. 86/87

5 Begründe, warum das Fleisch und andere Produkte von Tieren aus ökologischer Viehhaltung teurer sind als Produkte von Tieren aus Intensivtierhaltung.

👍 Super! ❓ ► S. 102/103

6 Erläutere, wie das Rehkitz vor Fressfeinden geschützt ist.

👍 Super! ❓ ► S. 80/81

7 Die Fledermaus orientiert sich mithilfe von Ultraschallwellen.
a) Zeichne eine Skizze, wie die Fledermaus ihre Beute fängt.
b) Beschreibe die Jagdmethode mit eigenen Worten.

👍 Super! ❓ ► S. 78

8 Vergleiche die Pfoten und Krallen von Hund und Katze miteinander.
Erläutere, wie sie zur jeweiligen Jagdweise passen.

👍 Super! ❓ ► S. 86, 95

9 Erkläre, was mit folgender Aussage gemeint ist: „Das Rind braucht nicht so lange Beine wie das Pferd, dafür aber paarige Hufe."

👍 Super! ❓ ► S. 99 – 101

10 a) Vergleiche die Gebisse von Eichhörnchen, Maulwurf und Fledermaus.
b) Erläutere, für welche Nahrung diese Gebisse jeweils geeignet sind.

👍 Super! ❓ ► S. 76 – 78

11 Begründe, warum Hasen „besser" sehen können als wir Menschen.

👍 Super! ❓ ► S. 72

► Musterlösungen auf den Seiten 150 – 152

4 Pflanzen in unserer Umgebung

- Es gibt so viele verschiedene Pflanzen. Wie kann ich den Namen einer Pflanze herausfinden?

- Wie ernähren sich Pflanzen?

- Haben Pflanzen auch Organe?

- Ist Mais ein Gemüse oder Getreide?

- Was ist denn „Biogas"?

1 Wasserbedarf beachten
Gieße regelmäßig, aber nicht zu viel. Vermeide ein dauerhaftes „Fußbad", sonst faulen die Wurzeln.

2 Auf Schädlinge achten
Kontrolliere deine Pflanze regelmäßig auf Schädlinge wie Blattläuse oder Milben.

3 Regelmäßig umtopfen
Wenn deine Zimmerpflanze stark gewachsen ist, braucht sie einen größeren Topf mit frischer Blumenerde. Das nennt man „Umtopfen".

4 Richtig düngen
Damit die Zimmerpflanze genügend Mineralstoffe erhält, musst du sie regelmäßig düngen. Informiere dich, in welchen Abständen deine Pflanze gedüngt werden sollte.

5 Standort wählen
Jede Pflanze benötigt ganz spezielle Licht- und Temperatur-verhältnisse. Informiere dich, wo deine Zimmerpflanze am besten wachsen kann.

6 Die Luft feucht halten
Viele Zimmerpflanzen kommen aus tropischen Ländern mit feucht-warmem Klima. Sie sind die trockene Raumluft nicht gewöhnt. Besprühe deshalb deine Zimmerpflanze ab und zu mit Wasser aus einer Sprühflasche.

1 Zimmerpflanzen richtig pflegen

Pflanzen im Klassenzimmer

Pflanzen verschönern ein Klassenzimmer. Leider gedeihen sie nicht immer gut, obwohl ihr sie regelmäßig gießt. **Zimmerpflanzen** kommen oft aus tropischen Ländern. Dort herrschen ganz andere Lebensbedingungen als im Zimmer. Die Tipps in Bild 1 helfen euch, eure Zimmerpflanzen gut zu pflegen. Bevor ihr Pflanzen für euer Klassenzimmer anschafft, müsst ihr klären, wie diese in den Ferien versorgt werden.

Zimmerpflanzen brauchen die richtige Pflege, um gedeihen zu können.

AUFGABEN

1 Erstellt in Partnerarbeit ein Plakat zu Pflegehinweisen für eure Zimmerpflanzen.

2 Erkläre, warum man Zimmerpflanzen regelmäßig umtopfen sollte.

3 Informiere dich über zwei Pflanzen, die sich für euer Klassenzimmer eignen. Begründe deine Auswahl.

Aufbau einer Blütenpflanze

Alle Pflanzen, die Blüten ausbilden, bestehen aus den gleichen drei Grundorganen:
Blätter, **Sprossachse** und **Wurzel** (▷ B 2).
Die Blüte ist kein Grundorgan, denn sie
entsteht aus umgewandelten Blättern
(► S. 110). Die Grundorgane können ganz
unterschiedlich aussehen. Der Stamm
eines Kastanienbaumes ist ebenso eine
Sprossachse wie der Stängel des Acker-
senfs. Auch bei Blättern und Blüten
gibt es große Unterschiede.
(► System, S. 136/137)

**Alle Blütenpflanzen haben die gleichen
Grundorgane: Sprossachse, Blätter und
Wurzel.**

AUFGABEN

1 Suche dir zwei Pflanzen aus der Umgebung deiner Schule aus. Zeichne
   beide Pflanzen in dein Heft und beschrifte alle Grundorgane, die du erkennen kannst.

2 Ordne in einer Tabelle den Grundorganen einer Pflanze deren jeweilige
   Aufgaben zu.

3 Vergleiche den Ackersenf in Bild 1 mit
   einem Kaktus (► S. 106). Benenne Unterschiede und Gemeinsamkeiten.

1 Blüte einer Ackersenfpflanze

Blüten dienen zur
Fortpflanzung. Aus ihnen
entwickeln sich Früchte
mit Samen, aus denen
dann wieder neue Pflanzen
entstehen können.

Die **Sprossachse** nennt
man auch Stängel, bei
Bäumen heißt sie Stamm.
In den Leitungsbahnen
der Sprossachse werden
Wasser, Mineralstoffe und
Nährstoffe transportiert.

In den grünen **Blättern**
werden mithilfe des
Sonnenlichts Nährstoffe
aufgebaut. Feine, ver-
zweigte Leitungsbahnen
führen von den Blättern
in die Sprossachse.

Die **Wurzeln** verankern
die Pflanze fest im
Boden. Über sie nimmt
die Pflanze Wasser und
Mineralstoffe auf.

2 Ackersenf

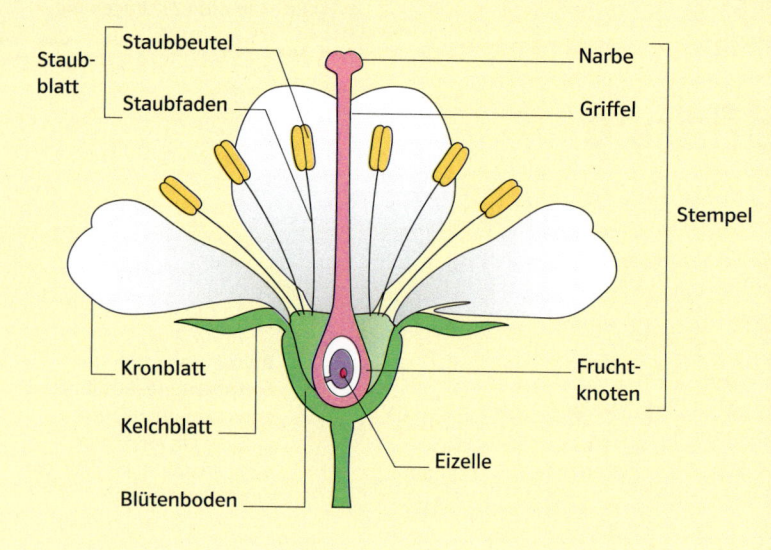

1 Schnittbild einer Kirschblüte

2 Kirschblüte

Aufbau einer Blüte

Im Frühjahr siehst du schon von Weitem die weißen Blüten der Kirschbäume leuchten. Schau dir mal eine einzelne Kirschblüte genauer an (▷ B 2).

Als äußere Hülle findest du fünf grüne **Kelchblätter**. Sie schützen die anderen Blütenteile, solange die Blüte geschlossen ist (▷ B 1).

Bei vielen Pflanzen sind die **Kronblätter** (▷ B 1) besonders auffällig. Sie locken durch ihre Farbe und Form Insekten an. Die fünf weißen Kronblätter der Kirschblüte umgeben etwa 30 **Staubblätter**, die aussehen wie weiße Fäden. Jeder Faden ist an der Spitze etwas dicker. Dort befinden sich die beiden **Staubbeutel**. Die Staubbeutel enthalten die männlichen Geschlechtszellen, den **Pollen**. Staubblätter sind also die männlichen Blütenteile (▷ B 1).

In der Mitte der Blüte befindet sich der **Stempel**. Er ist der weibliche Blütenteil. Der Stempel besteht aus dem **Fruchtknoten**, dem **Griffel** und der klebrigen **Narbe**

(▷ B 1). Der Fruchtknoten am Boden der Blüte enthält die **Eizellen**. Die Eizellen sind die weiblichen Geschlechtszellen. (► Entwicklung, S. 146/147)

Am Blütenboden befindet sich bei vielen Pflanzen eine süße Flüssigkeit, der **Nektar**. Von diesem ernähren sich viele Insekten.

Die Blüten vieler Pflanzen bestehen aus Kelchblättern, Kronblättern, Staubblättern und dem Stempel.

AUFGABEN

1 Nenne die Bestandteile einer Blüte.

2 a) Zeichne das Schnittbild einer Kirschblüte und beschrifte alle Blütenteile.
b) Kennzeichne die männlichen (♂) und weiblichen (♀) Blütenteile mit unterschiedlichen Farben.

3 „Kronblätter sind das beste Werbemittel der Blüte". Erkläre, was mit dieser Aussage gemeint ist.

Untersuchungen an Blütenpflanzen

1 Legebild einer Kirschblüte
Material
Kirschblüte, Pinzette, farbiges Blatt Papier, 10 cm × 10 cm große Klebefolie, Folienstift

Versuchsanleitung
a) Zerlege die Kirschblüte vorsichtig mit der Pinzette in ihre Bestandteile.
b) Ordne die Blütenteile zunächst auf dem Blatt Papier so an, wie es Bild 1 zeigt.
c) Lege dann die Blütenteile vorsichtig auf die Klebefolie.
d) Drehe die Folie mit den Blütenteilen um und klebe sie in dein Heft.

Aufgabe
1. Beschrifte die Blütenteile mit dem Folienstift.

2 Verschiedene Blütenpflanzen
Material
Verschiedene Blüten, z. B. von Tulpe und Heckenrose, Lupe oder Stereolupe, Pinzette

2 Tulpe

Versuchsanleitung
a) Betrachte die Blüten und beschreibe sie.
b) Zerlege die Blüten anschließend vorsichtig mit der Pinzette in ihre einzelnen Bestandteile.
c) Bestimme für jede Blüte die Anzahl der Kelch-, Kron- und Staubblätter.

Aufgabe
1. Stelle in einer Tabelle die Anzahl der verschiedenen Blütenblätter für die untersuchten Blüten dar.

3 Klein und unscheinbar
Material
Kleiner Lindenzweig mit offenen Blüten, Lupe oder Stereolupe, Pinzette

Versuchsanleitung
a) Sieh dir die Blüten zunächst in ganzem Zustand an und beschreibe sie.
b) Betrachte nun genau die Teile einer Blüte mit der Lupe oder der Stereolupe.
c) Beschreibe die einzelnen Bestandteile der Blüte und notiere die Beschreibungen in dein Biologieheft.

Aufgaben
1. Lindenblüten sind unscheinbar. Stelle eine Vermutung auf, warum sie trotzdem von vielen verschiedenen Insekten angeflogen werden.
2. Vergleiche eine Lindenblüte mit einer Kirschblüte. Notiere Unterschiede und Gemeinsamkeiten.

1 Legebild einer Kirschblüte

3 Heckenrose

4 Lindenblüten

111

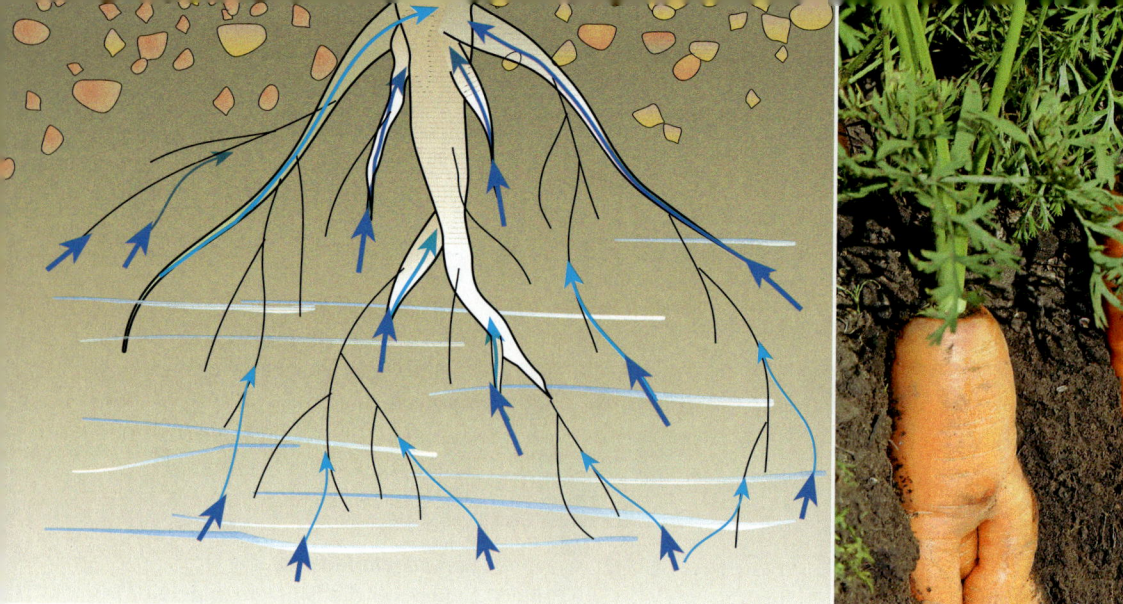

1 Die Wurzel nimmt Wasser und Mineralstoffe auf.

2 Diese Wurzeln speichern Nährstoffe.

Arbeitsteilung in der Pflanze

Eine Pflanze besteht aus den drei **Grundorganen** Wurzel, Sprossachse und Blatt (► S. 109). Die Sprossachse nennt man auch Stängel. Jedes Grundorgan hat seine besonderen Aufgaben. Zusammen bilden die Grundorgane den **Organismus** Pflanze. (► System, S. 136/137)

Wurzeln geben der Pflanze Halt
An seinem unteren Ende geht der Stängel in die **Wurzel** über. Die Verzweigungen der Wurzel umschließen kleinste Bodenkrümel oder schieben sich sogar in Felsspalten vor. So verankern die Wurzeln die Pflanze im Boden und geben ihr einen festen Stand.

Wurzeln versorgen die Pflanze
Die feinsten Verzweigungen der Wurzel tragen oberhalb der **Wurzelspitze** einen weißlichen Überzug, die **Wurzelhaare**. Diese nehmen aus dem Boden Wasser und Mineralstoffe auf und transportieren sie in **Leitungsbahnen** in den Stängel (▷ B 1).

Wurzeln sehen unterschiedlich aus
Wurzeln können unterschiedlich gestaltet sein. Viele Pflanzen, z. B. der Ackersenf, haben eine **Hauptwurzel**, von der feinere

Seitenwurzeln abgehen (► S. 109). Bei anderen Pflanzen verzweigt sich die Wurzel in mehrere, gleich starke Seitenwurzeln. Manche Wurzeln sind verdickt und speichern Nährstoffe wie bei der Karotte oder der Zuckerrübe (▷ B 2).

Die Sprossachse trägt die Blätter
Die **Sprossachse** kann ein dünner, krautiger Stängel sein wie beim Ackersenf. Oder sie ist ein dicker, verholzter Baumstamm wie bei der Eiche. Die Aufgabe der Sprossachse ist jedoch immer die gleiche: Die Sprossachse trägt die Blätter und Blüten und richtet sie zum Licht hin aus.
In den Sprossachsen verlaufen Leitungsbahnen, die das von der Wurzel aufgenommene Wasser zu den Blättern transportieren. Somit verbindet die Sprossachse alle Teile einer Pflanze zu einem Organismus.

Blätter versorgen die Pflanzen
Alle Blätter bestehen aus **Blattstiel** und Blattfläche oder **Blattspreite**. Auf der Blattspreite sind die **Blattadern** deutlich zu erkennen (▷ B 6). Sie sind die Transportleitungen für Wasser. Auch die Nährstoffe werden über die Blattadern zu den Leitungen in der

Sprossachse transportiert. Die Oberfläche der Blätter ist mit einer **Wachsschicht** überzogen. Sie schützt das Blatt vor Verletzungen und Verdunstung. Die Wachsschicht lässt das Wasser vom Blatt abperlen. So bleibt seine Oberfläche sauber. Auf der Unterseite des Blattes befinden sich winzige **Spaltöffnungen** mit **Schließzellen**. Durch sie können Gase, z. B. Kohlenstoffdioxid und Sauerstoff, in das Blatt hinein und wieder hinaus gelangen (▷ B 6).

Die grünen Blätter sind wichtige Organe einer Pflanze. Ihre grüne Farbe verdanken sie dem Blattfarbstoff **Chlorophyll**. In den Blättern baut die Pflanze mithilfe des Sonnenlichts und des Chlorophylls Zucker auf. Diesen nutzt die Pflanze, um daraus andere Stoffe herzustellen. (► Stoff- und Energieumwandlung, S. 142/143)

Blätter sind typisch für eine Pflanze
Die Blätter können ganz unterschiedlich geformt sein: Sie können klein oder groß, schmal oder breit sein. Ihr Rand kann ganzrandig oder gesägt sein. Die Form der Blätter ist so typisch, dass man z. B. schon an einem einzelnen Blatt eine Pflanze erkennen kann (▷ B 3 – B 5).

Wurzel, Sprossachse und Blätter sind die Grundorgane einer Pflanze. Die Grundorgane arbeiten zusammen und bilden den Organismus Pflanze.

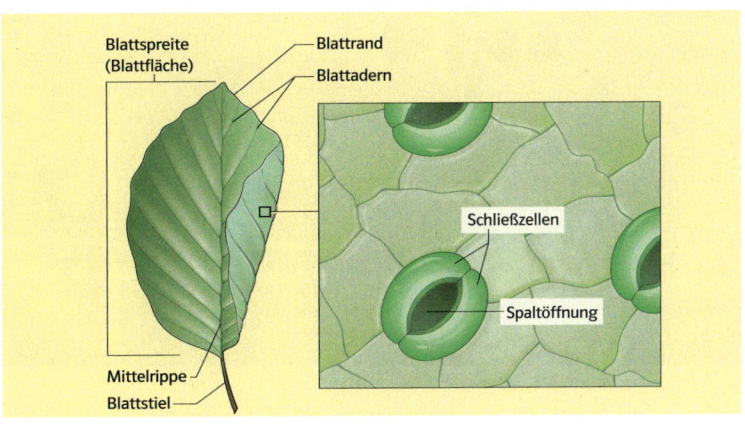

6 Aufbau eines Laubblattes

AUFGABEN

1 Beschreibe die Aufgaben der drei Grundorgane einer Pflanze.

2 Erläutere, warum man eine Pflanze als ein Organsystem bezeichnen kann.

3 Erkläre die Bedeutung der Sprossachse für die Pflanze.

4 a) Beschreibe die Blattformen in den Bildern 3 – 5 und versuche, die jeweiligen Fachbegriffe herauszufinden.
b) Suche für jede der abgebildeten Blattformen noch je zwei weitere Pflanzenbeispiele.

5 Beschreibe die Unterschiede der Sprossachsen von einem Ackersenf, einer Buche, einer Haselnuss, einem Gänseblümchen.

6 Welche Pflanzenteile isst du bei folgendem Gemüse: Kopfsalat, Karotte, Rettich, Kohlrabi, Tomate, Blumenkohl?

3 – 5 Blätter können ganz unterschiedlich aussehen.

Oberlippe

Narbe

Staubblätter

Griffel

Unterlippe

Kelchblätter

Fruchtknoten

vierkantiger Stängel

Frucht aus vier Teilfrüchten

1 Lippenblütengewächse

Kronblatt

Staubblatt

Kelchblatt

Fruchtknoten

Schote

2 Kreuzblütengewächse

Pflanzenfamilien

Pflanzenarten, die sich in vielen Merkmalen gleichen, sind meistens miteinander verwandt: Sie gehören zur selben **Pflanzenfamilie**. In Deutschland gibt es über 90 verschiedene Pflanzenfamilien – vier von ihnen werden hier vorgestellt. (►Variabilität und Angepasstheit, S. 140/141)

Lippenblütengewächse
Die Kronblätter der **Lippenblütengewächse** sind wie Lippen geformt. Von dieser Form hat die Pflanzenfamilie ihren Namen. Der Stängel ist vierkantig (▷ B 1). Viele Heil- und Gewürzpflanzen gehören zu den Lippenblütengewächsen: Salbei, Lavendel, Rosmarin, Pfefferminze und Basilikum.

Kreuzblütengewächse
Die vier Kronblätter der **Kreuzblütengewächse** sind wie ein Kreuz angeordnet. In der Blüte befinden sich vier lange und zwei kurze Staubblätter. Die Früchte sind **Schoten**. Sie enthalten zwei Reihen von Samen entlang einer Mittelwand (▷ B 2). Zu den Kreuzblütengewächsen gehören z. B. Raps, Radieschen, Senf und alle Kohlsorten.

Korbblütengewächse
Kleine Einzelblüten sitzen bei den **Korbblütengewächsen** wie in einem Korb dicht beieinander. Sie bilden einen Blütenstand, der wie eine einzelne Blüte aussieht. Am Rand des Blütenkorbes, z. B. von Gänseblümchen

3 Korbblütengewächse

4 Schmetterlingsblütengewächse

oder Sonnenblume, sitzen Blüten mit Blütenblättern, die Zungen ähneln. Deshalb nennt man sie **Zungenblüten**. In der Mitte stehen sehr viele **Röhrenblüten** (▷ B 3).

Schmetterlingsblütengewächse
Die Kronblätter bei **Schmetterlingsblütengewächsen** heißen Fahne, Flügel und Schiffchen. Die Früchte sind **Hülsen**. Im Gegensatz zu den Schoten haben sie nur eine Reihe mit Samen ohne Mittelwand (▷ B 4). Zu dieser Familie gehören unter anderen Klee, Bohnen und Erbsen.

Nach ihren gemeinsamen Merkmalen ordnet man Pflanzen bestimmten Pflanzenfamilien zu, z. B. den Lippenblüten-, Kreuzblüten-, Korbblüten- oder Schmetterlingsblütengewächsen.

AUFGABEN

1 Stelle in einer Tabelle die wichtigsten Merkmale der vier im Text genannten Pflanzenfamilien zusammen.

2 Erläutere, warum man die Sonnenblume als „Korbblütengewächs" bezeichnet.

3 Erstelle von der Blüte einer Bohne ein Legebild. Beschrifte es mit den Begriffen der Schmetterlingsblüte.

4 Erläutere den Unterschied zwischen Schote und Hülse. Ordne die Früchte von Raps und Bohne entsprechend zu.

5 Untersuche eine Löwenzahnblüte und ordne sie der richtigen Familie zu. Begründe deine Entscheidung.

6 Erkläre, zu welcher Pflanzenfamilie der Kirschbaum gehört (▶ S. 110, B 2). Nenne Beispiele und Merkmale dieser Familie.

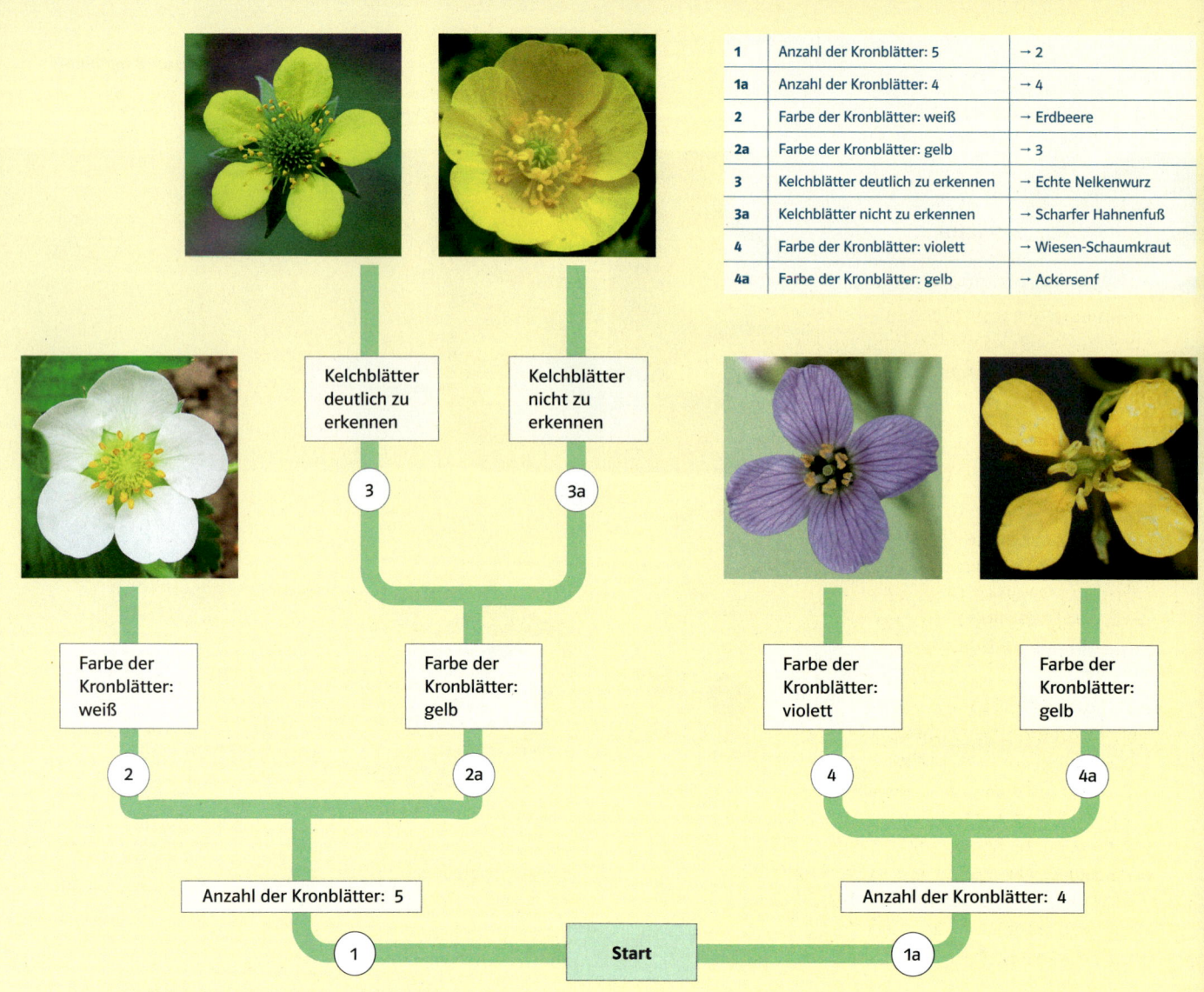

1	Anzahl der Kronblätter: 5	→ 2
1a	Anzahl der Kronblätter: 4	→ 4
2	Farbe der Kronblätter: weiß	→ Erdbeere
2a	Farbe der Kronblätter: gelb	→ 3
3	Kelchblätter deutlich zu erkennen	→ Echte Nelkenwurz
3a	Kelchblätter nicht zu erkennen	→ Scharfer Hahnenfuß
4	Farbe der Kronblätter: violett	→ Wiesen-Schaumkraut
4a	Farbe der Kronblätter: gelb	→ Ackersenf

1 Bestimmungstabelle

Wir bestimmen Pflanzen

Wollen Biologen den Namen eines für sie unbekannten Lebewesens herausfinden, benutzen sie dazu eine **Bestimmungstabelle**. Wenn du wissen möchtest, wie zum Beispiel die Pflanzen auf einer Wiese heißen, kannst du sie ebenfalls bestimmen.

Bestimmen heißt genau hinschauen
Willst du den Namen einer Pflanze herausfinden, musst du die Pflanze auf bestimmte **Merkmale** hin untersuchen. Anhand der Anzahl der Kronblätter, ihrer Form und Anordnung kannst du Pflanzen nach Familien ordnen (► S.114). Zum Bestimmen einer Pflanze reichen diese Angaben allerdings noch nicht aus. Auch das Aussehen der Blätter und die Form des Stängels sind von Bedeutung. All diese typischen **Kennzeichen** von Pflanzen sind in den Bestimmungstabellen aufgelistet, wie

du sie in Bestimmungsbüchern findest. Oft nennt man diese Tabellen auch **Bestimmungsschlüssel**.

Bestimmen heißt entscheiden

Eine Bestimmungstabelle ist so aufgebaut, dass es für die verschiedenen Merkmale immer zwei Entscheidungsmöglichkeiten gibt. Diese sind mit Ziffern markiert, z. B. 1 und 1a (▷ B 1).

Für eine davon musst du dich entscheiden. Am Ende der jeweiligen Zeile steht entweder eine weitere Ziffer oder bereits der Name der gesuchten Pflanze. Bei einer Ziffer musst du weiter lesen.
Das Prinzip der Bestimmungstabelle für Pflanzen zeigt dir Bild 1.

Bestimmen heißt vergleichen

Brennnesseln und **Taubnesseln** wachsen oft am Wegrand nebeneinander. Die eine ruft bei Berührung ein unangenehmes Brennen auf der Haut hervor, bei der anderen passiert nichts. Im blühenden Zustand erkennst du die Weiße Taubnessel leicht an ihren weißen Lippenblüten (▷ B 3; ► S. 114, B 1). Die Brennnessel dagegen hat grüne, unscheinbare Blüten.

Aber kannst du die beiden Pflanzen auch unterscheiden, wenn sie nicht blühen? Dazu musst du die Blätter beider Arten vergleichen (▷ B 2; B 3). Untersuche auch ihre Stängel und vergleiche sie. Achte außerdem auf die Anordnung der Blätter am Stängel.

Eine Pflanze hat also immer mehrere Merkmale, die für sie so charakteristisch sind, dass man sie daran eindeutig erkennt.

**Pflanzen unterscheiden sich in vielen Merkmalen.
In Bestimmungstabellen muss man sich immer zwischen zwei Merkmalen entscheiden. Auf diese Weise kann man den Namen einer unbekannten Pflanze ermitteln.**

2 Große Brennnessel

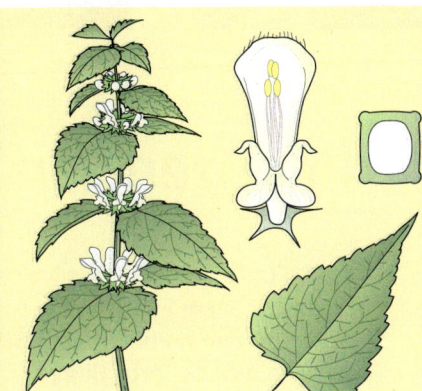

3 Weiße Taubnessel

AUFGABEN

1 Nenne fünf Merkmale, die für das Bestimmen von Pflanzen wichtig sind.

2 Ordne den fünf abgebildeten Pflanzen in Bild 1 mithilfe der Bestimmungstabelle jeweils den richtigen Namen zu.

3 Benenne die Merkmale, die im Bestimmungsschlüssel in Bild 1 verwendet werden.

4 Lege eine Tabelle an und vergleiche die Weiße Taubnessel und die Große Brennnessel miteinander (▷ B 2; B 3).

5 Entwirf einen ähnlichen Bestimmungsschlüssel wie Bild 1, in dem folgende Pflanzen vorkommen sollen: Rot-Buche, Haselnuss, Weiße Seerose, Erdbeere.

Pflanzen von A bis Z

Arnika (▷ B 1)

Die bis zu 50 cm hohe Arnika gehört zu den Korbblütengewächsen, wie man an ihren Blüten erkennt. Meist sitzen vier Blätter dicht am Boden und zwei kleinere weiter oben am Stängel. Die Arnika wächst auf ungedüngten Wiesen im Gebirge. Die dottergelben Blüten enthalten einen Wirkstoff, der Entzündungen heilt. Deshalb verarbeitet man diese Heilpflanze schon lange zu Salben.

Gänseblümchen (▷ B 2)

Auch das Gänseblümchen ist ein Korbblütengewächs. Es blüht fast das gesamte Jahr über. Das Gänseblümchen hat einen kurzen Stängel. Alle Blätter sind in einer Rosette am Boden angeordnet. Nur die Stiele der kleinen Blütenköpfchen wachsen in die Höhe. Das Gänseblümchen gedeiht auch noch auf Böden, die viel betreten werden.

Hahnenfuß (▷ B 3)

Auf Wiesen und an Wegrändern sieht man häufig den gelb blühenden Hahnenfuß. Seinen Namen hat er von der Form der oberen Blätter am Stängel. Die Blüte des Hahnenfuß hat fünf Blütenblätter. Alle Teile der Pflanze sind giftig. Deshalb lassen z. B. Kühe den Hahnenfuß auf der Weide stehen. Beim Trocknen wird das Gift zerstört.

Herbstzeitlose (▷ B 4)

Im Spätsommer erscheinen auf nicht zu stark gedüngten Wiesen die violetten Blüten der sehr giftigen Herbstzeitlose. Sie erinnern an einen Krokus. Blätter gibt es noch keine. Die erscheinen erst im folgenden Frühjahr und sehen aus wie Tulpenblätter. Zwischen ihnen sitzt eine kapselartige Frucht. Sie wird verbreitet, wenn Schafe oder Rinder sie mit ihren Zehen abreißen.

Knäuelgras (▷ B 5)

Das Knäuelgras ist leicht zu erkennen. Wie bei allen Gräsern, sind seine Blüten klein und nicht bunt gefärbt. Sie stehen in dichten Knäueln an der Spitze des Halmes. Das Knäuelgras ist fast überall auf Wiesen und an Wegrändern zu finden. Vom hohen, schlanken Halm stehen die schmalen Blätter ab. Sie entspringen an Verdickungen des Halmes, den Knoten.

Pfefferminze (▷ B 6)

An feuchten Stellen wächst die Pfefferminze. Sie hat kleine, rosafarbene Lippenblüten, die zusammengedrängt an den Enden der Stängel stehen. Zerreibt man ein Blatt der Pfefferminze, riecht man den typischen Geruch. Aus den Pfefferminz-Blättern bereitet man einen Tee zu. Er hilft bei Magen-Darm-Verstimmungen. Den Wirkstoff der Pfefferminze verwendet

man auch bei der Herstellung von Zahnpasta oder Bonbons.

Salbei (▷ B 7)
Der Wiesensalbei ist ein Lippen-
blütengewächs. Er kommt auf
trockenen Wiesen vor und blüht
im Frühsommer. Im Garten pflanzt
man oft den Arznei-Salbei an.
Wenn man Salbei-Blätter zerreibt,
kann man den typischen Geruch
wahrnehmen. Aus den Blättern
bereitet man einen Tee zu, der bei
Erkältungen hilft. Auch Bonbons
gegen Heiserkeit enthalten Salbei.

Strahlenlose Kamille (▷ B 8)
Bei der Strahlenlosen Kamille sieht
man nicht sofort, dass sie zu den
Korbblütengewächsen gehört: Ihr
fehlen die weißen Zungenblüten.
Die Kamille findet man an Wegrändern und sogar zwischen Pflas-
tersteinen. Aus den Blütenköpfen
bereitet man einen Tee zu, der bei
Erkältungen und Entzündungen
im Mundbereich hilft. Es gibt auch
Kamillensalbe, die entzündungs-
hemmend wirkt.

Spitzwegerich (▷ B 9)
An Wegrändern, aber auch auf viel
begangenen Wiesen wächst der
Spitzwegerich. Seine schmalen,
spitzen Blätter sind in einem Kreis
am Boden angeordnet. Diese Anordnung nennt man eine Rosette.
Die Blattnerven in den Blättern
verlaufen parallel. Die kleinen,
grüngrauen Blüten sitzen dicht ge-
drängt am Ende eines hohen Stiels.
Die Blätter enthalten einen Stoff,
der zu Hustenmitteln verarbeitet
wird. Er löst den Schleim in den
Atemwegen.

Scharfer Mauerpfeffer (▷ B 10)
Auf Felsen, an Mauern und auf
Flachdächern kann man den gelb
blühenden Scharfen Mauerpfeffer finden. Man nennt ihn auch
Scharfe Fetthenne. Seine Blätter
sind klein und walzenförmig. Sie
sitzen dicht am bis zu 20 cm hohen
Stängel. In den Blättern kann der
Mauerpfeffer Wasser speichern. So
kann er auch große Trockenheiten
und die hohen Temperaturen an
seinem Standort überstehen.

Wilde Möhre (▷ B 11)
Die Wilde Möhre wird bis zu einem
Meter hoch. Ihre feinen Blätter und
der Stängel sind mit feinen Här-
chen überzogen. Die Wilde Möhre
besitzt viele kleine, weiße Blüten,
die eine Dolde bilden. Die Blüte in
der Mitte ist oft dunkel gefärbt und
wird „Mohrenblüte" genannt. Die
Wurzel der Wilden Möhre ist verdickt und hell. Aus der Wilden Möhre hat man die Karotte gezüchtet.
Diese Verwandtschaft kann man
leicht erkennen: Zerreibt man die
Blätter der Wilden Möhre, riechen
sie wie die Blätter der Karotte.

Zaunwinde (▷ B 12)
Die Zaunwinde fällt durch ihre
großen, trichterförmigen Blüten
auf. Ihr Stängel ist so schwach,
dass er sich nicht allein aufrecht
halten kann. Er windet sich deshalb
um andere Pflanzen oder auch um
einen Zaun. So bringt er die Blüten
und kleinen Blätter nach oben zum
Licht. Im Boden hat die Zaunwinde
dicke Wurzeln, in denen sie Nährstoffe speichern kann.

Eine Exkursion planen

1 Ziel der Exkursion

Ihr wollt nicht immer nur still drinnen sitzen, sondern raus in die Natur? Auf einer Exkursion könnt ihr sie hautnah erleben. Mit einem solchen Unterricht „vor Ort" bekommt ihr viele Einblicke in die Natur und eure Umgebung (▷ B 1).

Eure Ideen sind gefragt!
Bei der Planung einer Exkursion seid auch ihr gefragt! Bringt eure eigenen Ideen und Vorschläge ein. Besprecht das Thema der Exkursion vorher gemeinsam mit der Klasse und eurer Lehrerin oder eurem Lehrer.

Wohin soll es gehen?
Sammelt Informationen über das Ziel eurer Exkursion:
- Schaut euch Karten über das Gebiet an und surft im Internet.
- Bestellt Broschüren über die Umgebung.
- Nehmt Kontakt mit Fachleuten auf.

Habt ihr Fragen?
Sammelt gemeinsam Fragen, die euch zu dem Thema der Exkursion beschäftigen. Notiert diese Fragen in euer Biologieheft.

Immer schön nach Plan!
Legt den Ablauf der Exkursion fest und erstellt einen Zeitplan:
- Wann geht es los?
- Wie kommt ihr an euer Ziel?
- Wo plant ihr Treffpunkte ein?
- Wann wollt ihr die Exkursion beenden?

Was braucht ihr vor Ort?
- eine Schreibunterlage, Schreibzeug und Papier zum Protokollieren,
- Fernglas, Smartphone oder Digitalkamera,
- eine Tüte und Zeitungspapier zum Sammeln von Pflanzen und Blättern,
- Lupe, Gläschen und Bestimmungsbücher,
- zweckmäßige Kleidung: festes Schuhwerk und einen Regenschutz (▷ B 2).

Und was kostet es?
Denkt rechtzeitig an mögliche Kosten eurer Exkursion:
- Wie viel kostet die An- und Abreise?
- Müssen wir vielleicht auch Eintrittsgelder bezahlen?

Noch ist es nicht zu Ende!
Nach der Exkursion könnt ihr eure Ergebnisse dokumentieren: Ihr könnt zum Beispiel einen Exkursionsbericht schreiben. Vielleicht habt ihr auch vor, die gesammelten Fundstücke in einer kleinen Ausstellung zu präsentieren. Falls ihr Fotos gemacht oder Filme gedreht habt, könnt ihr diese auch in der Klasse zeigen.

Viel Spaß bei eurer nächsten Exkursion!

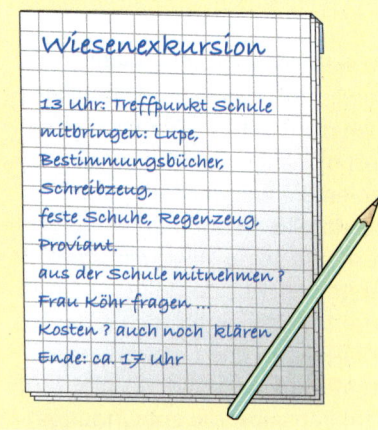

2 Planung einer Exkursion

Sammeln und aufbewahren

– Sammle keine Pflanzen im Natur-
  schutzgebiet.

– Betrete nicht unerlaubt ein Pri-
  vatgrundstück. Frage vorher um
  Erlaubnis.

– Gehe beim Sammeln kein Risiko
  ein: Sammle nicht an gefährlichen Orten, z. B. direkt an der
  Straße.

1 Wo darf ich nicht sammeln?

Oft findest du bei einem Spazier-
gang im Wald oder auf einer Wiese
interessante Dinge, die du mitneh-
men oder sammeln willst: Blätter,
Früchte oder auch ganze Pflanzen
samt ihren Wurzeln. Mit diesen
Funden kannst du dir deine eigene
biologische Sammlung aufbauen!

Ein Platz für deine Sammlung
Im Baumarkt gibt es preiswerte
Boxen für deine Fundstücke. Lege
die Gegenstände auf Watte oder
Papier. Beschrifte alles genau,

– Sammle keine unter Natur-
  schutz stehenden oder giftigen
  Pflanzen. Informiere dich vorher
  in einem Bestimmungsbuch über
  geschützte und giftige Pflanzen.

– Sammle keine Pflanzen, die nur
  in einer geringen Anzahl vorkommen. Es gilt die Regel:
  Von 20 Exemplaren einer Pflanzenart darf maximal eine Pflanze
  mitgenommen werden.

2 Was darf ich nicht sammeln?

damit du immer weißt, was es ist
und wann bzw. wo du es gefunden
hast (▷ B 3).

Das Herbarium
Eine Sammlung von gepressten
und getrockneten Blättern oder
Pflanzen nennt man Herbarium.
Lege deine gesammelten Pflanzen
sorgfältig zwischen einige Seiten

Zeitungspapier. Beschwere den
Stapel mit einem Brett und einigen
Büchern. Kontrolliere die Pflanzen
regelmäßig.
Wenn sie trocken sind, klebst du
jede Pflanze einzeln auf einen
weißen Papierbogen. Auf einem
Etikett schreibst du den Namen
der Pflanze auf, aber auch, wo und
wann du sie gefunden hast (▷ B 3).

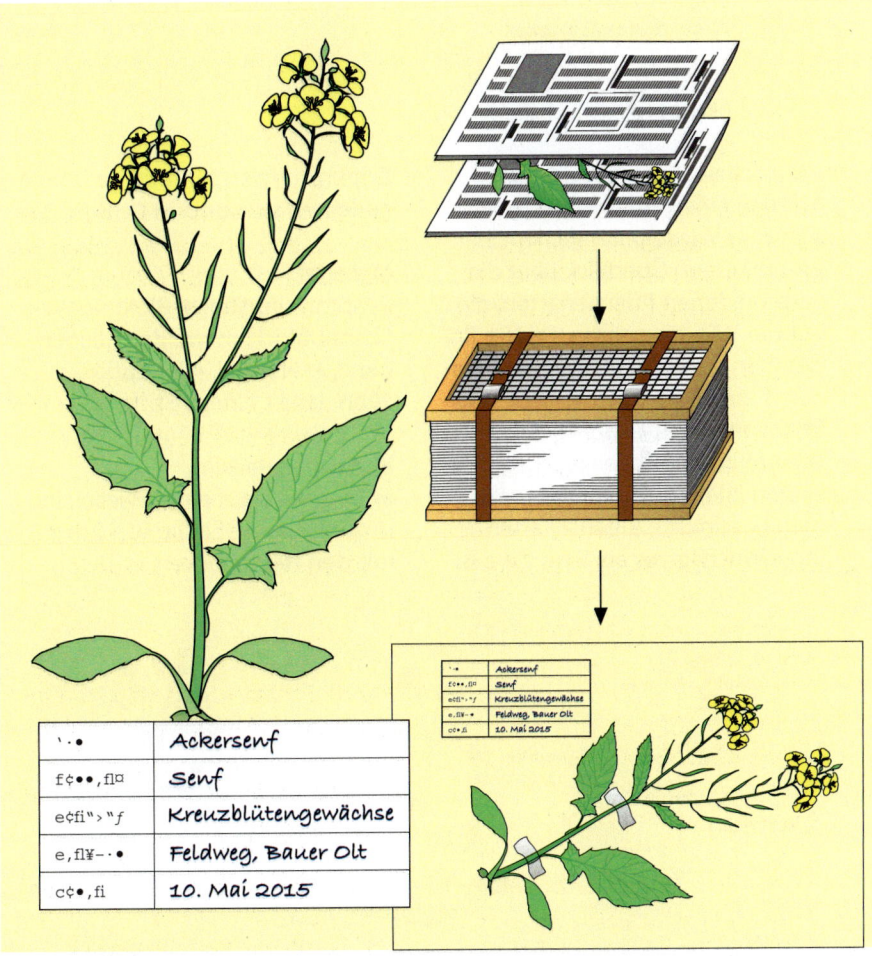

\`.●	Ackersenf
f¢●●,fl¤	Senf
e¢fi"›"f	Kreuzblütengewächse
e,fl¥–.●	Feldweg, Bauer Olt
c¢●,fi	10. Mai 2015

3 Ein Herbarium anlegen

Wir untersuchen eine Wiese

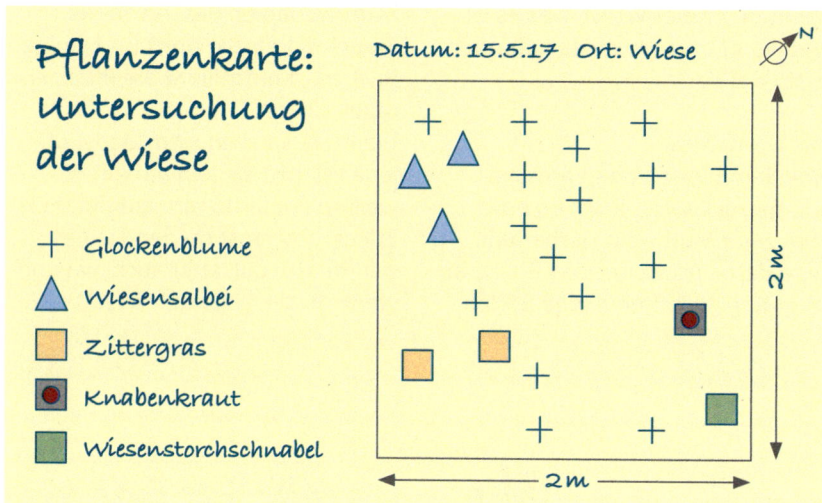

Pflanzenkarte: Untersuchung der Wiese

Datum: 15.5.17 Ort: Wiese

2 m

2 m

+ Glockenblume

△ Wiesensalbei

☐ Zittergras

⊙ Knabenkraut

☐ Wiesenstorchschnabel

1 Pflanzenkarte zur Untersuchung der Wiese

1 Erstellen einer Pflanzenkarte

Mithilfe einer **Pflanzenkarte** lässt sich eine Wiese untersuchen. Sie gibt dir einen Überblick über die verschiedenen Pflanzenarten, die auf der Wiese wachsen. Häufig findet man darunter sogenannte **Zeigerpflanzen** (▷ B 2; B 3). Dies sind Pflanzen, die nur unter bestimmten Umweltbedingungen wachsen. Sie zeigen allein durch ihr Vorkommen bestimmte Eigenschaften ihres Wuchsortes an. Sind sie z. B.

Zeigerpflanzen für feuchte Böden, gedeihen sie nur dort (▷ B 2).

Material
Bestimmungsbuch, Biologiebuch, Schreibblock, rotweißes Absperrband, Maßband, 4 Holzpflöcke (ca. 30 cm lang), Lineal, Stifte

Versuchsanleitung
a) Begrenze auf einer Wiese eine Untersuchungsfläche von 2 m x 2 m mit den Holzpflöcken.

b) Verbinde die Holzpflöcke mit dem Absperrband zu einem Quadrat.
c) Bestimme mithilfe eines Bestimmungsbuches möglichst viele Pflanzenarten auf deiner Untersuchungsfläche.
d) Zeichne auf ein Papier ein Quadrat mit 20 cm Seitenlänge.
e) Überlege dir für jede Pflanzenart ein Symbol, z. B. „+" für eine Glockenblume. Trage alle Pflanzenarten in die Pflanzenkarte ein (▷ B 1).

Aufgaben
1. Nenne die Pflanzenarten, die am häufigsten in deiner Untersuchungsfläche vorkommen.
2. Vergleiche deine gefundenen Pflanzen mit den Pflanzen aus Bild 2 und 3. Begründe, ob der Boden der Wiese feucht oder trocken ist.

2 Wasserstand einer Wiese
Material
Spaten, Kunststoff-Folie

Versuchsanleitung
a) Hebt an verschiedenen Standorten der Wiese ca. 30 cm tiefe Löcher aus und deckt sie mit Folie gut ab.

Kuckucks–Lichtnelke

Kohl–Kratzdistel

Echtes Mädesüß

Gemeiner Blutweiderich

Flatter-binse

2 Zeigerpflanzen für feuchten Boden

b) Nehmt nach einigen Tagen die Folie von den Löchern ab.

Aufgaben
1. Erklärt, warum die Löcher mit Folie abgedeckt werden müssen.
2. Notiert, ob sich in den Löchern Wasser gesammelt hat oder nicht, und welche Pflanzen dort wachsen können.

3 Kleinstlebewesen in der Wiese und dem Rasen
Material
Weißes Tuch, Biologiebuch, Lupe

Versuchsanleitung
a) Lege zunächst das weiße Tuch auf eine Wiese.
b) Beobachte einige Zeit, welche Tiere sich auf dem Tuch sammeln.
c) Versuche, einige Tiere mithilfe von Bild 4 zu bestimmen.
d) Wiederhole den Versuch auf einem gemähten Rasen an der Schule.

Aufgaben
1. Beschreibe die Unterschiede zwischen Wiese und Rasen.
2. Vergleiche dein Untersuchungsergebnis von der Wiese mit dem Ergebnis vom Rasen. Finde eine mögliche Erklärung hierfür.

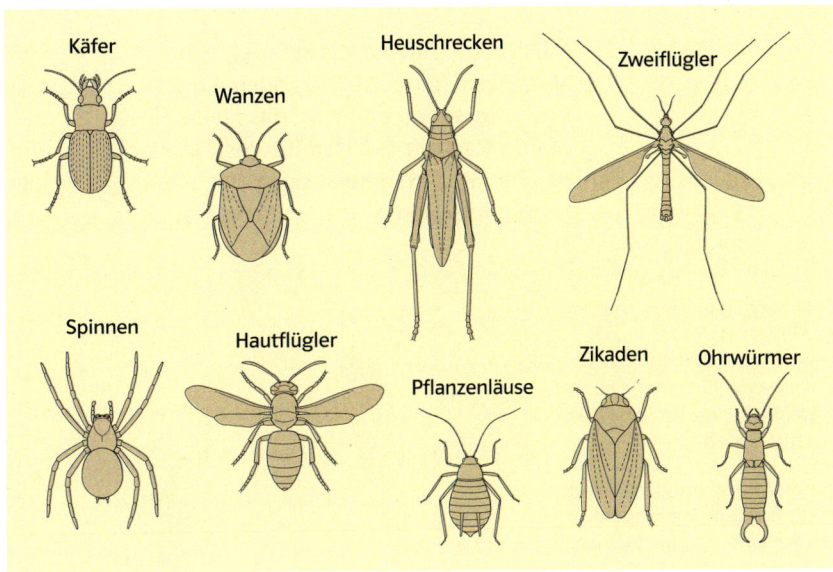

4 Kleinlebewesen auf der Wiese

4 Projekt „Sockenwiese"
Material
Helle Wollsocken, Plastikbeutel, Blumenkasten, Gartenerde, Wasser

Versuchsanleitung
a) Suche im Sommer oder im Frühherbst eine Wiese.
b) Ziehe dir die Socken an und gehe vorsichtig über die Wiese.
c) Zupfe danach die Samen ab, die an den Socken festhängen.
d) Lege die Samen in den mit Erde gefüllten Blumenkasten.

e) Stelle den Blumenkasten an einen sonnigen Ort (z. B. auf eine Fensterbank) und halte die Erde feucht. Achte darauf, dass die Wassermenge im Blumenkasten an die Wassermenge des Herkunftsortes – feuchte oder trockene Wiese? – angepasst ist.

Aufgaben
1. Führe ein Tagebuch über die Entwicklung deiner „Sockenwiese".
2. Bestimme die Pflanzen, die in deiner Wiese wachsen.

3 Zeigerpflanzen für trockenen Boden

Gräser ernähren die Menschheit

Müsli zum Frühstück, ein Steak zum Mittagessen und Abends noch ein Stück Brot. Hättest du gedacht, dass jede dieser Mahlzeiten mit **Gräsern** hergestellt wurde? Bei Gräsern denkst du sicher zuerst an den Rasen im Garten oder auf dem Fußballplatz. Gräser wachsen aber nicht nur dort, sondern auch auf unseren Feldern. Mit ihren langen, schmalen Blättern und den oft sehr unscheinbaren Blüten fallen sie nicht besonders auf. Dabei sind Gräser seit Jahrtausenden die wichtigsten

a) Der **Weizen** ist unser wichtigstes Brotgetreide. Man unterscheidet zwischen Winter- und Sommerweizen. Beide werden im Sommer geerntet. Fein gemahlen, ergeben die Körner ein hochwertiges Mehl.

b) Ein ebenfalls wichtiges Brotgetreide ist der **Roggen**. Roggenprodukte sind an der Färbung zu erkennen: Roggenbrötchen und -brote sind dunkler als Produkte aus Weizenmehl.

c) Die **Gerste** baut man als Futtergetreide für das Vieh an. Lässt man Gerstenkörner keimen und röstet sie anschließend, erhält man Malz. Malz bildet die wichtigste Grundlage für die Herstellung von Bier.

d) Der **Hafer** war früher Pferdefutter. Heute verarbeitet man die Körner zu Haferflocken. Im Gegensatz zum Weizen wachsen seine Körner nicht in Ähren, sondern in Rispen.

e) Der **Reis** ist eine Sumpfpflanze. Man baut ihn dort an, wo genügend Wasser und Wärme vorhanden sind. Ursprünglich stammt der Reis aus Ostasien. Fast die Hälfte der Weltbevölkerung ernährt sich von Reis.

f) Der **Mais** dient als Futterpflanze für Tiere. Wir essen Zuckermais als Gemüse oder Popcorn. Auch für die Energiegewinnung in Biogas-Anlagen pflanzt man Mais an.

g) Die **Hirse** war vor dem Anbau der Kartoffelpflanze ein wichtiges Nahrungsmittel in Europa. In vielen Ländern Afrikas gehört Hirsebrei noch heute zur täglichen Mahlzeit.

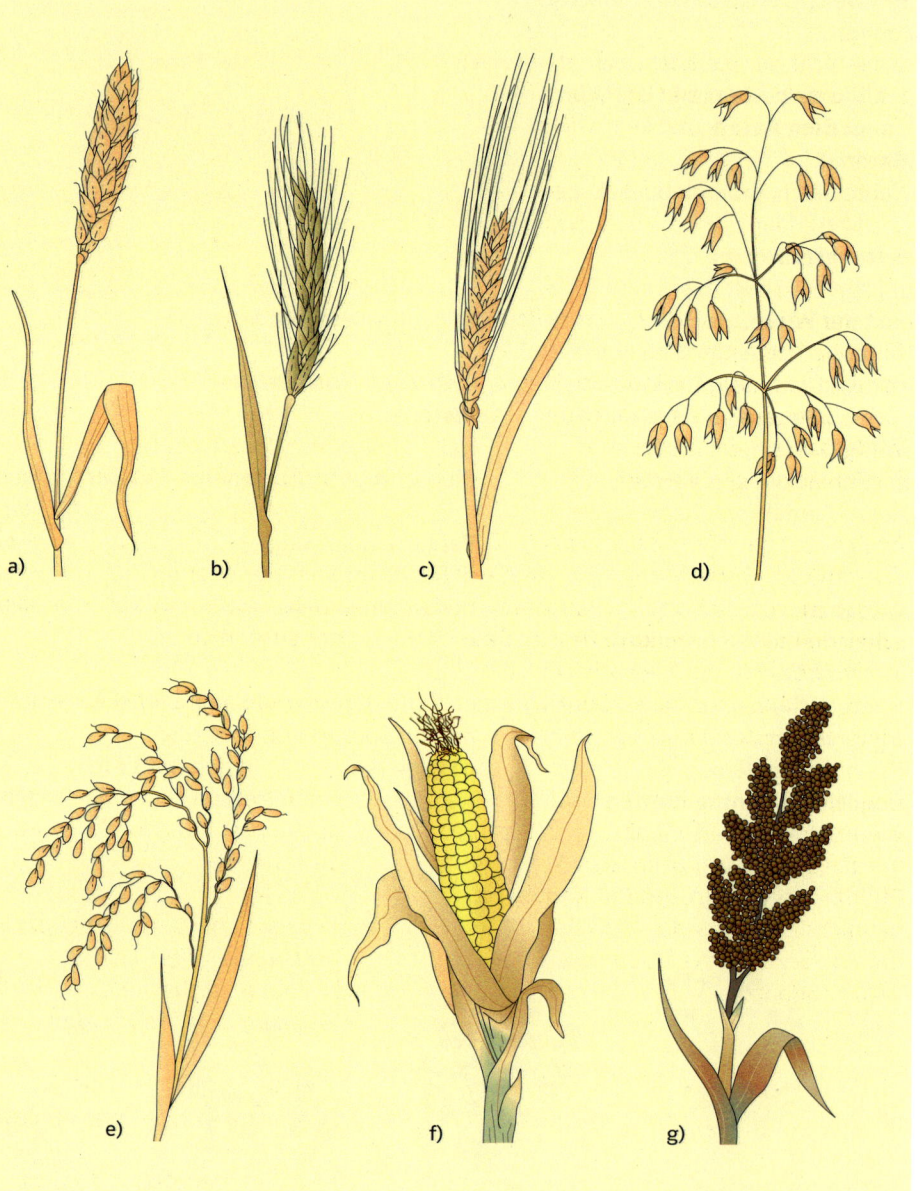

a)   b)   c)   d)

e)   f)   g)

1 Gräserarten

Nutzpflanzen für uns Menschen. Denn auch unser **Getreide** gehört zu den Gräsern (▷ B 1). Die Früchte des Getreides, die **Getreidekörner**, enthalten viele wichtige Nährstoffe, zum Beispiel **Stärke**.

Wir verarbeiten die Getreidekörner zu **Mehl**, aus dem wir unser Grundnahrungsmittel Brot backen. Mehl brauchen wir auch, um daraus z. B. Nudelteig herzustellen. Getreidekörner dienen außerdem als Tierfutter für Schweine und Rinder. Doch nicht nur die Körner werden verwertet. Die getrockneten Halme und Blätter der Gräser werden beispielsweise als Einstreu in Tierställen und als Brenn- und Baumaterial genutzt oder zu Haushaltsgegenständen wie Fußmatten oder Besen verarbeitet.

Von der Wildpflanze zur Kulturpflanze

Getreide baut man seit vielen Tausend Jahren an. Die heutigen Getreidepflanzen sind **Kulturpflanzen**, die aus Wildpflanzen – den **Wildgräsern** – gezüchtet wurden. (► Entwicklung, S. 146/147)

Auch unser heutiger **Saatweizen** (▷ B 2) entstand durch **Züchtung** (► S. 86/87) aus Wildgräsern. Sein Vorfahre war wahrscheinlich das **Wildeinkorn** (▷ B 2). Das Wildeinkorn hat nur kleine Körner, die leicht aus der **Ähre** fallen. Der Halm ist dünn und knickt bei Wind leicht um.

Über Jahrtausende hinweg veränderte der Mensch diese Wildpflanze. Er säte immer nur die Samen von besonders kräftigen Pflanzen mit vielen, großen Körnern aus, die nicht leicht aus der Ähre fielen. So entstand unsere kräftige und ertragreiche Weizenpflanze.

Getreidepflanzen sind Gräser. Die Getreidekörner enthalten viel Stärke. Getreide ist deshalb ein wichtiges Nahrungsmittel für die Menschen. Die heutigen Getreidesorten entstanden durch Züchtung aus Wildgräsern.

2 Wildeinkorn (oben) und Saatweizen (unten)

AUFGABEN

1 Stelle tabellarisch die Getreidearten und ihre Nutzung einander gegenüber.

2 Erläutere, warum die Gräser eine wichtige Nahrungsgrundlage für uns Menschen sind.

3 Finde mithilfe von Bild 1 diejenigen Merkmale, anhand derer du Weizen, Roggen, Hafer und Gerste voneinander unterscheiden kannst.

4 a) Vergleiche das Wildeinkorn mit dem Saatweizen (▷ B 2) und beschreibe Unterschiede.
b) Erkläre die Vorteile des Saatweizens für uns Menschen im Vergleich zum Wildeinkorn.

5 Beschreibe, wie man eine Weizensorte züchten kann, die auch in sehr trockenen Regionen wächst.

6 „Wer Rindfleisch isst, ernährt sich indirekt auch von Gras." Erläutere diese Aussage.

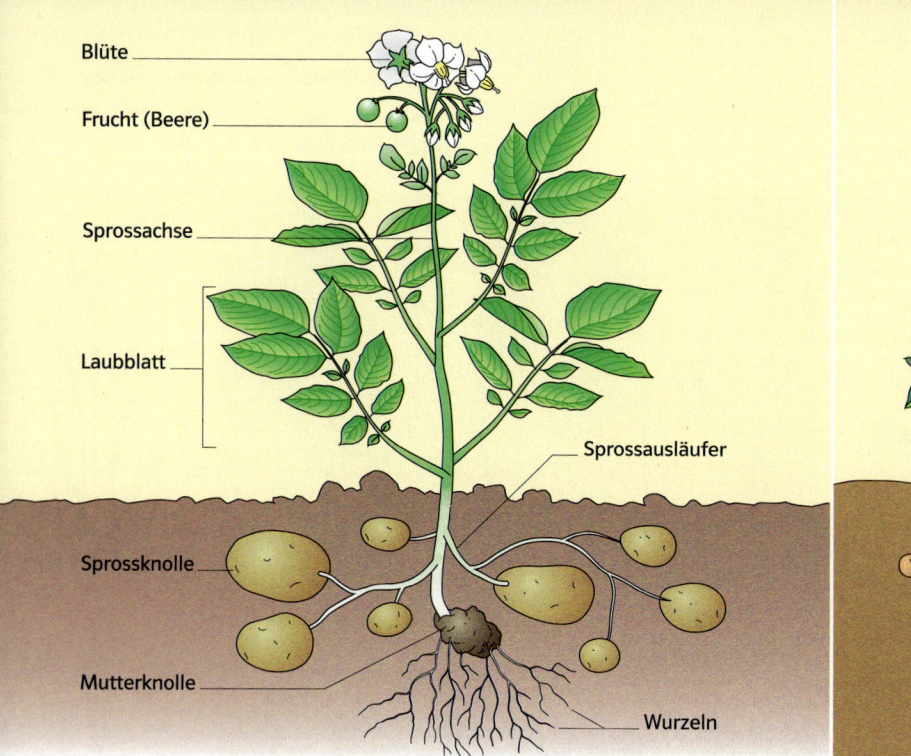

Blüte

Frucht (Beere)

Sprossachse

Laubblatt

Sprossausläufer

Sprossknolle

Mutterknolle

Wurzeln

1 Die Kulturform der Kartoffelpflanze

2 Die Wildform der Kartoffel

Die Kartoffel – eine Nutzpflanze

Die Kartoffel kommt nach Europa

Egal ob Pommes, Bratkartoffeln oder Kartoffelchips: Die Kartoffel ist von unserem Speiseplan kaum wegzudenken. Doch das war nicht immer so.

Die Spanier waren die ersten Europäer, die auf ihren Reisen nach Peru und Bolivien Kartoffeln kennenlernten. Im Jahr 1565 brachten sie die ersten Kartoffelpflanzen nach Spanien. Lange Zeit wussten die Menschen hier nicht, dass man die Kartoffelknollen essen kann. Sie pflanzten die Kartoffel als Zierpflanze an und erfreuten sich an den Blüten und Beeren (▷ B 1).

Der „Durchbruch" der Kartoffel

Erst ab dem 17. Jahrhundert erkannten die Menschen den Wert der Kartoffel als **Nutzpflanze**. Man hatte herausgefunden, dass Kartoffelpflanzen – anders als das Getreide – auch in schlechten Böden wachsen. So konnte man sie fast überall und dazu sehr einfach und ohne Werkzeug anbauen.

Auch die Verarbeitung war leichter als beim Getreide: Man muss Kartoffeln nicht dreschen und mahlen, sondern nur kochen.

Der Anbau der Kartoffel

Man legt eine Knolle, die **Mutterknolle**, in den Boden (▷ B 1). Aus dieser wächst die **Sprossachse** der neuen Kartoffelpflanze. Für ihr Wachstum nutzt die Pflanze die Stärke, die in der Mutterknolle gespeichert ist. An den unterirdischen Teilen der Sprossachse im Boden bilden sich **Sprossknollen** aus. Das sind die „Kartoffeln", die wir essen können. Alle oberirdischen, grünen Teile der Pflanze sind giftig! Wenn die oberirdischen Teile verblüht und vertrocknet sind, holt man die Sprossknollen aus dem Boden. Im Laufe des Sommers haben sie ausreichend Stärke, andere wichtige Nährstoffe und Vitamine gespeichert. Die Mutterknolle ist dagegen geschrumpft und nicht mehr genießbar. (▶ Stoff- und Energieumwandlung, S. 142/143)

Probleme mit der Kartoffel

Die Kartoffel ist ein billiges und gleichzeitig sehr nahrhaftes Lebensmittel. Deshalb wurde sie in vielen Teilen Europas zur Hauptnahrungsquelle der Bevölkerung. Viele Bauern bauten nur noch Kartoffeln an und die Menschen hatten genug zu essen. Im 19. Jahrhundert wurden die Kartoffelpflanzen jedoch von **Kartoffelkrankheiten** befallen. Es kam zu Missernten und Millionen Menschen verhungerten. Außerdem wurde aus Amerika der **Kartoffelkäfer** (▷ B 3) eingeschleppt. Dieser Schädling und seine Larven ernähren sich von den Blättern der Kartoffelpflanze und können ganze Felder kahl fressen. Wieder kam es zu Ernteausfällen und zu Hungersnöten. Daraus lernte man, dass man nicht ausschließlich Kartoffeln anbauen sollte.

Moderner Kartoffelanbau

Heute bepflanzt man ein Feld nur alle drei Jahre mit Kartoffeln, damit sich der Boden erholen kann. Trotzdem erntet man in Deutschland jährlich 10 Millionen Tonnen Kartoffeln. Die werden aber nicht wie früher mit der Hand angebaut und geerntet. Eine **Kartoffelpflanzmaschine** legt im Frühjahr die Mutterknollen auf den Boden des Feldes und drückt sie leicht hinein. Dann schiebt die Maschine etwas Erde über den Knollen zu kleinen Hügeln zusammen. Die ersten Kartoffeln kann man schon im Juni aus dem Boden holen. Die große Kartoffelernte findet jedoch erst im Herbst statt. **Erntemaschinen** tragen die kleinen Erdhügel ab und sieben die Kartoffeln aus dem Boden.

Nutzung der Kartoffeln

Neben den etwa 4 000 **Speisekartoffel-Sorten** gibt es auch die **Wirtschaftskartoffeln**, die nicht zum Essen geeignet sind. Durch Züchtung bekamen sie einen sehr hohen Stärkeanteil. Stärke ist nicht nur ein energiehaltiger Nährstoff, sondern auch ein wichtiger **Rohstoff**. Man verwendet Stärke z. B. zur Herstellung von Kleister, Pappe oder Folien.

3 Der Kartoffelkäfer und seine Larve

Aus der Mutterknolle wächst die Sprossachse der Kartoffelpflanze. Im Boden bilden sich an der Sprossachse die Sprossknollen. Sie enthalten viel Stärke. Deshalb sind Kartoffeln wichtige Nahrungsmittel und Rohstofflieferanten.

AUFGABEN

1 Beschreibe den Aufbau einer Kartoffelpflanze.

2 Nenne Gründe, warum die Zierpflanze Kartoffel in Europa zur Nutzpflanze wurde.

3 Stelle eine Vermutung auf, welche Probleme entstehen können, wenn man ausschließlich Kartoffeln anbaut.

4 Erstelle eine Mind-Map, in der du die Verwendung der Kartoffel als Nutzpflanze aufzeigst.

5 a) Vergleiche die Kartoffelpflanze (▷ B 1) mit der Wildform der Kartoffel (▷ B 2). Beschreibe Unterschiede und Gemeinsamkeiten.
b) Erläutere, wie die heutigen Kartoffelpflanzen gezüchtet wurden.

6 Erkläre, warum die Herbstferien früher als „Kartoffelferien" bezeichnet wurden.

Versuche mit der Kartoffel

1 Das Wachstum der Kartoffelpflanze

Dieser Versuch dauert mehrere Monate. Es ist eine **Langzeitbeobachtung**. Wichtig ist, dass ihr alle Beobachtungen in einem Protokoll mit dem genauen Datum notiert.

Material

Große Blumentöpfe, Blumenerde, Wasser, Kartoffelknollen

Versuchsanleitung

a) Füllt die Blumentöpfe mit Erde.
b) Setzt je eine Kartoffelknolle etwa 5 bis 10 cm tief in die Erde eines Blumentopfes.
c) Stellt die Blumentöpfe an einen hellen Ort und gießt täglich. Die Erde darf aber nicht zu nass werden.

Aufgaben

1. Betrachtet die Kartoffelpflanzen (▷ B 1) einmal in der Woche. Notiert eure Beobachtungen mit Datum.
2. Schüttet die Blumentöpfe aus, wenn das Laub der

Kartoffelpflanzen welk wird. Schreibt auf, was ihr entdeckt.
3. Sucht nach den Mutterknollen. Vergleicht sie mit den gewachsenen Tochterknollen. Beschreibt und erklärt die Unterschiede.

2 Die Augen der Kartoffeln

Wenn du eine Kartoffelknolle genau anschaust, kannst du darauf kleine Vertiefungen erkennen: die **Augen** (▷ B 2). Wozu braucht eine Kartoffel diese Augen?

Material

2 Kunststoffschalen, 2 durchsichtige Kunststoff-Blumentöpfe, Blumenerde, Wasser, 2 Kartoffeln, Messer

Versuchsanleitung

a) Entferne von einer Kartoffel mit einem Messer vorsichtig alle Augen.
b) Fülle die Kunststoffschalen mit feuchter Erde. Lege die beiden Kartoffeln darauf.
c) Bedecke die Schalen jeweils mit einem durchsichtigen Blumentopf.

d) Stelle die zwei Gefäße mehrere Tage auf eine Fensterbank.

Aufgaben

1. Beobachte die Kartoffeln mehrere Tage lang und protokolliere deine Beobachtungen.
2. Beschreibe Unterschiede zwischen der Kartoffel mit Augen und der Kartoffel ohne Augen.
3. Erkläre die Funktion der Augen für eine Kartoffel.

3 Kartoffeln im Licht und im Dunkeln

Material

2 Kunststoffschalen, 1 durchsichtiger und 1 schwarzer Blumentopf aus Kunststoff, Blumenerde oder Kompost, 4 Kartoffeln, 1 Messer, Wasser

3 Kartoffeln im Dunkeln

Versuchsanleitung

a) Fülle zwei Kunststoffschalen mit feuchter Erde. Lege jeweils zwei Kartoffeln darauf.
b) Überdecke eine Schale mit einem durchsichtigen Blumentopf, die andere mit einem schwarzen Blumentopf (▷ B 3).
c) Stelle die beiden Gefäße mehrere Tage lang auf eine Fensterbank.

1 Kartoffelpflanze

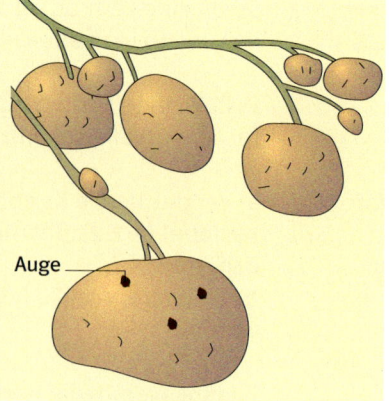

Auge

2 Die Augen der Kartoffel

Aufgaben

1. Beobachte die Kartoffeln mehrere Tage lang und protokolliere deine Beobachtungen.
2. Nenne den Umweltfaktor, der für die unterschiedliche Entwicklung der Kartoffeln verantwortlich ist.
3. Schneide die Kartoffeln jeweils in zwei Hälften. Beschreibe Unterschiede zwischen den Kartoffelknollen.
4. Wenn eine Kartoffel grüne Stellen hat, darf man sie nicht mehr essen, denn die grünen Stellen sind giftig. Beschreibe, wie man Kartoffeln lagern sollte, damit sich keine grünen Stellen bilden.

4 Funktion der Kartoffelschale

In einem Experiment wurde eine rohe Kartoffel geschält und so zurechtgeschnitten, dass sie genau gleich schwer war wie eine ungeschälte rohe Kartoffel.
In den folgenden Tagen wurden beide Kartoffeln bei Zimmertemperatur (ca. 20 °C) aufbewahrt und täglich gewogen. Die Messwerte wurden in einer Tabelle notiert (▷ B 4).

Aufgaben

1. Stelle die Messwerte aus der Tabelle (▷ B 4) in einem Säulendiagramm dar.
2. Beschreibe das Versuchsergebnis.
3. Führe das Experiment selbstständig durch. Formuliere hierfür eine möglichst genaue Versuchsanleitung.
4. Vergleiche dein Ergebnis mit den Messwerten aus der Tabelle. Erläutere mögliche Unterschiede.
5. Erkläre die Funktion der Kartoffelschale für eine Kartoffel.

Tag	geschälte Kartoffel (Masse in Gramm)	ungeschälte Kartoffel (Masse in Gramm)
1	129	129
2	107	128
3	93	128
4	83	127
5	74	127
6	68	126
7	65	126

4 Zu Versuch 4

5 Stärkenachweis

Material
Schutzbrille, Stärke, Traubenzucker, Puderzucker, 3 Petrischalen, Pipette, Iod-Kaliumiodid-Lösung

Versuchsanleitung
a) Fülle jeweils etwas Stärke, Traubenzucker und Puderzucker in eine Petrischale.
b) Gib zu allen drei Stoffen je 2–4 Tropfen Iod-Kaliumiodid-Lösung und beobachte.

Aufgaben
1. Beobachte die Reaktionen in der Petrischale und beschreibe die Unterschiede.
2. Beschreibe und erkläre, wie Stärke mit Iod-Kaliumiodid-Lösung reagiert.

6 Wäschestärke

In der professionellen Wäschereinigung kommt täglich auch Wäschestärke zum Einsatz. Sie festigt den Stoff, z. B. von Hemden, und schützt ihn vor Schmutz. Ist die Wäschestärke dieselbe Stärke wie in einer Kartoffel?

Material
Schutzbrille, Kartoffeln, Schälmesser, Schüssel, Reibe, Küchentuch, 2 kleine Leinentücher, Becherglas, Iod-Kaliumiodid-Lösung, Wasser, Sprühstärke, Föhn

Versuchsanleitung
a) Schäle einige Kartoffeln und reibe sie in eine Schüssel.
b) Gib etwas Wasser hinzu und knete ein wenig durch, sodass ein Brei entsteht.
c) Gib den Brei auf ein Küchentuch und wickle ihn ein.
d) Presse die Flüssigkeit aus dem Brei aus und fange sie in einem Becherglas auf.
e) Tauche ein Leinentuch in die aufgefangene Flüssigkeit und trockne es anschließend mit dem Föhn.
f) Besprühe nun das andere Leinentuch mit etwas Sprühstärke. Trockne auch dieses Tuch mit dem Föhn.
g) Nimm die beiden Leinentücher und das Küchentuch in die Hand und beschreibe, wie sie sich anfühlen.
h) Gib ein paar Tropfen Iod-Kaliumiodid-Lösung auf alle drei Tücher.

Aufgaben
1. Erkläre die Veränderung der Tücher, nachdem du die Iod-Kaliumiodid-Lösung darauf getropft hast. Bei welchen Tüchern konntest du Stärke nachweisen?
2. Erläutere, warum Kartoffeln zur Herstellung von Wäschestärke verwendet werden.

Landwirtschaft – früher und heute

1 Landwirtschaft früher

2 Zum Schutz vor Schädlingen: Einsatz von Pflanzenschutzmitteln

Fährt man heute im Herbst aufs Land, kann man riesige Maschinen bei der Ernte von Getreide, Kartoffeln oder Mais beobachten. Früher hätte man höchstens ein paar Bauern mit ihren Ochsen auf den Feldern entdeckt (▷ B 1). Die Anbau- und Erntemethoden haben sich stark verändert. Nur so kann mehr Nahrung produziert und mehr Menschen können ernährt werden. Denn heute leben auf der Erde so viele Menschen wie noch nie zuvor.

Beginn des Ackerbaus

Lange Zeit lebten die Menschen als Jäger und Sammler. Auf der Suche nach Nahrung zogen sie von Ort zu Ort. Meistens verzehrten die Menschen alle Früchte und Samen, die sie gesammelt hatten. Vor über 10 000 Jahren aber begannen sie in Vorderasien, einen Teil der Samen aufzubewahren und die Samen später auszusäen. Da die Menschen die Pflanzen anbauten, mussten sie nicht mehr nach Nahrung suchen: Sie wurden sesshaft, d. h. sie gründeten die ersten Siedlungen.

In Mitteleuropa begannen die Menschen vor etwa 7 000 Jahren mit dem Ackerbau. Da sie Platz für Felder und Dörfer brauchten, rodeten sie die Wälder und veränderten so die ursprünglichen Landschaften.

Traditionelle Landwirtschaft

Während des Mittelalters (ungefähr von 500 – 1500 n. Chr.) gab es in weiten Teilen Mitteleuropas eine ganz bestimmte Form der Ackernutzung: die Dreifelderwirtschaft. Bei der Dreifelderwirtschaft wird ein Acker drei Jahre lang jedes Jahr unterschiedlich genutzt. Im ersten Jahr sät man z. B. Weizen, Roggen oder Dinkel. Im darauf folgenden Jahr pflanzt man Hafer, Gerste oder Gemüse. Im dritten Jahr wird die Fläche nicht bearbeitet. Während dieser Brache kann sich der Boden erholen.

Die Dreifelderwirtschaft lieferte hohe Erträge und ermöglichte ein starkes Bevölkerungswachstum. Zur Bearbeitung der Felder nutzten die Bauern damals Ochsen und die eigene Muskelkraft.

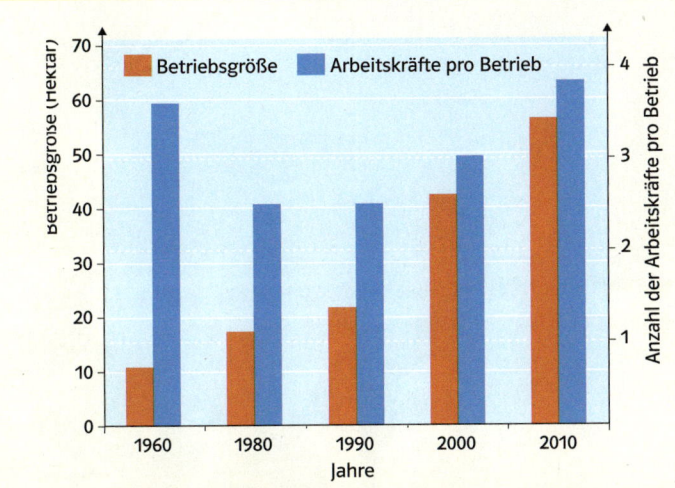

3 So viele Menschen arbeiten in einem Betrieb.

Jahr	Ertrag (kg pro Hektar) (1 Hektar = 10 000 m²)
1800	1000
1930	2200
1950	2600
1970	4300
1990	6500
2010	8506

4 Die Erträge von Weizen

Moderne Landwirtschaft

Heute erzielen die Landwirte wesentlich höhere Erträge, denn die Nutzpflanzen wurden durch Zucht weiterentwickelt. Auch die Erfindung moderner Maschinen trug zu besseren Ernten bei. Der Einsatz von Maschinen lohnt sich aber nur, wenn auf einem Feld ausschließlich eine Pflanzensorte angebaut wird. Das nennt man eine Monokultur. So können die Pflanzen einfach und zum selben Zeitpunkt geerntet werden. Allerdings sind Monokulturen sehr anfällig für Schädlinge und Krankheiten. Sobald in einer Monokultur die ersten Pflanzen befallen sind, können sich die Krankheitserreger und Schädlinge schnell vermehren und ausbreiten. So gefährden sie die gesamte Ernte. Um dies zu verhindern, setzen viele Landwirte Pflanzenschutzmittel ein (▷ B 2). Diese Mittel töten zwar die Schädlinge, manchmal sind sie aber auch für andere Tiere und für uns Menschen gefährlich.

Ökologische Landwirtschaft

Heute betreiben viele Landwirte ökologische Landwirtschaft. Dabei versucht man, auf den Einsatz von Pflanzenschutzmitteln und Dünger zu verzichten. Dies gelingt, indem man auf einem Feld nicht immer dieselben Nutzpflanzen anbaut. So wird der Boden geschont. Außerdem pflanzt man neben den Feldern Hecken und Bäume an. Diese bieten vielen Insekten und anderen Tieren einen Lebensraum. Die Tiere ernähren sich von den Schädlingen und schützen so die Pflanzen. In der ökologischen Landwirtschaft pflanzt man häufig auch alte Pflanzensorten an. Diese liefern zwar einen geringeren Ertrag, sind aber besonders robust.

AUFGABEN

1 Beschreibe den Nutzen der Dreifelderwirtschaft.

2 Erkläre, warum Monokulturen besonders anfällig für Schädlinge sind.

3 Beschreibe die Unterschiede zwischen der ökologischen und der sogenannten „konventionellen", also der nicht ökologischen Landwirtschaft.

4 a) Erläutere die in Bild 3 dargestellten Daten.
b) Erkläre, wie es zu dieser Entwicklung kam.

5 a) Erstelle aus den Daten von Bild 4 ein geeignetes Diagramm.
b) Erkläre die Veränderungen bei den Erträgen der Weizenernte.

6 Brot aus ökologisch erzeugtem Getreide kostet etwa 30 % mehr als Brot aus konventionell erzeugtem Getreide. Würdest du es kaufen? Begründe deine Entscheidung.

131

1 – 6 Pflanzen liefern Rohstoffe für viele Produkte.

Rohstoff- und Energielieferanten

Pflanzen nutzen die Energie der Sonne

Alle Pflanzen benötigen Licht zum Leben. Sie nutzen die **Energie** des **Sonnenlichts** zum Wachsen und zur Herstellung von Stoffen wie Zucker, Stärke oder Öl. Diese Stoffe sind für uns wichtige Nährstoffe. (► Stoff- und Energieumwandlung, S.142/143)

Pflanzen liefern Rohstoffe

Ursprünglich bauten die Landwirte auf ihren Feldern nur Pflanzen an, die uns als Nahrung dienen: Getreide, Kartoffeln, Rüben, verschiedene Gemüse und Salat. Heute werden auf den Äckern auch **Industriepflanzen** angebaut. Teile dieser Pflanzen oder Stoffe, die sie bilden, sind für uns wichtige **Rohstoffe** (▷ B 1 – B 6).

Bäume zum Beispiel liefern uns **Holz**. Holz verwenden wir schon sehr lange zum Bau von Häusern und Möbeln. Auch die ersten Räder und Schiffe wurden aus Holz gebaut. Holz kann man auch zu Papier verarbeiten. Aus Baumwoll-, Hanf- und Leinpflanzen gewinnt man lange, dünne **Fasern**. Daraus werden Stoffe für Kleidung hergestellt. Da viele dieser Fasern weiß sind, färben wir sie mit **Farbstoffen** aus **Färberpflanzen.**

Auch zur Herstellung von Cremes und Seifen verwenden wir Pflanzenstoffe. Beispielsweise machen **Öle** und **Fette** aus Oliven, Avocados und Mandeln die Haut geschmeidig und glatt. Viele Pflanzen, z. B. der Lavendel, produzieren **etherische Öle**. Diese besitzen einen starken Geruch und sorgen dafür, dass unsere Kosmetikprodukte angenehm riechen. Auch aus den Samen von Sonnenblume und Raps gewinnt man Öl. Dieses verwendet man zur Zubereitung von Speisen und zur Herstellung von Margarine.

Nutzpflanzen als Energielieferanten

Die **Zuckerrübe** ist eine Nutzpflanze. Man gewinnt aus ihr unseren Haushaltszucker. Aber auch als Futtermittel für Tiere wird sie verwendet. Wenn man Nutzpflanzen aber deshalb anbaut, um daraus Energie zu gewinnen, nennt man sie **Energiepflanzen**.

Autofahren mit Zuckerrüben

Aus Zuckerrüben stellt man **Bioethanol** her. Bioethanol dient uns als Treibstoff für Autos. Hierfür mischt man Bioethanol mit Benzin. Dadurch ersetzt man einen Teil des Benzins und versucht so, den Erdöl-Verbrauch zu senken. Ein solcher Treibstoff wird an der Tankstelle als **„E10-Benzin"** verkauft. In Deutschland stellt man auch aus Getreide große Mengen Bioethanol her.

Die Biogas-Anlage

Heute ist eine der wichtigsten Energiepflanzen der **Mais** (▷ B 7). Früher nutzte man ihn fast nur als Tierfutter und als Lebensmittel. Um aus Mais Energie zu gewinnen, kommt er zusammen mit Stallmist, Gülle und Pflanzenresten in eine **Biogas-Anlage** (▷ B 8). In ihr verarbeiten Kleinstlebewesen die Pflanzen zu **Biogas**. Hauptsächlich wird Biogas zur Stromerzeugung genutzt. Außerdem kann man es als Treibstoff für Personen- und Lastkraftwagen oder als Heizgas verwenden.

Wir nutzen Pflanzen heute nicht nur als Nahrungsmittel. Industriepflanzen liefern uns wichtige Rohstoffe. Aus Energiepflanzen gewinnen wir Energie.

AUFGABEN

1 Erläutere den Begriff „Rohstoff".

2 Beschreibe, was man unter „Energiepflanzen" versteht.

3 Erstelle eine Tabelle, in der du verschiedene Industriepflanzen, die daraus gewonnenen Rohstoffe und die fertigen Produkte einander gegenüberstellst.

4 Erkläre, warum die Zuckerrübe sowohl ein wichtiger Rohstofflieferant als auch eine wichtige Energiepflanze ist.

5 „Wenn wir aus Pflanzen Energie gewinnen, nutzen wir die Energie der Sonne." Erkläre diese Aussage.

6 In vielen Ländern wird heute immer mehr Mais zur Energiegewinnung anstatt als Nahrungsmittel angebaut. Erläutere mögliche Folgen.

7 Der Mais, eine der wichtigsten Energiepflanzen

8 Eine Biogas-Anlage

Zusammenfassung

Blütenpflanzen

Alle Blütenpflanzen bestehen aus den gleichen Grundorganen: Blatt, Sprossachse und Wurzel. Die Blüten sind keine Grundorgane, denn sie sind umgewandelte Blätter. Auch unsere Zimmerpflanzen sind Blütenpflanzen. Damit sie gedeihen, brauchen sie eine besondere Pflege.

Arbeitsteilung in der Pflanze

Jedes Organ einer Pflanze hat seine Aufgabe: Die Wurzel verankert die Pflanze im Boden. Mit ihr nimmt die Pflanze Wasser und Mineralstoffe auf. Die Sprossachse bringt Blätter und Blüten in eine günstige Position. Leitungsbahnen im Stängel führen das Wasser nach oben. Mithilfe der grünen Blätter ernähren sich Pflanzen. Die Blüten dienen der Fortpflanzung. Pflanzen sind ein System von Organen, die zusammenarbeiten.

Pflanzen erkennen und unterscheiden

Mithilfe von Bestimmungsbüchern und Bestimmungstabellen kann man den Namen einer Pflanze herausfinden. Pflanzen mit gemeinsamen Merkmalen fasst man zu Pflanzenfamilien zusammen. Angehörige einer Pflanzenfamilie ähneln sich im Blütenbau und oft auch in der Anordnung

der Blätter am Stängel. Viele Pflanzen kann man als Heilpflanzen verwenden.

Von der Wild- zur Kulturpflanze

Unsere heutigen Getreidepflanzen, z. B. Weizen, Roggen oder Mais, stammen von Wildpflanzen ab. Sie alle sind Gräser. Durch gezielte Züchtung wurden verschiedene Wildgräser zu unseren heutigen Kulturpflanzen. Im Vergleich zur Wildpflanze haben die Kulturpflanzen u. a. größere und mehr Getreidekörner, festere Ähren und eine einheitliche Wuchshöhe. Dies erreichte man, indem man immer nur die Samen von Pflanzen aussäte, die die gewünschten Eigenschaften besaßen.

Die Kartoffel

Die Kartoffel stammt ursprünglich aus Südamerika. Im 16. Jahrhundert wurde sie nach Europa gebracht und hier zunächst als Zierpflanze verwendet. Heute ist die Kartoffel eine wichtige Nutzpflanze. Zum Anbau legt man die Mutterknolle in den Boden. Aus ihr wächst eine neue Kartoffelpflanze heran. Im Boden bilden sich die Sprossknollen, in denen viel Stärke gespeichert ist. Im Herbst können die Sprossknollen geerntet werden. Heute gibt es durch Züchtung über 4000 verschiedene Kartoffelsorten.

Pflanzen als Rohstoff- und Energielieferanten

Wir nutzen Pflanzen nicht nur als Nahrungsmittel. Industriepflanzen liefern uns wichtige Rohstoffe, zum Beispiel Stärke, Öl und Fette. Viele Nutzpflanzen, beispielsweise der Mais, sind aber auch wichtige Energiepflanzen. Aus Energiepflanzen gewinnen wir Energie. Zum Beispiel erzeugen wir in Biogas-Anlagen aus Mais und anderen Pflanzenresten Biogas. Das Biogas nutzen wir hauptsächlich zur Stromerzeugung.

1 Der Mais: Nutz- und Energiepflanze

AUFGABEN

1 Ordne den Organen einer Blütenpflanze die entsprechenden Aufgaben zu. Erstelle hierzu eine Tabelle.

👍 Super! ❓ ► S.109, 112/113

2 Erläutere, was Biologen mit dem Begriff „Bestimmen" meinen.

👍 Super! ❓ ► S.116/117

3 Nenne vier Pflanzenfamilien.

👍 Super! ❓ ► S.114/115

4 a) Beschreibe den äußeren Bau eines Blattes.
b) Erläutere, welche Aufgabe ein Blatt erfüllt.

👍 Super! ❓ ► S.112/113

5 Eine Pflanze in eurem Klassenzimmer gedeiht nicht richtig. Stelle Vermutungen an, woran das liegen könnte. Schlage begründete Veränderungen vor.

👍 Super! ❓ ► S.108

6 Suche dir fünf Gemüsesorten aus und erkläre, welche Teile der Pflanze wir nutzen.

👍 Super! ❓ ► S.112–115, 126/127

7 Die Wilde Möhre hat, im Vergleich zu einer Karotte, eine dünne, bleiche Wurzel. Stelle Vermutungen an, wie aus ihr unsere bekannte Karotte entstand.

👍 Super! ❓ ► S.112/113

8 Nenne vier Getreidepflanzen und gebe an, wie sie jeweils verwendet werden.

👍 Super! ❓ ► S.124/125

9 a) Nenne Unterschiede zwischen dem Wildeinkorn und dem heutigen Saatweizen.
b) Ordne dem Wildeinkorn und dem Saatweizen die Begriffe „Wildpflanze" und „Kulturpflanze" zu.
c) Beschreibe, wie der Saatweizen aus dem Wildeinkorn gezüchtet wurde.

👍 Super! ❓ ► S.125

10 Nenne Gründe, warum die Kartoffel früher in Europa ausschließlich eine Zierpflanze war.

👍 Super! ❓ ► S.126/127

11 Kartoffeln enthalten viel Stärke. Erläutere die Bedeutung von Stärke für uns Menschen.

👍 Super! ❓ ► S.126/127

12 Erkläre den Unterschied zwischen den beiden Begriffen „Industriepflanze" und „Energiepflanze".

👍 Super! ❓ ► S.132/133

13 Erstelle eine Tabelle, in der du verschiedene Industrie- und Energiepflanzen auflistest. Schreibe zu jeder Pflanze, was daraus gewonnen werden kann oder zu was sie verarbeitet wird.

👍 Super! ❓ ► S.132/133

System

Jede Maschine besteht aus verschiedenen Bauteilen. Nur wenn alle Bauteile funktionieren, funktioniert die Maschine. Stehen mehrere Teile in Wechselwirkung miteinander, spricht man von einem System. Auch Pflanzen, Tiere und Menschen sind Systeme, in denen Organe miteinander arbeiten und jeweils wichtige Aufgaben erfüllen. Jedes Lebewesen ist wiederum Teil eines Systems, nämlich seines Lebensraumes.

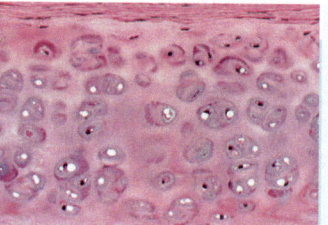 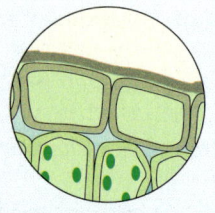

Knorpelzellen   Abschlussgewebe

Zelle

Die Zelle ist der Grundbaustein aller Lebewesen. In diesem winzigen System laufen alle Lebensvorgänge ab. Damit die Zelle ihre Aufgaben erfüllen kann, müssen alle Bestandteile sinnvoll zusammenarbeiten. Jeder Bestandteil der Zelle hat eine Aufgabe: Der Zellkern übernimmt die Steuerung, eine Membran grenzt die Zelle nach außen ab. Bei den pflanzlichen Zellen sorgen die Chloroplasten für die Produktion von Zucker. Erst durch das Zusammenspiel aller Bestandteile funktioniert das System Zelle. Es gibt ganz unterschiedlich aussehende Zellen. Trotzdem lassen sich Gemeinsamkeiten im Bauplan aller Zellen finden.

Gewebe

Je nach Aufgabe unterscheiden sich die Zellen eines Lebewesens in Form und Größe. Zellen mit gleichem Aussehen und gleicher Aufgabe liegen oft nebeneinander. Ein solcher Zellverband aus gleichartigen Zellen heißt Gewebe. So besteht das schützende Abschlussgewebe eines Blattes aus dickwandigen Zellen. Knorpel- und Knochenzellen bilden Knorpel- und Knochengewebe.

Organ

Als Organ bezeichnet man den Zusammenschluss mehrerer Gewebe. Du kennst z. B. das Auge als Sinnesorgan. Als Pflanzenorgan hast du das Blatt mit seinen verschiedenen Geweben und deren Aufgaben kennengelernt.

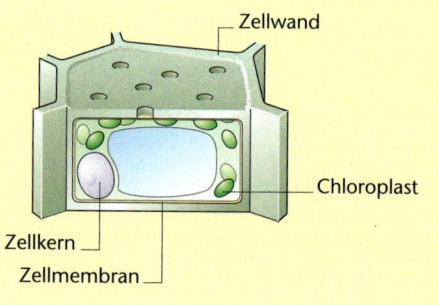

Zellwand

Chloroplast

Zellkern

Zellmembran

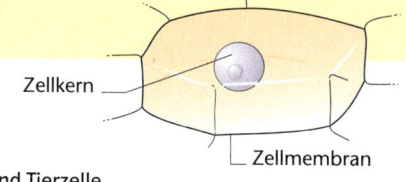

Zellkern

Zellmembran

Pflanzen- und Tierzelle

Blätter

Kirschblüte

Organsystem

Bei Mensch und Tier sind an der Verdauung verschiedene Organe wie Mund, Magen und Darm beteiligt. Sie ergänzen sich in ihren Aufgaben und bilden zusammen das Verdauungssystem. Bei Pflanzen hast du Organe wie den Stempel und die Staubblätter kennengelernt. Diese Organe haben eine gemeinsame Aufgabe: Sie dienen der Fortpflanzung. Man fasst sie zum Organsystem „Blüte" zusammen.

Organismus

Ob Mensch, Tier oder Pflanze: Ein Organismus lebt und überlebt nur durch das Zusammenwirken aller Organe und Organsysteme. Pflanzen benötigen zum Leben nicht nur die Blätter, mit denen sie energiereiche Substanzen herstellen können. Auch die Aufnahme von Wasser und Mineralstoffen aus dem Boden ist wichtig. Ebenso erfüllen der Spross und die Blüten wichtig Aufgaben.
Bei Mensch und Tier nehmen Sinnesorgane Informationen auf, die vom Nervensystem ans Gehirn weitergeleitet werden. Verdauungssystem und Blutkreislauf versorgen die Zellen mit Nährstoffen.

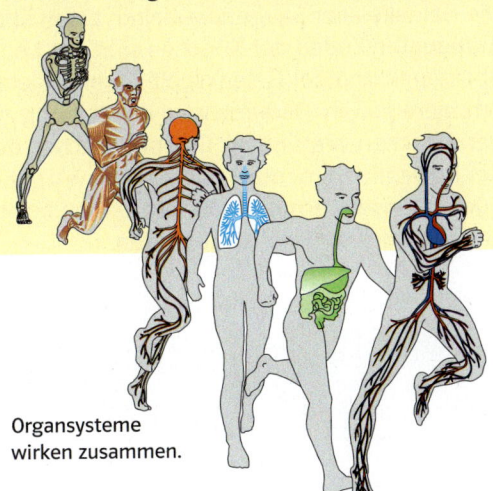

Organsysteme wirken zusammen.

Lebensraum

Jedes Lebewesen lebt in einem Lebensraum, in dem es Nahrung und Verstecke findet und sich fortpflanzen kann. Die einzelnen Lebensräume unterscheiden sich jedoch oft sehr voneinander. So findet man an Land ganz andere Tiere als in der Luft oder in einem Gewässer. Jeder dieser drei großen Lebensräume lässt sich noch weiter gliedern. Je nachdem, wo auf der Erde sich der jeweilige Lebensraum befindet, bietet er ganz unterschiedliche Lebensbedingungen. Innerhalb eines jeden Lebensraumes stehen die Pflanzen und Tiere in zahlreichen Wechselbeziehungen.

Unterschiedliche Lebensräume

AUFGABEN

1 Beschreibe an einem Organismus deiner Wahl die verschiedenen Systeme Zelle, Gewebe, Organ, Organsystem und Lebensraum.

2 Ordne den folgenden Bauteilen von Pflanzen und Tieren die richtige Systemebene zu: Wasserleitungsbahn, Zellkern, Wurzel, Bizeps-Muskel, Dünndarm, Eizelle, Grabhand.

3 Viele Tiere und Pflanzen sind gefährdet oder sogar vom Aussterben bedroht. Erkläre, welche Veränderungen in ihrem Lebensraum dazu geführt haben.

Struktur und Funktion

Der Bau von Zellen und Organen hängt davon ab, welche Aufgaben sie für das Lebewesen erfüllen. Die Zusammenhänge zwischen bestimmten Merkmalen (= Strukturen) und deren Aufgaben (= Funktionen) sind oft nicht leicht zu erkennen. Struktur und Funktion gehören aber stets zusammen: Nur wenn Zellen und Organe eine bestimmte Struktur haben, können sie im Organismus eine bestimmte Funktion wahrnehmen.

Wurzelhärchen

Oberflächenvergrößerung in unserem Körper

Eine der wichtigsten Aufgaben des Dünndarms ist die Aufnahme von Nährstoffen ins Blut. Dies geschieht über die Darmschleimhaut mit ihren vielen Millionen Darmzotten. Durch die Darmzotten ist die Oberfläche der Schleimhaut stark vergrößert, sodass die Stoffaufnahme optimal ablaufen kann. Auch in der Lunge finden wir das Prinzip der Oberflächenvergrößerung wieder. Durch die starke Verästelung und die zahlreichen Lungenbläschen entsteht eine sehr große Oberfläche. Sie ermöglicht, dass viel Sauerstoff ins Blut gelangen kann.

Oberflächenvergrößerung bei Pflanzen

Auch bei Pflanzen findet man große Oberflächen. Diese sind wichtig, um z. B. genügend Wasser aus dem Boden aufzunehmen. Die Wurzel einer einzigen Roggenpflanze bedeckt eine Oberfläche von ca. 400 m². Das ist etwa so groß wie die Fläche einer einfachen Turnhalle. Die Oberfläche aller Blätter einer Buche ist noch gewaltiger: Die etwa 1600 m² Blattfläche haben die Aufgabe, möglichst viel Sonnenenergie „einzufangen".

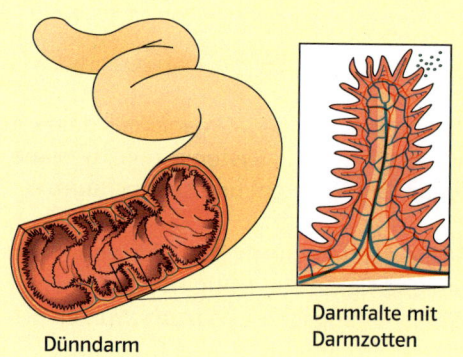

Dünndarm

Darmfalte mit Darmzotten

Gelenke

Die Gelenke aller Säugetiere haben einen ähnlichen Aufbau: Die Enden der Knochen sind mit Knorpel überzogen und der Gelenkspalt ist mit Gelenkschmiere gefüllt. Dadurch wird die Reibung zwischen den Knochen vermindert. Gelenke machen den Körper beweglich. Erst durch sie können wir gehen, uns bücken, unsere Arme in alle Richtungen bewegen und mit unseren Fingern zugreifen.

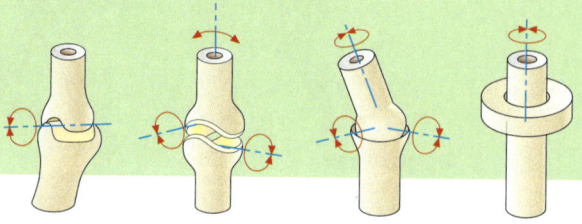

Gelenktypen

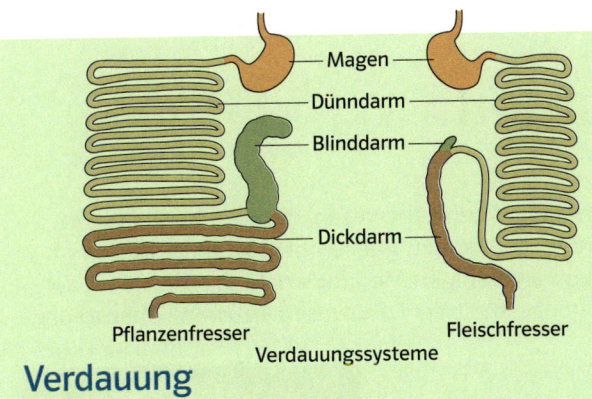

Pflanzenfresser   Fleischfresser
Verdauungssysteme

Verdauung

Betrachtet man die Verdauungssysteme verschiedener Tiere, wird ein Unterschied deutlich: Pflanzenfresser haben oft spezielle Strukturen, um die schwer verdauliche Nahrung zu verdauen. Im Kuhmagen wird die Nahrung z. B. erst vorverdaut. Zudem ist der Pflanzenfresser-Darm bei ähnlicher Körpergröße deutlich länger als der von Fleischfressern.

Früchte- und Samenverbreitung

Die Früchte und Samen vieler Pflanzen werden durch raffinierte Vorrichtungen über weite Strecken transportiert. Manche heften sich wie Kletten an das Fell von Tieren. Andere haben spezielle Flugvorrichtungen ausgebildet, wie z. B. die Flugfrüchte des Löwenzahns: Feine Haare sind wie ein Fallschirm angeordnet und halten die Frucht in der Luft. Diese Struktur soll den italienischen Künstler und Wissenschaftler LEONARDO DA VINCI zur Entwicklung eines Fallschirms angeregt haben.

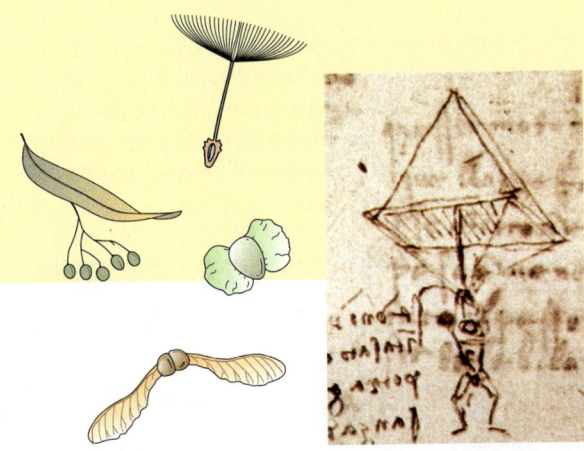

Flugeinrichtungen

Zähne

Je nach Nahrung haben Tiere unterschiedliche Gebisstypen. Fleischfresser haben lange, spitze Eckzähne zum Festhalten und Töten ihrer Beute. Die großen Backenzähne arbeiten wie Scheren: Mit ihnen wird die Beute zerlegt. Die kleinen Schneidezähne dienen zum Abnagen von Knochen. Bei Pflanzenfressern dienen die Schneide- und Eckzähne zum Abreißen von Gras, das anschließend von den dicken Backenzähnen zermahlen wird. Das Allesfressergebiss des Menschen hat die Funktion, sowohl Gras als auch Fleisch zu zerkleinern. Entsprechend hat unser Gebiss Strukturen von Fleisch- und Pflanzenfressern.

Gebisse

AUFGABEN

1 Beschreibe für jedes Beispiel auf dieser Seite den Zusammenhang zwischen Struktur und Funktion.

2 Beschreibe die Folgen, die eine kleinere Lungen- bzw. Darmfläche für den Menschen haben würden.

3 Erkläre das Struktur- und Funktionsprinzip am Beispiel des Maulwurf-Fells.

4 Die Bionik ist eine Wissenschaft, die bestimmte Strukturen aus der Natur als Vorbild für technische Entwicklungen nutzt. Recherchiere drei Beispiele für Bionik.

Variabilität und Angepasstheit

Lebewesen einer Art sehen sich auf den ersten Blick sehr ähnlich. Unterschiede fallen erst beim genaueren Betrachten auf, z. B. bei der Fellfarbe oder Hautfarbe. Diese Unterschiedlichkeit nennt man Variabilität. Sie ermöglicht den Lebewesen, die Gegebenheiten in ihrem Lebensraum gut zu nutzen. Das zeigt sich oft schon an wenigen Merkmalen. Man spricht von der Angepasstheit der Lebewesen an ihren Lebensraum.

Kaktus

Angepasst ans Wasser

Beim Schwimmen ist dir sicher schon aufgefallen, dass der Widerstand des Wassers die Fortbewegung besonders anstrengend macht. Daher ist ein stromlinienförmiger Körper, der gut durch das Wasser gleiten kann, besonders günstig. Bei den Säugetieren haben z. B. Wale, aber auch Biber und Seehunde stromlinienförmige Körper.
Auch Pflanzen wie die Kokosnuss zeigen Angepasstheiten an das Wasser. Der Samen liegt gut geschützt im Inneren einer harten Schale. Fällt er ins Wasser, geht er nicht unter, sondern kann weite Strecken vom Wasser transportiert und so verbreitet werden.

Angepasst ans Land

Der Lebensraum Land ist sehr vielfältig. In einem tropischen Regenwald herrschen ganz andere Bedingungen als in einer Wüste oder im Gebirge. Vor allem die unterschiedlichen Temperaturen stellen Pflanzen und Tiere vor besondere Herausforderungen. Tiere kalter Regionen haben z. B. ein besonders dickes Fell oder eine dicke Fettschicht. Pflanzen in heißen, wasserarmen Gebieten brauchen einen Schutz vor Verdunstung. So sind z. B. die Blätter der Kakteen zu Dornen umgewandelt.

Seehund

Delfin

Variabilität bei Rosen

Rote, gelbe, weiße – es gibt eine große Vielzahl von unterschiedlich gefärbten Rosenblüten. Auch im Wuchs gibt es deutliche Unterschiede. Manche Rosen wachsen als niedrige kleine Büsche, andere werden bis zu einigen Metern hoch oder klettern an Hauswänden nach oben.

Rosen

Blauwal

Dogge

Chihuahua

Variabilität bei Säugetieren

Ein Blauwal wiegt 90 bis 130 Tonnen und lebt im Meer. Das kleinste Landsäugetier, die Etruskerspitzmaus, wiegt nur etwa 2 Gramm. Trotz dieser enormen Unterschiede haben beide Tierarten zahlreiche Gemeinsamkeiten: Sie bringen lebende Jungen zur Welt, säugen sie mit Milch und besitzen eine konstante Körpertemperatur. Diese Merkmale finden sich nicht nur bei Blauwal und Etruskerspitzmaus, sondern bei weiteren ca. 4500 Tierarten: Sie gehören alle zur Gruppe der Säugetiere.

Angepasst an die Luft

Niedriges Gewicht und eine Tragfläche sind wichtige Voraussetzungen, um „in die Luft zu gehen". Unter den Säugetieren besitzen z. B. Flughunde und Flughörnchen diese Eigenschaften. Während Flughunde geschickte Flieger sind, können Flughörnchen nur Strecken bis maximal 450 Meter durch die Luft gleiten. Pflanzen, deren Samen über den Wind verbreitet werden, besitzen ähnliche Angepasstheiten: Sie sind leicht und haben häufig Flugvorrichtungen.

Variabilität bei Hunderassen

Lebewesen unterscheiden sich in ihrem Aussehen und ihren Eigenschaften. Diese Tatsache nutzte der Mensch z. B. für die Zucht von unterschiedlichen Hunderassen. Je nach Eigenschaft lassen sich die verschiedenen Hunderassen in „Berufsgruppen" einteilen: Hüte-, Begleit-, Apportierhunde sind nur einige Beispiele dafür. Gelehrigkeit, Neugierde, Spieltrieb und Ausdauer sind Eigenschaften, in denen sich diese Gruppen unterscheiden. Aber auch im Aussehen variieren die einzelnen Hunderassen zum Teil sehr stark.

Flughund

AUFGABEN

1 Beschreibe das Prinzip der Angepasstheit und das Prinzip der Variabilität.

2 Nenne die im Text vorkommenden Angepasstheiten an warme bzw. trockene Lebensräume.

3 Manche Tiere zeigen Angepasstheiten an das Leben in der Dunkelheit. Nenne zwei Tiere und beschreibe deren Angepasstheiten.

4 „An Pflanzenfamilien lässt sich das Prinzip der Variabilität gut erkennen." Erkläre diese Aussage.

Stoff- und Energieumwandlung

Pferde können bis zu 70 km/h schnell werden. Dafür benötigen sie viel Energie. Diese nehmen sie über das Futter in Form von Nährstoffen auf. Die darin enthaltene Energie wird mit dem Sauerstoff aus der Atemluft in Bewegungsenergie umgewandelt. Dabei entstehen Wasser und Kohlenstoffdioxid und Wärme wird abgegeben. Allgemein gilt: Bei allen Stoffwechselvorgängen wird gleichzeitig Energie umgewandelt.

Zucker + Sauerstoff → Zelle → Kohlenstoffdioxid + Wasser → Bewegungsenergie + Wärme

Stoff- und Energieumwandlung in der Zelle

Verdauung

Egal ob Pizza, Schnitzel oder Salat – letzlich geht es bei der Verdauung darum, die unterschiedlichen Bestandteile der Nahrung für unseren Körper nutzbar zu machen. Dazu müssen die in den großen Nahrungsbrocken enthaltenen Nährstoffe in ihre Einzelbausteine zerlegt werden. Nur so können die Bausteine ins Blut gelangen und von den Zellen aufgenommen werden.

Leckeres Essen

„Kraftwerk" Zelle

Über das Blut gelangt neben den Nährstoff-Bausteinen auch Sauerstoff in die Zellen. Im Zellinneren findet nun die eigentliche Stoff- und Energieumwandlung statt: Die energiereichen Zuckerbausteine werden mit Sauerstoff zu energiearmem Wasser und Kohlenstoffdioxid umgewandelt. Bei diesem Vorgang wird die im Zucker enthaltene Energie frei und vom Körper genutzt.

Zersetzung

Mit dem Tod eines Lebewesens endet sein Stoffwechsel. Andere Lebewesen beginnen damit, den abgestorbenen Organismus zu zersetzen. Dadurch gewinnen sie selbst Energie. Bei diesem Abbau-Vorgang entstehen mineralstoffreiche Erde (Humus) und Kohlenstoffdioxid. Diese Stoffe brauchen wiederum die Pflanzen für ihren Stoffwechsel und ihre Energiegewinnung.

Zersetzer

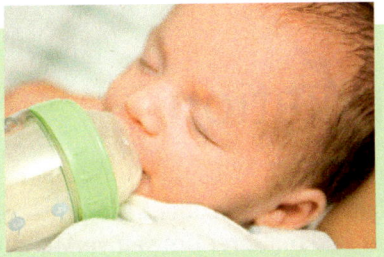

Milch trinkendes Baby

Baustoffe für das Wachstum

Damit ein Baby wachsen kann, muss es regelmäßig Milch trinken. Die Baustoffe für das Wachstum sind in der Milch enthalten. Der Körper wandelt diese Stoffe um und nutzt sie zum Wachstum von Knochen, Muskeln und anderen Organen. Auch bei Pflanzen findet man diese Stoffumwandlung. Das Holz einer 30 m hohen Buche besteht aus „umgewandeltem" Zucker. Der Zucker wurde mithilfe von Sonnenenergie zuvor in den Blättern gebildet.

Energie- und Stoffspeicherung

Energie spielt eine wichtige Rolle in unserem Leben. Bei Menschen und Tieren wird Energie vor allem in Form von Fett gespeichert. Ist die Nahrung einmal knapp, werden diese Fettreserven aufgebraucht. Auch Pflanzen haben die Möglichkeit, Energie zu speichern. Schneeglöcken lagern z. B. Nährstoffe in unterirdischen Speicherorganen, den Zwiebeln. Diese ermöglichen es der Pflanze, im Frühjahr schnell zu wachsen und zu blühen.

Schneeglöckchen im Schnee

Nahrungsmittel

Den in den Pflanzen gebildeten Zucker nutzen nicht nur die Pflanzen selbst. Auch für uns ist er lebensnotwendig: Wenn wir einen Apfel, einen Salat oder eine Kartoffel essen, so essen wir letztlich den in den Pflanzen gebildeten Zucker. Je nach Obst- oder Gemüsesorte war der Zucker vorher als Stärke gespeichert, z. B. in der Kartoffel oder im Getreide. Stoffumwandlung findet auch bei Tieren statt. Die Kuhmilch ist hierfür ein gutes Beispiel.

Die Kuhmilch enthält wichtige Baustoffe.

AUFGABEN

1 Nenne je ein Beispiel für Stoff- und Energieumwandlung.

2 Beschreibe den Vorgang der Stoffumwandlung am Beispiel der Kuhmilch.

3 Erstelle mithilfe des Textes eine Mind-Map zum Thema „Stoffwechsel und Energieumwandlung".

4 Im Winter haben Tiere unterschiedliche Strategien, um zu überleben.
a) Nenne ein Problem, das Säugetiere mit der Energieversorgung im Winter haben.
b) Beschreibe, wie Säugetiere dieses Problem lösen.

Information und Kommunikation

Smartphones sind Geräte, über die wir Menschen Informationen aufnehmen, senden und uns miteinander verständigen. Der größte Teil unserer Kommunikation findet aber ohne Geräte statt. So wie wir, können sich viele Lebewesen über bestimmte Signale untereinander und mit ihrer Umwelt verständigen. Solche Signale können Töne, Färbungen, Düfte – aber auch die Körperhaltung sein.

Nervensystem

Unsere Sinnesorgane leiten ständig zahlreiche Informationen über die Nerven an unser Gehirn. Dort werden sie verarbeitet. Sprechen beispielsweise deine Eltern oder Lehrer mit dir, nehmen deine Ohren die Informationen auf. Dein Gehirn entscheidet über deine Reaktion oder deine Antwort auf mögliche Fragen: Sowohl dein Gesichtsausdruck als auch deine Worte sind Signale an die Erwachsenen. Kommunikation geht also oft in beide Richtungen.

Titanwurz-Blüte

Blüten: Geruch und Farbe

Blumen, die von Insekten bestäubt werden, locken die Bestäuber oft mit bunten Farben oder intensivem Duft an. Ein besonderes Exemplar ist die Titanwurz, deren Blüte mehr als drei Meter groß werden kann. Während der Blütezeit produziert sie einen stechenden Aasgeruch. Damit lockt sie u. a. Aaskäfer an, die für die Bestäubung sorgen.

Kommunikation beim Menschen

Körpersprache

Häufig sieht man einem Menschen bereits an der Körperhaltung an, in welcher Stimmung er ist. Angst, Glück oder Trauer lassen sich erkennen, ohne dass ein Mensch seine Gefühle beschreibt. Eine wichtige Rolle hat die Körpersprache bei Wölfen. Im Rudel können sich die Tiere durch bestimmte Gesten verständigen. So wird der Zusammenhalt im Rudel gestärkt und Konflikte werden vermieden.

Körpersprache bei Wölfen

Markieren des Reviers

Duftstoffe bei Tieren

Hunde setzen mit ihrem Urin Duftmarken, mit denen sie ihr Revier markieren. Dadurch wissen Artgenossen, dass dieser Lebensraum bereits „besetzt" ist. So können Kämpfe um Reviere vermieden werden. Rehe haben spezielle Drüsen am Kopf, aus denen sie Duftstoffe an Bäume und Gebüsche abgeben können, um ihr Revier zu markieren. Und auch Bären reiben sich nicht nur an Bäumen, weil es sie juckt. Sie hinterlassen ebenfalls ihren Geruch und kennzeichnen so ihr Revier.

Bellen – Fauchen – Brüllen

Wer aufmerksam durch einen Tierpark oder einen Zoo geht, kann die Tiere nicht nur sehen. Oft kann man sie auch gut hören. Das Bellen eines Hundes, das Heulen eine Wolfes oder das Wiehern eines Pferdes – viele Tiere kommunizieren über Geräusche. Wir Menschen deuten viele dieser Laute: Ist das Bellen gefährlich? Fühlt sich die Katze wirklich wohl, wenn sie schnurrt? Ganz sicher können wir uns dabei nie sein.

Kommunizieren mit Geheul

Jäger und Beute

Ultraschall

Fledermäuse machen mithilfe von Ultraschall Jagd auf ihre Beute. Doch auch einige Insekten, z. B. der Eulenfalter, nehmen die Signale auf und reagieren mit Zickzackflügen oder Fallenlassen auf die Gefahr. Eine bestimmte Fledermausart ist sogar in der Lage, andere Fledermäuse bei der Ultraschallpeilung zu stören, um so selbst mehr Beute zu bekommen. Kommunikation kann also auch zur Täuschung genutzt werden.

AUFGABEN

1 Nenne die auf dieser Seite beschriebenen Signale, die zur Kommunikation verwendet werden.

2 Erkläre, weshalb bei Wölfen durch die Körperhaltung Konflikte vermieden werden können.

3 Häufig weisen Menschen Tieren bestimmte Charaktereigenschaften zu: „Der schlaue Fuchs", „die dumme Kuh" sind Beispiele dafür.
a) Stelle eine Vermutung auf, wie es dazu kommt.
b) Bewerte den Wahrheitsgehalt solcher Aussagen.

Entwicklung

Alle Lebewesen erzeugen Nachkommen. Man sagt auch, sie pflanzen sich fort. Die Art und Weise, wie sich Tiere fortpflanzen, kann sehr unterschiedlich sein. Manche Tiere legen Eier und brüten diese aus. Andere

Tiergruppen wie die Säugetiere bringen lebende Junge zur Welt. Pflanzen bilden meistens Samen aus, die keimen und heranwachsen. Daneben gibt es Pflanzen, die sich ohne Samen vermehren können.

Fortpflanzung

Lebensabschnitte

Jedes Lebewesen entwickelt sich, wächst, verändert sich, stirbt. Der Mensch entwickelt sich von der befruchteten Eizelle zum Embryo schließlich zum neugeborenen Baby. Dieses entwickelt sich zum Kleinkind, durchläuft die Pubertät und wird zum Erwachsenen. Auch bei Erwachsenen ist die Entwicklung noch nicht vorbei. Sie werden älter und sterben irgendwann. Das Alter, das ein Lebewesen erreichen kann, unterscheidet sich dabei von Art zu Art.

30 Jahre

15 Jahre   60 Jahre

1/2 Jahr   90 Jahre

Die Lebensabschnitte des Menschen

Geschlechtlich

Bei vielen Lebewesen sind zur Fortpflanzung zwei Partner mit unterschiedlichem Geschlecht notwendig. In ihren Geschlechtsorganen bilden sie männliche oder weibliche Keimzellen. Bei der Befruchtung verschmelzen die Keimzellen und es beginnt die Entwicklung eines neuen Lebewesens. Bei Pflanzen, Tieren und Menschen laufen diese Vorgänge im Prinzip gleich ab: Beide Geschlechter sind mit ihren unterschiedlichen Keimzellen daran beteiligt. Deshalb spricht man von einer geschlechtlichen Fortpflanzung.

Ungeschlechtlich

Viele Gräser bilden an den unteren Knoten des Halmes sogenannte Seitentriebe aus. Aus diesen wachsen neue Halme. Auf diese Weise können sich Gräser vermehren, auch wenn durch ständiges Mähen keine Früchte gebildet werden können. Manche Pflanzen, z. B. die Erdbeere, bilden Ausläufer. An deren Enden entstehen neue Pflanzen. Ausläufer dienen den Pflanzen dazu, sich unabhängig von einer Samenbildung zu vermehren.

Erdbeerpflanzen bilden Ausläufer.

Zwitter

Als Zwitter bezeichnet man ein Lebewesen, das sowohl weibliche als auch männliche Keimzellen bilden kann. Bei der Kirsche findet man z. B. Stempel und Staubblätter gemeinsam in der gleichen Blüte. Die Kirschblüte ist eine Zwitterblüte.

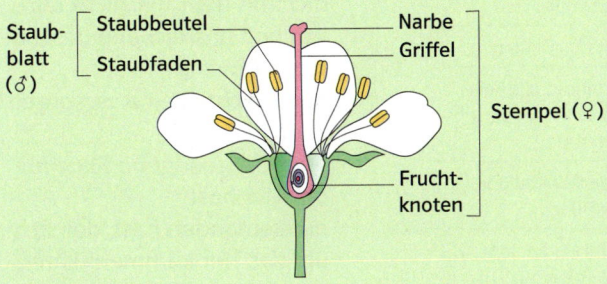

Kirschblüte

Jahreszeiten

Der Winter ist für viele Tiere ein Problem: Sie müssen Nahrung finden, um ihren Energiebedarf zu decken. Einige Säugetiere halten deshalb Winterschlaf oder Winterruhe, manche Vögel ziehen fort, Amphibien und Reptilien fallen in Winterstarre. Viele Pflanzen werfen ihre Blätter ab oder bilden spezielle Überwinterungsorgane aus. Einjährige Pflanzen sterben nach der Samenbildung im Sommer und spätestens im Herbst ab.

Vorbereitung auf den Winterschlaf

Züchtung

Schon vor langer Zeit begann der Mensch mit der Züchtung von Nutzpflanzen, um seinen Nahrungsbedarf zu sichern. So entstanden z. B. aus Wildformen von Gräsern unsere ertragreichen Getreidearten. Auch die Nutztiere wurden aus Wildformen gezüchtet. So stammt das Hausrind vom Auerochsen ab. In vielen Ländern werden Rinder wegen ihrer Kraft als Zugtiere genutzt. Bei uns züchtet man vor allem Rassen, die viel Milch oder Fleisch liefern.

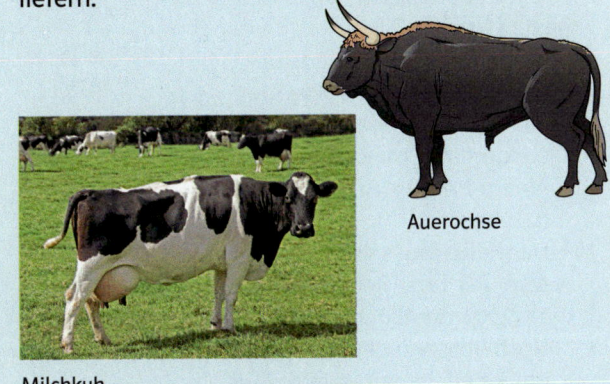

Auerochse

Milchkuh

AUFGABEN

1 Beschreibe die Entwicklung eines Säugetiers.

2 Nenne Ziele, die bei der Züchtung von Tieren und Pflanzen verfolgt werden.

3 Beschreibe die Entwicklung eines Kirschbaums von der Blüte bis zur Frucht.

4 Nutzpflanzen werden häufig ungeschlechtlich vermehrt. Begründe anhand eines Beispiels, warum man so vorgeht.

5 Gib an, welche Eigenschaften des Hundes durch Züchtung verändert wurden. Nenne weitere Tiere, die durch Zucht verändert wurden.

1 Biologie, die Wissenschaft von den Lebewesen

1 Ein Zwergkaninchen ist aus folgenden Gründen ein Lebewesen:
– es kann sich selbstständig bewegen,
– es betreibt Stoffwechsel,
– es wächst,
– es kann sich fortpflanzen,
– es reagiert auf Reize.

2 Damit sich das Zwergkaninchen wohlfühlt, muss ich Folgendes beachten:
– Zwergkaninchen sind Gruppentiere. Deshalb sollte man ein Kaninchen nicht allein, sondern mit mindestens einem zweiten Artgenossen halten.
– Der Käfig muss groß genug sein: Für zwei Tiere sind das ca. 200 cm x 150 cm x 70 cm. Noch besser ist ein Gehege im Freien, in dem sich die Tiere aufhalten können. Zumindest brauchen die Kaninchen aber täglichen Auslauf.
– Der Käfig muss gut eingerichtet sein, z. B. mit Schlafhäuschen, Futternapf und Trinkflasche.
– Damit die Tiere gesund bleiben, brauchen sie Heu, frisches Grünfutter und ab und zu Obst zu fressen.
– Da die Zähne der Kaninchen ständig nachwachsen, brauchen die Tiere harte Zweige zum Nagen. Am besten eignen sich dafür Äste und Zweige von unbehandelten, ungespritzten Obstbäumen.

3 Das sind die Hilfsmittel Lupe, Binokular oder Stereolupe und Mikroskop.

4

Bauteil	Funktion
Okular	auswechselbare Linse, vergrößert wie eine Lupe
Tubus	hält das Okular
Stativ	verbindet alle Teile des Mikroskops, gibt festen Halt
Grob-, Feintrieb	Scharfeinstellung des Bildes
Objektivrevolver	Drehrad, an dem Objektive mit unterschiedlicher Vergrößerung befestigt sind
Objektiv	enthält Vergrößerungslinsen
Objektträger	„trägt" das Präparat
Objekttisch	hierauf wird der Objektträger mit dem Präparat abgelegt
Kondensor/ Blende	Regelung der Helligkeit
Lampe oder Spiegel	Beleuchtung des Präparates

5 Um Ameisen mit einer Lupe zu betrachten, sollte man eine Becherlupe verwenden. Aus dem Auffangbehälter der Becherlupe können die Ameisen nicht weglaufen und man kann sie in Ruhe betrachten.

6 Ein Roboter ist kein Lebewesen, weil er nicht alle Kennzeichen von Lebewesen aufweist. Wenn ein Roboter entsprechend programmiert ist, kann er sich zwar bewegen und sprechen und vielleicht kann er auch noch auf Reize reagieren. Ein Roboter kann sich aber nicht fortpflanzen, er kann nicht wachsen und er betreibt keinen Stoffwechsel.

7 Du solltest kein Haustier halten, wenn …
– du nur wenig Zeit hast und dich mit dem Tier nicht täglich und ausreichend beschäftigen kannst;
– du es nicht alleine versorgen kannst;
– du nicht genügend Platz für das Tier hast;
– du niemanden hast, der sich um das Tier kümmern kann, wenn du nicht da bist, z. B. in den Ferien;
– jemand in deiner Familie zum Beispiel gegen Tierhaare allergisch ist;
– nicht genügend Geld da ist, um gutes Futter zu kaufen oder das Tier vom Tierarzt behandeln zu lassen, wenn es krank ist oder geimpft werden muss.

8 Bei dem Mikroskop mit zwei Okularen und drei Objektiven ergeben sich folgende Gesamtvergrößerungen:

	Okular 10-fach	Okular 12-fach
Objektiv 5-fach	50 x	60 x
Objektiv 10-fach	100 x	120 x
Objektiv 40-fach	400 x	480 x

9 Das Experiment ist ein Langzeitexperiment von etwa vier Wochen. Es könnte folgendermaßen ablaufen:

Material:
6 Samen, z. B. von der Feuerbohne, zwei Blumentöpfe, Gartenerde, Wasser, Heft
Versuchsanleitung:
1. Die beiden Blumentöpfe werden jeweils zu 2/3 mit Gartenerde gefüllt.
2. Je 3 Samen werden in je einen Topf gelegt und ca. 3 cm hoch mit Erde bedeckt.
3. Die Samen werden unter gleichen Bedingungen zu Pflanzen herangezogen, d. h. die Blumentöpfe stehen am selben Ort und werden zur selben Zeit mit jeweils der gleichen Menge Wasser gegossen.
4. Sobald die Pflanzen gut entwickelt und etwa 10 cm hoch sind, wird das Gießen bei einem Blumentopf eingestellt.
5. Die Pflanzen in den beiden Blumentöpfen werden etwa 2 Wochen lang beobachtet.
6. Jeden zweiten Tag werden die Veränderungen protokolliert.
7. Das Ergebnis: Die nicht gegossenen Pflanzen sind vertrocknet. Daraus kann man schließen: Pflanzen brauchen Wasser zum Leben.

10 Der Biologe wird Folgendes zu Nele sagen: „Wenn die Notizen zu einem Versuch bzw. das Versuchsprotokoll nicht mehr lesbar sind, darf man sich diese nicht wieder neu ausdenken. Denn mit ausgedachten Notizen sind die Beobachtungen nicht korrekt und man bekommt keine glaubwürdigen Versuchsergebnisse. Der Versuch muss also wiederholt werden, um auswertbare Ergebnisse und Beobachtungen zu erhalten."

11 a) Die Zeichnung wurde auf kariertem Papier und mit einem stumpfen Bleistift angefertigt. Die Überschrift steht nicht oben auf dem Blatt; die Bezugsstriche wurden nicht mit einem Lineal gezogen; die Beschriftungen sind teilweise nicht lesbar.
b) Fünf Regeln für das Anfertigen einer wissenschaftlichen Zeichnung:
1. Wir zeichnen auf weißes Papier.
2. Wir zeichnen mit einem spitzen Bleistift.
3. Oben auf dem Blatt stehen wichtige Informationen, z. B. Name, Datum und Objekt.
4. Striche für die Beschriftungen werden mit dem Lineal gezogen.
5. Alle Beschriftungen müssen korrekt und lesbar sein.

2 Mein Körper – gesund und fit

1 Eine Stützfunktion haben: Wirbelsäule, Schienbein, Wadenbein, Oberschenkelknochen.
Eine Schutzfunktion haben: Becken, Wirbel (Rückenmark), Schädel (Gehirn), Brustkorb (Herz, Leber, Lungen)

2 Drei wichtige Gelenke sind das Kniegelenk, das Schultergelenk und das Hüftgelenk.
Das Kniegelenk ist ein Scharniergelenk; im Gegensatz dazu sind das Schultergelenk und das Hüftgelenk beides Kugelgelenke.

3 Ein Skelettmuskel besteht aus mehreren Muskelfaserbündeln und diese bestehen wiederum aus einzelnen Muskelfasern.

Zwischen den Muskelfaserbündeln liegen Blutgefäße, die den Muskel mit Sauerstoff und Nährstoffen versorgen. Außen ist der Muskel von der Muskelhaut umhüllt. Sehnen befestigen den Muskel an den Knochen.

4

Organsystem	Organe
Stütz-, Bewegungssystem	Alle Skelettmuskeln und Knochen
Atmungssystem	Nase, Mund, Rachen, Luftröhre, Bronchien, Lungenflügel
Nervensystem	Gehirn, alle Nervenzellen, Sinnesorgane
Verdauungssystem	Speicheldrüsen, Zähne, Speiseröhre, Magen, Dünndarm, Dickdarm, Mastdarm
Blutkreislaufsystem	Herz, Blutgefäße
Fortpflanzungssystem	Mann: Hoden, Nebenhoden, Spermienleiter, Harnspermien-Leiter, Penis; Frau: Eierstöcke, Eileiter, Gebärmutter, Scheide

5 Beispiel Katze:
Die Katze ist der Organismus. Der Organismus „Katze" hat unterschiedliche Organsysteme, z. B. das Verdauungssystem, das Stütz- und Bewegungssystem und das Nervensystem.
Die einzelnen Organsysteme setzen sich wiederum aus Organen zusammen. Je nach Lebensweise haben die Organe

besondere Angepasstheiten: Die Katze hat z. B. die typischen Organsysteme eines Fleischfressers.

6   Bei der Brustatmung hebt und senkt sich der Brustkorb. Bei der Bauchatmung bewegt sich das Zwerchfell. In beiden Fällen wird der Inhalt der Lunge verändert.

7   Muskeln können sich aus eigener Kraft nur zusammenziehen. Um wieder in den gestreckten Zustand zu kommen, brauchen sie immer einen Gegenspieler, der sie wieder streckt.
Wenn sich ein Muskel zusammenzieht, wird dadurch der Gegenspieler gestreckt.

8   Mit guter Ernährung, möglichst wenig Stress und Sport kann jeder etwas für seine Gesundheit tun. Mit einfachen Übungen, wie zum Beispiel Liegestützen am Tisch (gerader Rücken und Bauch), Dips am Tisch (gerader Rücken, Finger zeigen zu dir), Stuhldrücken (Abstand zum Nachbarn), kann jeder speziell etwas für die Stärkung seiner Muskulatur tun.

9   Beim Lungenkreislauf fließt sauerstoffarmes Blut zur Lunge. Dort wird es mit Sauerstoff angereichert und fließt wieder zurück zum Herzen. Von dort wird es in den Körperkreislauf gepumpt.
Im Körperkreislauf fließt sauerstoffreiches Blut zu den Körperkapillaren und kehrt sauerstoffarm wieder zum Herzen zurück.

10 Bewegung trainiert unser Herz-Blutkreislauf-System und unseren Bewegungsapparat, die Muskeln werden gestärkt und der Körper besser mit Sauerstoff versorgt. Über die Nahrung nehmen wir die Stoffe auf, die unser Körper benötigt. Je vielfältiger die Ernährung ist, desto geringer ist die Gefahr von Mangelerscheinungen oder Übergewicht.

11 Eine Arbeitsteilung findet man an vielen Stellen in unserem Körper. Ein Beispiel:
Wenn wir uns bewegen, verbraucht unsere Muskulatur Energie. Die haben wir über die Nahrung zu uns genommen. Die einzelnen Organe des Verdauungstraktes zerkleinern die Nahrung und machen sie für den Körper verwertbar. Über den Blutkreislauf werden die verdaute Nahrung bzw. die Nährstoffe zu den Muskeln transportiert. Sauerstoff gelangt über die Lunge ins Blut. Jedes Organsystem, jedes Organ oder Gewebe hat also spezielle Aufgaben. Doch nur wenn alle Organe und Organsysteme zusammenarbeiten, kann der Organismus funktionieren.

12 Den Weg der Stoffe in unserem Körper kann man in zwei Wege trennen und folgendermaßen beschreiben:
Der Weg der Nahrung:
Über den Mund nehmen wir die Nahrung auf. Im Mund wird sie zerkleinert, hier beginnt also bereits die Verdauung.
Vom Mund gelangen die Nahrungsteile bzw. der Nahrungsbrei über die Speiseröhre in den Magen. Im Magen und Dünndarm wird der Nahrungsbrei weiter verdaut und die Nährstoffe ins Blut aufgenommen. Mit dem Blut kommen die Nährstoffe an die „Zielorgane", z. B. zu den verschiedenen Muskeln.
Nicht verwertbare Abfallstoffe werden über den Darm als Kot ausgeschieden. Abfallstoffe im Blut werden in der Niere herausgefiltert und als Urin ausgeschieden.
Weg der Atemgase:
Über die Nase oder den Mund atmen wir ein. Von dort gelangt der Sauerstoff über die Luftröhre und die Bronchien in die beiden Lungenflügel und dort zu den Lungenbläschen. Hier wird er über feinste Blutgefäße, die Kapillaren, ins Blut aufgenommen und zu allen Zellen im Körper transportiert. Auf dem selben Weg gelangt das Kohlenstoffdioxid wieder zurück in die Lungenflügel und aus dem Körper.

3 Säugetiere in unserer Umgebung

1   Die wichtigsten Merkmale der Säugetiere sind:
Ein mehr oder weniger stark ausgebildetes Fell aus Haaren. Säugetiere bringen lebende Junge zur Welt: Sie sind lebend gebärend. Das Muttertier säugt seine Jungen mit Muttermilch. Die Körpertemperatur der Säugetiere ist unabhängig von der Umgebungstemperatur, sie bleibt gleich: Säugetiere sind gleichwarme Tiere.

2 Feldhasen haben längere Ohren als Wildkaninchen und sind auch größer. Feldhasen sind Einzelgänger, während Wildkaninchen mit vielen Artgenossen in Kolonien leben. Wildkaninchen legen unter der Erde Baue mit Gängen und Kammern an. Feldhasen legen keine Baue an, ihr Lagerplatz ist die Sasse. Das ist eine Mulde, die sie selbst graben. In der Sasse werden auch die Jungtiere geboren. Feldhasen-Weibchen bringen pro Wurf 3 bis 5 Junge zur Welt, die sehr schnell selbstständig sind. Feldhasen sind Nestflüchter.
Die Jungen der Wildkaninchen werden blind und nackt geboren, sie sind Nesthocker. Wildkaninchen-Weibchen haben 4 bis 10 Junge pro Wurf.

3 Pferde werden heute vor allem als Sport- und Freizeitpferde gehalten. Daneben kommen sie bei uns als „Gebrauchspferde" noch in folgenden Bereichen zum Einsatz:
Als Polizeipferde, zum Beispiel bei Demonstrationen oder bei der Überwachung von Parkanlagen.
Als Rückepferde bei der Waldarbeit. Diese Arbeitspferde ziehen gefällte Bäume aus dem Wald, sodass keine schweren Maschinen eingesetzt werden müssen und die Umwelt geschont wird.
Als Therapiepferde helfen die Tiere Menschen mit Behinderungen.
In Städten werden Pferde oft als Kutschpferde eingesetzt. Als Touristenattraktion ziehen sie die Besucher zu den verschiedenen Sehenswürdigkeiten.

4 Wahrscheinlich hielten die Menschen Wölfe in ihrer Nähe. Sie überließen den Tieren die Reste ihrer Beute. Vielleicht konnten sie auf diese Weise einige Wölfe zähmen. Von deren Nachkommen wählten die Menschen dann für die Zucht Tiere mit besonderen Eigenschaften aus. So entstanden über viele Tausend Jahre unsere Hunderassen.

5 In Öko-Betrieben legt man Wert darauf, dass die Tiere möglichst artgerecht gehalten werden. Deswegen leben weniger Tiere auf einem solchen Hof. Die Tiere werden nicht gemästet, sondern dürfen sich normal entwickeln. So erreichen sie ihr Schlachtgewicht erst viel später und erzeugen auch nicht so viel Fleisch wie in der Intensivtierhaltung. Die Fütterung läuft nicht automatisch, sondern wird von Menschen erledigt. Das bedeutet, dass in einem Öko-Betrieb mehr Menschen arbeiten und bezahlt werden müssen als in einem „normalen" Betrieb. Die Haltung und Pflege der Tiere in einem Öko-Betrieb ist also sehr aufwändig. Deswegen müssen die Produkte auch teurer verkauft werden als Produkte aus einer Intensivtierhaltung.

6 Das Rehkitz liegt in den ersten fünf Tagen nach der Geburt still auf der Erde. Sein braunes Fell mit den weißen Flecken tarnt es sehr gut. Da es in den ersten Wochen keinen eigenen Geruch hat, können Fressfeinde es auch nicht wittern.

7 a) Siehe Bild 1 auf der Seite 78.
b) Die Fledermaus sendet während des Fluges Ultraschallwellen aus. Treffen die Ultraschallwellen auf ein Insekt, so werden sie zurückgeworfen. Mit ihren großen Ohren nimmt die Fledermaus diese Schallwellen auf. Anhand der Schallwellen kann sie die Richtung, die Größe des Insektes und die Entfernung der Beute erkennen.

8 Pfoten und Krallen des Hundes: Die Krallen sind immer ausgefahren, sie sind nicht einziehbar. Sie geben Halt auf rutschigem Untergrund; dicke verhornte Ballen federn den Körper ab. Diese Pfoten und Krallen passen perfekt zum Hetzjäger Hund.
Pfoten und Krallen der Katze: Die Katze ist ein Schleichjäger. Zum Anschleichen an die Beute sind die weichen Fußballen und eingezogenen Krallen hervorragend geeignet. Zum Ergreifen und Fangen der Beute werden die Krallen dann blitzschnell ausgefahren.

9 Der schwere Körper von Kühen wird von vier stämmigen, kurzen Beinen getragen. Die beiden Hufe an jedem Fuß bewirken, dass die Tiere in weiche Böden nicht so stark einsinken: Beim Auftreten spreizen sich die Hufe auseinander und vergrößern die Auflagefläche. Pferde sind Fluchttiere, die bei Gefahr schnell laufen. Dabei müssen sie auch auf harten, oft sogar steinigen Böden laufen. Dafür sind lange Beine mit nur einem Huf optimal geeignet.

151

10 a), b) Das Eichhörnchen ist ein Nagetier, das sich vor allem von Beeren, Nüssen und anderen Früchten ernährt. Mit seinen Nagezähnen kann es die pflanzliche Nahrung, vor allem auch harte Pflanzenteile wie Eicheln, Fichtenzapfen und Nüsse sehr gut verarbeiten und für sich nutzbar machen.
Maulwurf und Fledermaus haben kleine, spitze und scharfe Zähne. Mit diesen Gebissen können sie sogar die harten Chitinpanzer von Insekten knacken, die sie beide sehr gerne fressen.

11 Beim Hasen sitzen die Augen seitlich am Kopf. Dadurch haben Hasen einen „Rundumblick", d.h. sie müssen ihren Kopf nicht drehen, um alles in ihrer Umgebung wahrzunehmen. Man sagt auch: Ihr Gesichtsfeld hat 360°. Die Augen des Menschen sind parallel nach vorne ausgerichtet. Damit hat der Mensch nur ein Gesichtsfeld von ungefähr 200°, sodass er nur einen Ausschnitt der Umgebung sieht, wenn er geradeaus schaut. Hasen sehen allerdings nicht „besser" als der Mensch, sondern auf einen Blick lediglich mehr. Der „Rundumblick" ist für sie aber lebenswichtig, denn Hasen sind Fluchttiere.

4 Pflanzen in unserer Umgebung

1

Organ	Funktion
Wurzeln	Verankerung im Boden, Wasseraufnahme
Blätter	Aufbau von Nährstoffen
Sprossachse	enthält Leitungsbahnen für Wasser und andere Stoffe
Blüten	enthalten die Fortpflanzungsorgane einer Blütenpflanze

2 „Bestimmen" heißt: Anhand eindeutiger Merkmale und mithilfe einer Bestimmungstabelle den Namen eines Lebewesens herausfinden, das man selbst nicht kennt.

3 Beispiele für Pflanzenfamilien: Lippenblütengewächse, Kreuzblütengewächse, Korbblütengewächse, Schmetterlingsblütengewächse.

4 a) Ein Blatt besteht aus einer Blattspreite (Blattfläche) und dem Blattstiel. Die Blattspreite wird von der Mittelrippe und den Blattadern durchzogen. Die Oberfläche eines Blattes ist mit einer Wachsschicht überzogen. Auf der Unterseite des Blattes befinden sich Spaltöffnungen.
b) In den Blättern bauen die Pflanzen mithilfe des Chlorophylls und des Sonnenlichts Zucker auf. Die Bätter „versorgen" also die Pflanze mit Nährstoffen.

5 Möglichkeiten, warum die Pflanze nicht gedeiht:
Der Standort könnte für die Pflanze ungünstig sein; Lösung: An einen anderen Platz mit mehr bzw. weniger Licht stellen.
Der Topf könnte zu klein sein; Lösung: umtopfen.
Der Boden könnte „verbraucht" sein; Lösung: düngen oder in neue Erde umtopfen.
Zu viel oder zu wenig gegossen; Lösung: Wassermenge ändern.
Die Pflanze ist von Schädlingen befallen; Lösung: Schädlinge suchen und entfernen.
Die Raumluft ist für die Pflanze zu trocken; Lösung: mit Wasser besprühen.

6 Fünf Beispiele:
Kopfsalat: Wir essen die ganze Pflanze, die sich in einem Knospenstadium befindet.
Möhre (Karotte): Wir essen die Wurzel.
Blumenkohl: Wir essen die Blüten, die in der Entwicklung gehemmt wurden.
Gurke: Wir essen die Frucht.
Bohnen: Wir essen entweder die ganze Frucht (Hülse) oder nur die Samen.
Kohlrabi: Wir essen den unteren, verdickten Stängelteil.

7 In früheren Zeiten nahmen die Bauern und Gärtner von den Möhren-Pflanzen, die besonders dicke Wurzeln hatten, die Samen und säten sie wieder aus. Diesen Schritt führten sie viele Male hintereinander durch. Waren Exemplare dabei, die auch noch eine gelb gefärbte Wurzel hatten, wählten sie auch diese für die Vermehrung aus. So gelangte man über viele Jahre hinweg durch Züchtung zur heutigen Möhre.

8 Weizen: Liefert Mehl zum Backen von Brot oder zur Herstellung von Nudeln.
Roggen: Liefert Mehl zum Backen von Brot.
Gerste: Wird als Futter für Tiere, aber auch zur Herstellung von Malz zur Bierherstellung verwendet.
Mais: Wird als Futter für Tiere verwendet; dient auch zur Energiegewinnung in Biogasanlagen.

9 a) Im Vergleich mit dem Saatweizen hat das Wildeinkorn weniger und kleinere Körner, die leicht aus den Ähren fallen. Der Halm des Wildeinkorns ist dünner und die Grannen sind länger als beim Saatweizen.
b) Wildeinkorn = Wildpflanze, Saatweizen = Kulturpflanze.

c) Der Saatweizen entstand durch Züchtung. Hierfür säte man immer nur die Samen der Weizenpflanzen aus, die die gewünschten Eigenschaften besaßen, z. B. viele und große Körner. So wurden die ursprünglichen Weizenpflanzen über lange Zeit hinweg zum heutigen Saatweizen verändert.

10 Die Menschen wussten nicht, dass man die unterirdischen Kartoffelknollen essen kann. Für sie waren die schönen Blüten und Beeren der einzige Grund, um Kartoffeln anzupflanzen.

11 Stärke ist ein wichtiger Nährstoff. Zusätzlich ist Stärke auch noch ein bedeutender Rohstoff. Man kann daraus Wäschestärke, Pappe, Kleister oder Folien herstellen.

12 Industriepflanzen liefern uns wichtige Rohstoffe. Energiepflanzen werden angebaut, um daraus Energie zu gewinnen.

13

Industriepflanze	Verwendung
Baum	Holz
Baumwoll-, Lein-, Hanfpflanze	Fasern
Färberpflanze	Farbstoffe
Mandel	Öl
Olive	Öl
Lavendel	Etherisches Öl
Raps, Sonnenblume	Speiseöl
Zuckerrübe	Haushaltszucker
Energiepflanze	Verwendung
Zuckerrübe	Bioethanol
Getreide	Bioethanol
Mais	Biogas

Stichwortverzeichnis

Bildnachweis

U1.1 Getty Images RF (Flickr Flash/Brittney), München; **U1.2** plainpicture GmbH (Mira), Hamburg; **2.1** plainpicture GmbH (Sibylle Pietrek), Hamburg; **2.2** plainpicture GmbH (Kniel Synnatzschke), Hamburg; **3.3** plainpicture GmbH (Ute Mans), Hamburg; **3.4** plainpicture GmbH (amanaimages/Naoki Mutai), Hamburg; **6.1** plainpicture GmbH (Cultura), Hamburg; **6.2** Getty Images (Moment/2009 Nanao Wagatsuma), München; **7.3** Getty Images (Oxford Scientific), München; **7.4** plainpicture GmbH (Erickson), Hamburg; **7.5** plainpicture GmbH (Fancy Images/Hero), Hamburg; **8.1** shutterstock.com (wavebreakmedia), New York, NY; **8.2** shutterstock.com (AnetaPics), New York, NY; **9.3** Imago (Arco Images), Berlin; **12.1** Juniors Bildarchiv (M. Wegler), Hamburg; **13.1** iStockphoto (konradlew), Calgary, Alberta; **14.1** Fotolia.com (Marina Grau), New York; **18.1** f1 online digitale Bildagentur, Frankfurt; **18.2** shutterstock.com (urosr), New York, NY; **19.3** iStockphoto (Dirk Freder), Calgary, Alberta; **19.4** Avenue Images GmbH (OJO/Adam Gault), Hamburg; **21.1** shutterstock.com (Serhiy Kobyakov), New York, NY; **24.1** shutterstock.com (chatchaiyo), New York, NY; **25.10** Kage Mikrofotografie, Lauterstein; **26.1** Klett-Archiv (Aribert Jung), Stuttgart; **28.1** Picture-Alliance (dpa), Frankfurt; **28.2** Corbis (Dr. Arthur Siegelman/Visuals Unlimited), Berlin; **28.3** Okapia (J. C. Révy/ISM), Frankfurt; **29.1a**; **29.1b** Deutsches Museum, München; **29.2a** „Matthias Jacob Schleiden" von Carl Schenk - „Studien: Populäre Vorträge" von Matthias Jacob Schleiden, Professor an der Universität Jena, Leipzig: Engelmann, 1855. Lizenziert unter Gemeinfrei über Wikimedia Commons - https://commons.wikimedia.org/wiki/File:Matthias_Jacob_Schleiden.jpg#/media/File:Matthias_Jacob_Schleiden.jpg; **29.2b** Ullstein Bild GmbH (Roger-Viollet), Berlin; **30.1** Alexander Röhrer, Hettstadt; **30.2** Avenue Images GmbH (PhotoAlto/Michele Constantini), Hamburg; **31.3** Getty Images (Michael Nichols/National Geographic), München; **31.4** shutterstock.com (Bullstar), New York, NY; **31.5** shutter-stock.com (Edw), New York, NY; **32.1** iStockphoto (gbh007), Calgary, Alberta; **32.2** Getty Images (Cultura/Zero Creatives), München; **34.1** Getty Images (Taxi/Tara Moore), München; **34.2** plainpicture GmbH (Apelöga), Hamburg; **35.3** Getty Images (Moment/Elisabeth Schmitt), München; **35.4** Getty Images (Stockbyte), München; **35.5** plainpicture GmbH (Fancy Images/Hero), Hamburg; **39.1** shutterstock.com (jannoon028), New York, NY; **42.1** Getty Images (Stone), München; **45.3** iStockphoto (RichVintage), Calgary, Alberta; **46.1** Anne-Kathrin Klaus, Rodheim; **47.1** Anne-Kathrin Klaus, Rodheim; **48.1** Fotolia.com (Klaus Eppele), New York; **48.3** shutterstock.com (wavebreakmedia), New York, NY; **49.3** Anne-Kathrin Klaus, Rodheim; **52.1** Alexander Röhrer, Hettstadt; **58.1** Corbis (Duomo/William Sallaz), Berlin; **60.1** Klett-Archiv (Thomas Weccard), Stuttgart; **60.2** Corbis (Karl Weatherly), Berlin; **62.1** Klett-Archiv (Weccard), Stuttgart; **62.2** Thinkstock (Comstock), München; **63.3** Thinkstock (istockphoto/Catherine Yeulet), München; **63.4** shutterstock.com (Goodluz), New York, NY; **64.1**; **64.2**; **64.3** Alexander Röhrer, Hettstadt; **65.4**; **65.5**; **65.6** Alexander Röhrer, Hettstadt; **68.1** Getty Images (Moment/2009 Achim Mittler), München; **68.2** Getty Images (Taxi), München; **68.3** plainpicture GmbH (Aurora Photos/Chico Sanchez), Hamburg; **69.4** plainpicture GmbH (Maskot/HÅkan Jansson), Hamburg; **69.5** Getty Images (The Image Bank/Macduff Everton/Botanica), München; **69.6** plainpicture GmbH (Westend61/Ramon Espelt), Hamburg; **70.1** 123rf (Duncan Noakes), Nidderau; **70.2** Thinkstock (John Pitcher), München; **70.3** Picture-Alliance (Arco Images), Frankfurt; **71.4** shutterstock.com (worldswildlifewonders), New York, NY; **71.5** Fotolia.com (kjuurs), New York; **72.1** Okapia (Manfred Danegger), Frankfurt; **72.2** iStockphoto (Mac99), Calgary, Alberta; **73.3a** Okapia (Eckard Boot/KINA), Frankfurt; **73.3b** iStockphoto (ronibgood56), Calgary, Alberta; **74.2** shutterstock.com (Jausa), New York, NY; **76.1** shutterstock.com (Mark Medcalf), New York, NY; **77.2** Avenue Images GmbH (tbkmedia), Hamburg; **78.1** Thinkstock (Valeriy Kirsanov), München; **79.1** shutterstock.com (CDuschinger), New York, NY; **79.2** Thinkstock (MichalRenee), München; **80.1** dreamstime.com (Peter Sjökvist), Brentwood, TN; **80.2** Fotolia.com (LeitnerR), New York; **80.3** iStockphoto (Pas Po), Calgary, Alberta; **82.1** Fotolia.com (seawhisper), New York; **83.1** Fotolia.com (Michael Urmann), New York; **83.2** Fotolia.com (Doin Oakenhelm), New York; **84.1** Thinkstock (Stockbyte/Tom Brakefield), München; **84.2a** dreamstime.com (Outdoorsman), Brentwood, TN; **84.2b** Fotolia.com (Carolin Tietz), New York; **84.2c** Fotolia.com (Martina Berg), New York; **84.2d** iStockphoto (olga mirenska), Calgary, Alberta; **86.1** iStockphoto (Mark Rose), Calgary, Alberta; **86.2** Thinkstock (Cynthia Lindow), München; **86.3** shutterstock.com (clearviewstock), New York, NY; **87.6** shutterstock.com (tstockphoto), New York, NY; **88.1** shutterstock.com (Alexey Fursov), New York, NY; **88.2** iStockphoto (Jaroslaw Miszczak), Calgary, Alberta; **89.1** Reinhard-Tierfoto, Heiligkreuzsteinach; **89.2** laif (Andreas Teichmann), Köln; **89.3** Thinkstock (iStockphoto), München; **89.4** Picture-Alliance (dpa/Ulrich Perrey), Frankfurt; **90.1** Fotolia.com (EcoView), New York; **90.2** Thinkstock (Hemera), München; **90.3** Thinkstock (iStockphoto), München; **90.4** Fotolia.com (Nadine Haase), New York; **90.5** Fotolia.com (Carola Schubbel), New York; **90.6** dreamstime.com (Toryceli), Brentwood, TN; **91.1** Fotolia.com (Cerae), New York; **91.2** Thinkstock (Alona Rjabceva), München; **91.3** shutterstock.com (Coffeemill), New York, NY; **91.4** Thinkstock (lisaknapen), München; **91.5** Fotolia.com (Natalia Barinskaya), New York; **94.1** Thinkstock (iStockphoto), München; **95.5a** Fotolia.com (Martina Stumpp), New York; **95.5b** iStockphoto (JoeLena), Calgary, Alberta; **95.6** Mauritius Images (Seymour), Mittenwald; **96.1** iStockphoto (Andy Gehrig), Calgary, Alberta; **96.2** iStockphoto (Dieter Meyrl), Calgary, Alberta; **97.3** Fotolia.com (byrdyak), New York; **97.4** Fotolia.com (Apart Foto), New

York; **98.1** Thinkstock (Hemera), München; **98.2** shutterstock.com (Graeme Dawes), New York, NY; **99.1** Fotolia.com (loflo), New York; **99.2** Avenue Images GmbH (Image Source), Hamburg; **100.1** FOCUS (S. Julienne, Cosmos), Hamburg; **100.2** Fotolia.com (Svenni), New York; **102.1** Picture-Alliance (KEYSTONE), Frankfurt; **102.2** Ullstein Bild GmbH (imageBROKER/ Helmut Meyer zur Capellen), Berlin; **103.3** Getty Images (E+/davidf), München; **105.1** Thinkstock (vvvita), München; **106.1** plainpicture GmbH (PhotoAlto/ Michele Constantini), Hamburg; **106.2** Getty Images (Donald Iain Smith), München; **106.3** Getty Images (E+/ Jan-Otto), München; **107.4** plainpicture GmbH (Westend61/Achim Sass), Hamburg; **107.5** plainpicture GmbH (Naturbild/Berggren, Hans), Hamburg; **107.6** Getty Images (Westend61), München; **109.1** Klett-Archiv (Aribert Jung), Stuttgart; **110.2** Fotolia.com (egs09), New York; **111.2** iStockphoto (Jaap Hart), Calgary, Alberta; **111.3** Fotolia.com (M. Schuppich), New York; **111.4** Fotolia. com (kernel), New York; **112.2** iStockphoto (Sveta), Calgary, Alberta; **113.3** shutterstock.com (Tomo Jesenicnik), New York, NY; **113.4** Thinkstock (Dashabelozerova), München; **113.5** © panthermedia.net (xeipe), München; **114.1** © panthermedia. net (Eberhard Starosczik), München; **114.2** Fotolia.com (Katarzyna M. Wächter), New York; **115.3** Thinkstock (iStockphoto), München; **115.4** "Vicia sativa ssp nigra bluete" by Kristian Peters -- Fabelfroh 09:00, 16 July 2005 (UTC) - photographed by myself. Licensed under CC BY-SA **3.0** via Wikimedia Commons - https:// commons.wikimedia.org/wiki/File:Vicia_ sativa_ssp_nigra_bluete.jpeg#/media/ File:Vicia_sativa_ssp_nigra_bluete.jpeg; **116.1**a shutterstock.com (Byelolutska

Mariya), New York, NY; **116.1**b shutterstock.com (neil hardwick), New York, NY; **116.1**c © panthermedia.net (B. Packert), München; **116.1**d; **116.1**e Klett-Archiv (Aribert Jung), Stuttgart; **117.2** Fotolia.com (sunday pictures), New York; **117.3** dreamstime.com (Lianem), Brentwood, TN; **118.1** shutterstock.com (Jonathan Lenz), New York, NY; **118.2** shutterstock.com (majeczka), New York, NY; **118.3** © panthermedia.net (B. Packert), München; **118.4** Fotolia.com (LianeM), New York; **118.5** Fotolia.com (Axel Gutjahr), New York; **118.6** iStockphoto (kokopopsdave), Calgary, Alberta; **119.7** Thinkstock (iStockphoto), München; **119.8** shutterstock.com (Olha Lavrenchuk), New York, NY; **119.9** © panthermedia.net (miekevl), München; **119.10** shutterstock.com (colognephotos), New York, NY; **119.11** shutterstock.com (iofoto), New York, NY; **119.12** Thinkstock (gubernat), München; **120.1** Fotolia.com (Marion Neuhauß), New York; **125.2**a Fotolia.com (wwicki63), New York; **125.2**b Thinkstock (iStock/eyewave), München; **127.3** Thinkstock (Suljo), München; **128.1** shutterstock.com (David Burrows), New York, NY; **129.3** Maier, Alexander, Dusslingen; **130.1** Thinkstock (Hemera Technologies), München; **130.2** iStockphoto (Białej ¿yjak), Calgary, Alberta; **132.1** Fotolia.com (Christian Pedant), New York; **132.2** Thinkstock (Christina Richards), München; **132.3** iStockphoto (naturaledge), Calgary, Alberta; **132.4** Thinkstock (olvas), München; **132.5** iStockphoto (Jason Lugo), Calgary, Alberta; **132.6** iStockphoto (ozgurcankaya), Calgary, Alberta; **133.7** shutterstock.com (Algefoto), New York, NY; **133.8** Thinkstock (iStock/ vschlichting), München; **134.1** shutterstock.com (pat138241), New York, NY; **136.1** Getty Images (Cultura Exclusive),

München; **136.2** shutterstock.com (isak55), New York, NY; **137.3** Fotolia.com (egs09), New York; **137.4** shutterstock.com (Christian Musat), New York, NY; **137.5** shutterstock.com (Sergey Popov V), New York, NY; **138.1** Klett-Archiv (Claus Kaiser), Stuttgart; **139.2** gemeinfrei; **139.3** Corbis RF (RF), Berlin; **139.4** Fotolia. com (twvogel), New York; **140.1** shutterstock.com (wim claes), New York, NY; **140.2** shutterstock.com (kristian sekulic), New York, NY; **140.3** dreamstime.com (Seksan Panpinyo), Brentwood, TN; **140.4** Thinkstock (NiseriN), München; **141.5** Fotolia.com (Michael Rosskothen), New York; **141.6** iStockphoto (Craig Dingle), Calgary, Alberta; **141.7** dreamstime.com (Pixbilder), Brentwood, TN; **141.8** Thinkstock (Nikolay Pozdeev), München; **142.1** Fotolia.com (Fatman73), New York; **143.2** Thinkstock (Dynamic Graphics), München; **143.3** Fotolia.com (Anette Linnea Rasmus), New York; **143.4** Fotolia LLC (Wolfilser), New York; **144.1** iStockphoto (ClarkandCompany), Calgary, Alberta; **144.2** © panthermedia. net (Lanze), München; **144.3** iStockphoto (olga mirenska), Calgary, Alberta; **145.4** Fotolia.com (Conny Hagen), New York; **145.5** Fotosearch Stock Photography (Digital Vision), Waukesha, WI; **146.1** Reinhard-Tierfoto, Heiligkreuzsteinach; **147.2** shutterstock.com (Matej Ziak), New York, NY; **147.3** iStockphoto (Eric Isselée), Calgary, Alberta

Sollte es in einem Einzelfall nicht gelungen sein, den korrekten Rechteinhaber ausfindig zu machen, so werden berechtigte Ansprüche selbstverständlich im Rahmen der üblichen Regelungen abgegolten.

Piktogramm	Bezeichnung	Gefahrenklasse
	GHS01 (Explodierende Bombe)	– Explosive Stoffe – Selbstentzündliche Stoffe – …
	GHS02 (Flamme)	– Entzündbare Flüssigkeiten – Entzündbare Gase – …
	GHS03 (Flamme über einem Kreis)	– Entzündend wirkende Flüssigkeiten und Feststoffe – Entzündend wirkende Gase
	GHS04 (Gasflasche)	– Unter Druck stehende Gase
	GHS05 (Ätzwirkung)	– Metallkorrosiv – Hautätzend – Hautreizend – …
	GHS06 (Totenkopf mit gekreuzten Knochen)	– Akute Toxizität
	GHS07 (Ausrufezeichen)	– Hautreizend – Augenreizend – Sensibilisierung der Haut – …
	GHS08 (Gesundheitsgefahr)	– Krebserzeugend – Erbgutverändernd – …
	GHS09 (Umwelt)	– Gewässergefährdend

1 Gefahrensymbole und ihre Bedeutung

Viele Chemikalien sind mit farbigen Symbolen auf ihren Etiketten gekennzeichnet. Diese Symbole werden **Gefahrenpiktogramme** genannt (▷ B1). Stoffe mit einer solchen Kennzeichnung sind Gefahrstoffe, mit denen man besonders vorsichtig umgehen muss. Sie können durch Einatmen, Verschlucken oder sogar durch die Haut in den Körper gelangen.

Die Gefahrenpiktogramme

Ein Gefahrenpiktogramm umfasst häufig mehrere Gefahrenklassen (▷ B1). So kann zum Beispiel das Gefahrenpiktogramm GHS 05 bedeuten, dass der Stoff zur Gefahrenklasse „Metallkorrosiv", „Hautreizend", „Hautätzend", „Schwere Augenschädigung" oder „Augenreizung" gehört.

Signalwörter, H- und P-Sätze

Signalwörter auf dem Chemikalien-Etikett geben Auskunft über das Ausmaß der Gefährdung durch diesen Stoff. Es gibt zwei unterschiedliche Signalwörter, nämlich „Gefahr" für schwerwiegende Gefahren und „Achtung" für weniger schwerwiegende Gefahren:

Gefahr	Achtung

Die **Gefahrenhinweise** sind in den **H-Sätzen** zusammengefasst (englisch: hazard, Gefahr). Die H-Sätze weisen auf die besonderen Gefahren beim Umgang mit einem Gefahrstoff hin. Die **Sicherheitshinweise** sind in den **P-Sätzen** enthalten (englisch: precautionary, vorbeugend). Die P-Sätze geben Ratschläge für den sicheren und sachgerechten Umgang mit einem Gefahrstoff.

Entsorgung von Gefahrstoffen

Reste von Gefahrstoffen, die nach einem Experiment übrig bleiben, werden in dafür vorgesehene, gekennzeichnete Entsorgungsgefäße gegeben.

Hinweis zu den Versuchen

Vor der Durchführung eines Versuchs müssen mögliche Gefahrenquellen besprochen werden. Die geltenden Richtlinien zur Vermeidung von Unfällen beim Experimentieren sind zu beachten. Die Versuchsanleitungen enthalten in besonderen Fällen Hinweise auf mögliche Gefahren. Da Experimentieren grundsätzlich umsichtig erfolgen muss, wird auf die üblichen Verhaltensregeln, insbesondere auf die „Richtlinien zur Sicherheit im Unterricht" (RiSU), nicht jedes Mal hingewiesen.

Einige Substanzen, mit denen im Unterricht umgegangen wird, sind als Gefahrstoffe eingestuft. Diese sind im Schülerbuch gekennzeichnet. Sie können auch in den einschlägigen Verzeichnissen nachgeschlagen werden, zum Beispiel in der GESTIS-Stoffdatenbank der Deutschen Gesetzlichen Unfallversicherung.

Das Tragen einer Schutzbrille beim Experimentieren ist unerlässlich.

1. Auflage

1 8 7 6 5 4 | 26 25 24 23 22

Alle Drucke dieser Auflage sind unverändert und können im Unterricht nebeneinander verwendet werden. Die letzte Zahl bezeichnet das Jahr des Druckes.

Das Werk und seine Teile sind urheberrechtlich geschützt. Jede Nutzung in anderen als den gesetzlich zugelassenen Fällen bedarf der vorherigen schriftlichen Einwilligung des Verlages. Hinweis § 60a UrhG: Weder das Werk noch seine Teile dürfen ohne eine solche Einwilligung eingescannt und/oder in ein Netzwerk eingestellt werden. Dies gilt auch für Intranets von Schulen und sonstigen Bildungseinrichtungen. Fotomechanische, digitale oder andere Wiedergabeverfahren nur mit Genehmigung des Verlages.

Nutzungsvorbehalt: Die Nutzung für Text und Data Mining (§ 44b UrhG) ist vorbehalten. Dies betrifft nicht Text und Data Mining für Zwecke der wissenschaftlichen Forschung (§ 60d UrhG).

An verschiedenen Stellen dieses Werkes befinden sich Verweise (Links) auf Internet-Adressen. Haftungshinweis: Trotz sorgfältiger inhaltlicher Kontrolle wird die Haftung für die Inhalte der externen Seiten ausgeschlossen. Für den Inhalt dieser externen Seiten sind ausschließlich die Betreiber verantwortlich. Sollten Sie daher auf kostenpflichtige, illegale oder anstößige Inhalte treffen, so bedauern wir dies ausdrücklich und bitten Sie, uns umgehend per E-Mail an kundenservice@klett.de davon in Kenntnis zu setzen, damit bei der Nachproduktion der Verweis gelöscht wird.

© Ernst Klett Verlag GmbH, Stuttgart 2017. Alle Rechte vorbehalten. www.klett.de
Das vorliegende Material dient ausschließlich gemäß § 60b UrhG dem Einsatz im Unterricht an Schulen.

Autorinnen und Autoren: Thorsten Fraterman, Prof. Dr. Dietmar Kalusche, Anne-Kathrin Klaus, Alexander Röhrer, Holger Schmidt, Jasmin Schöntag, Marianne Walcher

Unter Mitarbeit von: Susanne Baumbach, Sandra Diederichs, Dr. Günter Ganz, Michael Guckeisen, Iris Günthner, Dr. Eberhard Hummel, Rolf Ixmeier, Dr. Bruno P. Kremer, Manfred Litz, Miriam Mutzel, Paul Rodach, Burkhard Schäfer, Oliver Sommer

Redaktion: Ulrike Fehrmann
Herstellung: Nina Müller

Layoutkonzeption und Gestaltung: KOMA AMOK®, Kunstbüro für Gestaltung, Stuttgart
Umschlaggestaltung: KOMA AMOK®, Kunstbüro für Gestaltung, Stuttgart
Illustrationen: Matthias Balonier, Lützelbach; Udo Buffler, Marburg; Angelika Kramer, Stuttgart; Karin Mall, Berlin; Tom Menzel, Scharbeutz/Klingberg; Otto Nehren, Achern; Ingrid Schobel, Hannover; Prof. Jürgen Wirth, Dreieich; Nora Wirth, Frankfurt/Main
Reproduktion: Meyle + Müller, Medien-Management, Pforzheim
Druck: Firmengruppe APPL, aprinta druck, Wemding

Printed in Germany
ISBN: 978-3-12-068402-2